珍藏本
纪念版

汉译世界学术名著丛书

语言演化生态学

（修订译本）

〔美〕萨利科科·S. 穆夫温 著

郭嘉 胡蓉 阿错 译

2017年·北京

SALIKOKO S. MUFWENE
THE ECOLOGY OF LANGUAGE EVOLUTION
CAMBRIDGE UNIVERSITY PRESS,2001
本书中文简体字版根据剑桥大学出版社 2001 年英文版译出

汉译世界学术名著丛书
（120年纪念版·珍藏本）
出 版 说 明

2017年2月11日，商务印书馆迎来120岁的生日。120年前，商务印书馆前贤怀揣文化救国的理想，抱持“昌明教育，开启民智”的使命，立足本土，放眼寰宇，以出版为津梁，沟通中西，为中国、为世界提供最富智慧的思想文化成果。无论世事白云苍狗，潮流左右激荡，甚至战火硝烟弥漫，始终践行学术报国之志，无改初心。

迻译世界各国学术名著，即其一端。早在20世纪初年便出版《原富》《天演论》等影响至今的代表性著作，1950年代后更致力于外国哲学和社会科学经典的译介，及至1980年代，辑为“汉译世界学术名著丛书”，汇涓为流，蔚为大观。丛书自1981年开始出版，历时三十余年，迄今已推出七百种，是我国现代出版史上规模最大、最为重要的学术翻译工程。

丛书所选之书，立场观点不囿于一派，学科领域不限于一门，皆为文明开启以来，各时代、各国家、各民族的思想与文化精粹，代表着人类已经到达过的精神境界。丛书系统译介世界学术经典，引领时代思想，为本土原创学术的发展提供丰富的文化滋养，为推动中国现代学术和现代化进程做出了突出的贡献。

为纪念商务印书馆成立120周年，我们整体推出“汉译世界学术名著丛书”120年纪念版的珍藏本，寄望既利于文化积累，又便于研读查考，同时向长期支持丛书出版的译者、编者和读者致以敬意。

两甲子后的今天，商务印书馆又站在了一个新的历史时间节点上。我们不仅要铭记先辈的身影和足迹，更须让我们的步伐充满新的时代精神。这是商务人代代相传的事业，更是与国家和民族的命运始终紧密相连的事业。我们责无旁贷，必须做好我们这代人的传承与创造，让我们的努力和成果不仅凝聚成民族文化的记忆，还能成为后来人可以接续的事业。唯此，才能不负前贤，无愧来者。

商务印书馆编辑部

2017年10月

修订译本序

《语言演化生态学》2012年作为商务印书馆首批“国外语言学译丛·经典著作”出版。仅仅过去3年时间，又有了修订再版的机会，真是令人十分高兴。译著出版以来，得到相识与不相识的朋友的指教，这次修订正好可以吸收大家的意见。

本次再版，从术语到表述，几乎每个段落都有了新的修订。译文先由胡蓉、郭嘉和阿错依次检查校订一遍，最后由郭嘉再次通读定稿，力求在忠实于原文的基础上，译文通畅易懂。

本书涉及非常复杂的语言现象及其相关的社会背景，相应的也就有着非常繁复的术语系统，把握和协调这些术语的译名，实非易事。例如书中使用到的大量不同的语言变体的名目，往往很难找到完全准确的汉语译名，有时候译者不得不做出适当的取舍。在本序文后部分我们集中附上了这些语言变体的对照译名，便于读者在阅读全书之前先行了解。

需要特别一提的是关于“vernacular”的翻译。在本书中，一种语言是否被接受为 vernacular，是关乎语言演变的重要生态标志；vernacular 这一术语贯穿全书，地位特殊，恰切地把握和翻译这一术语对于理解全书相当关键。通常 vernacular 可以翻译为“方言”“土语”以及“白话”等，然而本书中的 vernacular，一方面与汉语中的这些术语有交集却并不完全相当，另一方面本书又同时使用了patois，jargon，dialect等其他相似的术语，如何对应和协调这些术语的译名，相当犯难。vernacular本书初版译为“本地语”，这次修订我们最终又改为“日常语”，这里略加说明。

首先，本书使用vernacular的意义，与通常人们理解的，和权威语言或标准语相对而言的方言、白话、土话、本土话等并不完全相同。在我们为修订译文而与原著者的通信中，穆夫温先生也说：“I use the term vernacular to underscore the day-to-day informal usage of a language, especially in the family and with people one feels familiar with. In such functions, a language is often identified as a vernacular.”亦即本书用vernacular更强调其是否作为家庭以及亲密熟人之间的日常语言。因而，在本书中与vernacular相对而言的语言变体概念，不是权威语言或标准语，而是用于工作贸易场所或族际沟通用的lingua franca（通用语）。其次，与方言、土话等通常是一方母语的情形不同，vernacular则可以是，也可以不是母语，因此穆夫温先生在通信中也强调“one's vernacular need not be their mother tongue, as an individual can change vernaculars in their lifetime, depending on where they live...”因此，vernacular也可以不是本土语言（indigenous language）或本土化（indigenized）的语言。根据这种情形，同时为了协调本书繁多的相似术语间的关系，本次再版我们没有因循前人惯用的译法，也放弃了初版的“本地语”，而将vernacular改译为“日常语”；也就将White American English Vernacular（WAEV）与African American Vernacular English（AAVE），改译为“美式

白人日常英语”,“美式非裔日常英语”(为行文简明,不影响理解的情况下,简称为“美式白人英语”,“美式非裔英语”);相应地将vernacularize 译为“日常语化”,特此说明。

本书关于语言或语言变体的繁复名目极易混淆;书后索引中又相对分散,且有些术语并未列出。为便于读者在阅读中对照辨别,这里将相关术语及其译名先行择要列出:

vernacular/日常语
lingua franca/通用语
patois/土话
jargon/行话
indigenous language/本土语言
nautical language/海员语言
baragouin/杂糅话
koinés/柯因内语
pidgin/皮钦语
creole/克里奥尔语
mixed language/混合语
caste language/阶层语言
substrate/底层/底层语
superstrate/表层/表层语
adstrate/并层/并层语
basilect/下层方言
acrolect/上层方言

mesolect/中层方言

original language/源发语

target language/目标语

interlanguage/中介语

lexifier/词源语言

idiolect/个体语

communal language/共同语

collective language/集体语言

I-language/内化语言

E-language/外化语言

本书再版之际，让我们再次感谢王士元先生安排和指导我们翻译这部著作，感谢石锋先生推荐出版。感谢原著者穆夫温先生，一直耐心地解答我们的各种疑难。感谢商务印书馆初版、再版本书，而且将本书纳入“汉译世界学术名著丛书”；感谢文学春先生、陈丹丹女士为编辑本书付出的大量心血。感谢所有关心、支持和提供建议的朋友。

译者

2016 年 2 月 15 日

译　　序

对所有学语言学的人来说，如何把语言研究得最好是大家都关切的核心问题。要怎么研究语言，才能一代一代聚沙成塔地把知识的金字塔越堆越高？我清楚地记得自己突然意识到这个问题有多么重要，是在好几年前，当时有个朋友比较了数学家和语言学家的行为。他说，数学家是站在同行的肩膀上，所以可以看得更高更远；可是语言学家却喜欢把别的语言学家踩在脚下！他对我们这一行人的评论或许过于苛刻，却一针见血地指出，语言学家常常爱摆空架子，把哗众取宠的新理论奠基在薄弱的证据上，于是才短短几个月，一出了新理论就把旧的给推翻掉。

我们现在都把"知识的金字塔"这个比喻，归功于 20 世纪的哲学大师胡适之先生，他说过："为学要如金字塔，要能广大、要能高。"其实这句话更早前就有人用过了，至少宋朝朱熹的作品中就找得到。当然，引用这句话的意思并不意味着我们都该自顾自地盖自己的金字塔，发表那些哗众取宠的理论。这句话暗示，我们努力堆砌自己的小砖头时，心里都应该有一致的愿景，知道自己这一小块砖是不是符合整个大格局，并希望别人将来也能以此为基础再把自己的成就累积上去。我自己就常以另一句更平凡的口号自勉：大处着眼，小处着手。

研究语言演化正是这种有价值的愿景，因此穆夫温(Salikoko. S. Mufwene)教授的这本书，对知识的金字塔贡献良多。演化理论是一座更高大的金字塔，对于解释我们生物界起着莫大的作用。早在150年前，演化理论的鼻祖达尔文就看出，人类演化和语言演化其实非常相似。他在1859年的《物种起源》一书里写道：

> 如果我们拥有人类完整的族谱，根据不同人种所绘制的宗谱图，就能帮助我们划分目前世界上众多的语种……

达尔文1871年出版的《人类的由来》(*Descent of Man*)，进一步阐述了他对生物演化和语言演化所作的比较。演化理论认为，改变源于三个因素间的交互作用：一是变异，二是选择，三是复制再生。随着特定因素的作用，结果当然也会不同，但是很清楚的一点是，不管是语言演化还是生物突变，都同样涉及了这三个因素。正是基于这样的视角，我才了解语言之所以改变，也是经由人在不同的变体间做选择，这些变体可能是在词汇、发音或意义上相互竞争，也可能是在更高层次的句型结构上。[①] 核心的问题就在于，我们应当设法追溯那些成功的变体，看它们如何在语言内部不同的扩散阶段被保留而沿用下来。沈钟伟教授研究上海话里的音变，

① Wang, W. S-Y. 1969. Competing changes as a cause of residue. *Language* 45. 9-25.

就是这方面研究的一个很好的范例。[①]

印欧学家施莱谢尔(August Schleicher)[②]是第一位把演化理论运用在语言学的学者,达尔文的《物种起源》才出版没多久,他的邻居,生物学家海克尔(Ernst Haeckel)就把那本书当作礼物送给了他。可是19世纪的语言学家,把语言比作有机生物,这种比喻未免失当。正如穆夫温教授指出,语言比较像拉马克物种(Lamarckian species),可以把创新传递给下面几代,不管这些创新如何习得且何时习得,而且一代一代间的传递可以双向进行。但达尔文的演化论却排除了这些可能性。其次,语言就像寄生在宿主身上的物种,它的宿主自然是说话的人了。即使语言的结构再完美,要是没有使用它的人,这个语言仍会绝种。语言演化和生物演化的这些基本差异相当重要,穆夫温教授在书中曾多次详尽探讨这些区别。

我认为穆夫温教授这本书,还有他先前出版过的丰富著作,主要的贡献在于强调接触在语言演化中扮演的关键角色。19世纪的施莱谢尔所提出的语言演化概念,尤其是用树形图代表种系的方法,直到今日还影响深远。但这种看法过度强调了纵向传递的重要,而把横向传递边缘化了,因此扭曲了原本的演化观点。我前面引述过达尔文的那段话,也同样有扭曲事实的弊病,因此很快地就被达尔文的同行兼他的热衷支持者赫胥黎(Thomas Huxley)所

① Shen, Zhongwei. 1997. Exploring the dynamic aspect of sound change. *Journal of Chinese Linguistics Monograph* series 11.

② Schleicher, August. 1863. *Die Darwinische Theorie und die Sprachwissenschaft*. Weimar.

驳斥。

卡瓦利斯福札(Cavalli-Sforza)教授和我曾经阐述过,横向传递可以是词汇发展的基础。[①] 我们最近做过另一项研究[②],试图以量化的方法,把纵向及横向这两种语言传递模式结合起来。语言变化里的横向传递,现在才开始慢慢走出树形图的阴影,因此还须借助更多新资料和新方法予以深入研究。阿错教授的博士论文[③],研究藏、汉语的接触及混合,提供了很多新资料,使我们对横向传递有更深入的了解。

穆夫温教授在语言演化中,整合了纵向与横向传递两种方式,这么做完全是有实证基础的,他把对语言的细致观察,牢牢地嵌入了历史与社会脉络中,所以他的书名里有另外一个很重要的字眼:生态。他举出了丰富的语言接触实例作为材料,其中许多语料是因为近几个世纪来随着殖民扩张才产生。他本身就是研究混合语言皮钦语及克里奥尔语的大师,而且他的研究范围遍及世界,跨足非洲、欧洲、美洲三大洲,以便寻找各类语言接触的根源。他的结论让人印象深刻,而且说服力十足,是帮助我们建构语言演化金字塔的不可或缺的砖头。

穆夫温教授研究语言,本着在既有的基础上继续辛勤耕耘的严谨态度,值得我们学习。虽然我现在是为他 2001 年出版的书写

---

① Cavalli-Sforza, L. L. & W. S-Y. Wang. 1986. Spatial distance and lexical replacement. *Language* 62. 38-55.

② Wang, W. S-Y. & J. W. Minett. 2005. Vertical and horizontal transmission in language evolution. *Transactions of the Philological Society* 103. 2. 121-46.

③ 意西微萨·阿错,2003,藏、汉语言在"倒话"中的混合及语言深度接触研究,南开大学博士论文。

序，但是他已经又接着出了一本 2008 年的书[①]，书的副标题就用了接触、竞争和变化几个字。本书的几位译者郭嘉、胡蓉、阿错教授特别值得嘉许，他们以精湛的译笔接受了这项困难的挑战。书中不少专有名词和观念来自不同的学科，对于学习语言学的人不免有些陌生。但是他们借着翻译引介这部作品，为我们中国语言学拓宽了跨学科的新视野。有了这些人筚路蓝缕的艰辛为我们打下基础，相信未来演化语言学方面的译书，能够进展得更平稳顺畅。

王士元

2009 年 3 月，香港中文大学

① Mufwene, Salikoko S. 2008. *Language Evolution: Contact, Competition and Change*. New York: Continuum.

献给：

Ntazyel，

Ekyey，

Osum，

Zaki，

Sevehna，

以及

Tumunete

感谢您们的勇气和决心

致

Tazie

和

Embu

我们一起，为了一个更为美好的世界而奋斗

目　　录

前　　言 xi

本书介绍了我近十年来与普遍的**语言演化(language evolution)**相关的克里奥尔日常语(creole vernacular)发展的一些观点。这里使用“语言演化”这一概念,来指在一门语言的结构及语用方面可观察到的长期变化;以及在那些并非鲜见的案例中,一种语言如何演化形成子变体,这些变体有时被鉴别为新的方言,有时又被鉴别为新的语言。这一概念还涉及语言濒危和消亡的问题。

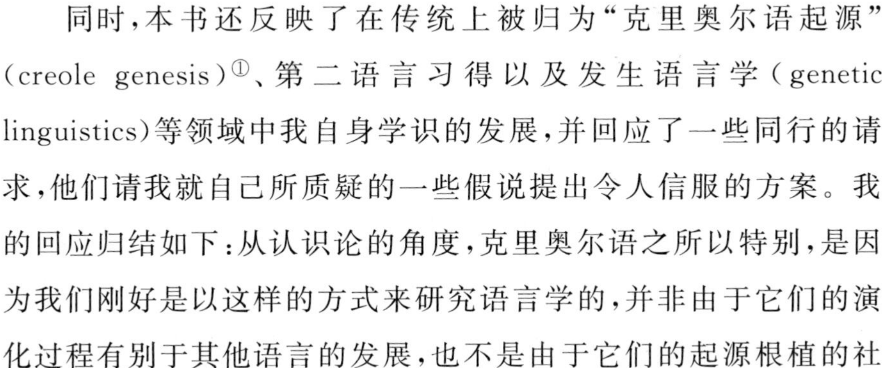

同时,本书还反映了在传统上被归为“克里奥尔语起源”(creole genesis)[①]、第二语言习得以及发生语言学(genetic linguistics)等领域中我自身学识的发展,并回应了一些同行的请求,他们请我就自己所质疑的一些假说提出令人信服的方案。我的回应归结如下:从认识论的角度,克里奥尔语之所以特别,是因为我们刚好是以这样的方式来研究语言学的,并非由于它们的演化过程有别于其他语言的发展,也不是由于它们的起源根植的社

---

① 通常,我会避免采用这一既定的术语,因为它易引起误解。尽管克里奥尔语特征的起源已经吸引了广泛的关注,但是在过去的十年里更多关注的是克里奥尔语的发展。相关讨论日渐增多,这些讨论已经超越了仅仅对相互接触的语言特征的选择,而且还涉及将各种特征整合,形成新的语言系统的情形。

会历史生态极其有别于非克里奥尔语的演化所处的环境，甚至也不是由于它们代表了语言系统的某种普遍的结构类型。它们和非克里奥尔语一样自然存在。事实上，当我们越了解它们，我们就越应该去重新检视我们自以为理解颇深的语言的诸多事实。

我将我的研究论文按照写作时间的先后顺序进行安排。我认为这是记录我研究思路的最佳方式，尤其是对于下列的一些研究主题：克里奥尔语的发展；语言接触的生态环境在决定克里奥尔语结构方面的本质与意义；相似的生态在变化中是否并没有起到传统发生语言学家所认为的相同的作用？克里奥尔语是否真的在语言传承上与其词源语言（lexifier）无关，以及我们是否应该继续将其看作“语言的私生子”（children out of wedlock）？另外，我还试图回
xii 答我们能从语言多样化中了解到什么，以及有关克里奥尔语发展的研究对于目前语言学家极度关注的语言濒危问题有怎样的启示？

本书还揭示出，我所从事的这些研究远比现有的相关文献让我们相信的还要复杂得多。看上去，历时语言学有必要开展一项与此书同名的研究项目，以语言演化的生态为焦点，提出驱动问题（actuation question）。也就是说不光要关注一种语言所涉及的社会经济环境和族裔环境（其**外在生态（external ecology）**）——如语言接触的环境以及不同的语言群体之间的权力关系——同时还要关注语言系统在变化前及（或）变化中各个语言单位和规则相互共存现象背后的本质（其**内在生态（internal ecology）**）。我的观点是，外在生态和内在生态在决定一种语言的演化轨迹方面都具有重要作用，我将其类比为生物中的寄生物种。

受到群体遗传（population genetics）的启发，我着重考察一个

语言物种内部的变异，或者是由数个共存语言物种组成的大的语言群体中的变异。我说明了生态在竞争和选择中是如何“掷骰子”的，这不仅决定相互竞争的语言中哪一方占优势，而且还决定了哪些语言单位和规则被选择进入占优势地位的语言变体。基本上，在相同时期，相同的词源语言产生出克里奥尔日常语的过程中也同样产生了非克里奥尔语变体。基于同样的观点，我们还可以理解是什么使得一门语言以其他语言为代价得以繁荣昌盛；反之，在特定的社会经济生态中是什么侵蚀了一门语言的生命力。本书各个章节显示出，所有这些问题都是相互关联的，而我的工作还只是揭开了冰山一角，还有大量的工作需要去做，包括重新思考发生语言学的一些正在使用的假设。在本书第1章中，我更加详细地介绍了这些问题。

我使用克里奥尔语作为讨论的出发点，只是因为我对此进行过更多的研究，可以冒昧地自诩理解有关这一语言演化的所有事情。另外，我还期望能够努力促进研究特定语言与研究普通语言之间的交流，具体地说，就是期望有关克里奥尔语的研究能够为理解普通语言有所贡献。在本书中，因为在发展过程中社会历史条件的相似性（而不是任何其他令人信服的缘由），使得克里奥尔语时而与其他语言归为一类，更多的时候又被排除在外，导致事情有些错综复杂。

不同于一些克里奥尔语学者常见的观点，我认为克里奥尔日常语不是突发式的演化，也不是其源语言传递间断的副产品。它 xiii 们之间发生学上的联系，最明显的地方在于其词汇的极大部分来自于那些欧洲语言，这里将其称之为克里奥尔语的**词源语言**

(lexifiers)。克里奥尔语语法的来源就更为复杂,但绝不可否认不同种类的非标准词源语言的混合遗传(blending inheritance)对产生这些新语言体系所起的作用。克里奥尔语也并非漫无目标的产物,尽管人们也承认,由于在殖民地种植园里词源语言的各种变体(母语的、非母语的)的实际存在,这个目标比起其他类型的语言传递更加分散。这些新的日常语(vernacular)[①]也并非由孩子们创

① "vernacular"这一术语贯穿本书,地位特殊。一种语言是否被接受为vernacular,是关乎语言演变的重要生态标志。恰切地翻译和把握这一术语对于理解全书相当关键,这里略加说明。首先,本书使用vernacular的意义,与通常人们理解的,和权威语言或标准语相对而言的方言、白话、土话、本土话等并不完全相同。本次再版修订译文时我们与穆夫温先生的通信中他也说"I use the term *vernacular* to underscore the day-to-day informal usage of a language,especially in the family and with people one feels familiar with. In such functions,a language is often identified as a vernacular."亦即本书用vernacular更强调其是否作为家庭以及亲密熟人日常用语;因而在本书中与vernacular相对而言的语言变体概念,不是权威语言或标准语,而是主要用于工作与贸易场所或族际沟通(而非日常生活用)的lingua franca(通用语)。其次,与方言、土话等通常是一方母语的情形不同,vernacular则可以不是(当然也可以是)母语,因此穆夫温先生在通信中也强调"one's vernacular need not be their mother tongue,as an individual can change vernaculars in their lifetime, depending on where they live...",因而vernacular也可以不是本土语言(indigenous language)或本土化(indigenize)的语言。根据这种情形,同时为了协调本书繁多的相似术语间的关系,本次再版我们没有因循前人惯用的译法,也放弃了初版的"本地语",而将vernacular改译为"日常语"(或称"日常语言");也就将White American English Vernacular(WAEV)与African American Vernacular English(AAVE),改译为"美式白人日常英语""非洲裔美式日常英语"以区别于"美式白人英语(WAE)和非洲裔美式英语(AAV)";相应地将vernacularize译为"日常语化",特此说明。另外,本书关于语言种类的名目十分繁复、极易混淆,书后索引中又相对分散且有些术语并未列出;为便于读者在阅读中对照辨别,这里将相关术语及其译文择要先行列出:vernacular/日常语、lingua franca/通用语、pidgin/皮钦语、creole/克里奥尔语、mixed language/混合语、indigenous language/本土语言、patois/土语、jargon/行话、baragouin/杂糅语、koinés/柯因内语、nautical language/海员语言;substrate/底层/底层语、superstrate/表层/表层语,adstrate/并层/并层语;basilect/下层方言、acrolect/上层方言、mesolect/中层方言、caste language/阶层语言;original language/源发语、target language/目标语、interlanguage/中介语、lexifler/词源语言;idiolect/个体语、communal language/共同语、collective language/集体语言;I-language/内化语言、E-language/外化语言。——译注

造;否则它们不会像现在这般复杂。与其他非克里奥尔语言相比,也没有迹象表明它们处于一个发展被抑制的阶段。它们不是由于接触而导致的语言重构(restructuring)或系统重组(system reorganization)的唯一案例,促使它们发展的接触与那些常被提及的,比如由俗拉丁语形成罗曼语种(Romance)的接触,也没有什么不同。

按照我在第1章中的划分,克里奥尔日常语是一些新的语言变体,它们起源于17到19世纪的欧洲(亚)热带殖民地,是由那些非(纯粹)欧洲人后裔将西欧语言的非标准变体(nonstandard variety)加以改造而产生的。与在相同的(前)殖民地里由一种西欧语言发展起来的其他任何日常语一样,它们在结构上异于在欧洲所使用的语言变体,彼此之间也不相同。尽管有人争辩说这些新的日常语中的一部分与其大城市的对应语言之间有所差别,而且彼此之间存在差异——有的彼此之间的差异程度很大,但是这一评价缺少可操作的标准,因为事实上在不同的环境中,其词源语言很难完全一样。相互之间的理解程度也不太可靠,尤其是由于欧洲人后裔还使用了其他的、相互懂度很低的殖民地日常语,而这些日常语并没有被鉴别为克里奥尔语,比如,北美旧安曼教社区的英语。主要的但又含糊其辞的标准是使用者的族裔,这一标准令语言学界比较尴尬,也没有就此展开过相关讨论。从某种程度上说,如果不是由于这一因素,在克里奥尔语学界用以解释克里奥尔语发展的大部分假设可以思考得更为详尽,可以如我的谴责声一样强劲有力。其他的原因将在下面提出,并在接下来的章节中进行讨论。

有些问题鼓励我采取本书中所呈现出的方法进行研究，这些问题表明，研究克里奥尔语的形成与理解语言的演化有关，而看起
xiv 来这在发生语言学中曾被不恰当地忽略了，例如生态在语言物种形成中的作用。收入本书的这些文章反映出这样一种尝试，那就是防止将克里奥尔语学当作一种简单的学术消遣，对于一些依然未被证实的初步设想和在其他语言学分支中被接受的理论模型只是一味地赞成，而不提出质疑。和其他语言学分支一样，克里奥尔语研究也应该通过强调那些尚未被克里奥尔语文献所支持的有关人类特性的假设，部分地为理解普遍语言做出贡献。

以下五个章节（第2、3、4、5和6章）都曾以论文的形式单独发表在不同的地方。可能只有为数不多的与我有同样研究兴趣的克里奥尔语研究者将其作为相关的材料研读过。本书的目的就是将这些文章集结起来以便查阅，同时突显出其内在统一的联结思路。书中还补充了一些最新的、迄今尚未发表过的论文（第1、7和8章），这些论文继续阐述了我关于语言演化的研究设想，以及我将克里奥尔语发展的主题与发生语言学和语言濒危研究的问题展开综合研究的努力。已经读过我的一些已发表论文的读者，应当知道本书是经过修订的，有的地方还是较大范围的修订，以便跟上我现阶段对于这些问题的思考。借此机会我也厘清了一些我原来的观点，改正了一些我认识到的错误，或者也有的只是把原来的观点表述得更准确了一些。通过章节间的相互参考，以及去掉在同一书中显得多余的原论文中的某些部分，我也尽量地减少了本书中的重复。

本书呈现的研究语言演化的方法，部分得益于比尔·史密斯

(Bill Smith,皮德蒙特学院)和丘科·彼得斯(Chuck Peters,佐治亚大学)。前一位鼓励我阅读有关混沌理论(chaos theory)的文献(因为我对非直线的、非单一的演化路径感兴趣),后一位向我介绍了生态学和群体遗传学。我在与芝加哥大学的比尔·威姆萨特(Bill Wimsatt)的数度讨论中也受益匪浅。因为有他,我得以放弃从生物物种(无法确定哪一种)克隆语言物种的不成功的尝试,从而完善了我自己关于具有自身特性(尤其是特征传递的性质)的语言物种的概念。并非所有的物种都是遵循同样的演化原则。语言物种以其自身特征传递的模式和演化原则进行复制,就如同细菌物种的繁殖在这些方面异于动物物种的繁殖一样,这是一种常态。而且,在各种不同的生态因素作用下,在相关物种内部所有的演化都预示着变异、特征遗传(或代际与代际之间的连续性),以及有差别的复制。本书对第1、2和6章能够做到清晰的阐释还受益于我在1999年春季开设的《语言演化生态学》的课程,以及我和比尔 xv
(Bill)还有杰里·萨多科(Jerry Sadock)在1999年秋季一起开设的《生物的演化和文化的演化》课程。它们还得益于罗伯特·珀尔曼(Robert Perlman,芝加哥大学生物学家)及马努尔·O. 迪亚斯(Manuel O. Diaz,发生学研究者,芝加哥洛约拉大学)的慷慨评论。

我对发生语言学的某些问题的总体思考也大大得益于与其他同事的讨论和他们热情的帮助,尤其是盖伊·哈扎尔-马西克斯(Guy Hazaël-Massieux)、罗伯特·乔登森(Robert Chaudenson)、路易斯-琼·卡尔维(Louis-Jean Calvet,他们都来自普罗旺斯艾克斯大学),以及萨利·塔利亚蒙特(Sali Tagliamonte,约克大

学)。萨利还一直鼓励我将论文结集出版,因为她认为我正该由此起步,进而勾勒出宏观的蓝图。提供特别帮助的还有埃娅姆芭·博卡姆巴(Eyamba Bokamba)和布雷吉·卡切茹(Braj Kachru,伊利诺伊大学厄本那-香槟分校),他们促使我对照本土化(indigenized)英语的发展来检测我的假设。他们为我提供了良好的讨论平台,使我得以有机会将有关克里奥尔语发展的宏观图景和发展问题置于普遍的语言演化之中来思考,从而将发生克里奥尔语学与发生语言学联系起来。

我在第1章中的一些讨论如果能言之有物并且清楚可信的话,应该归功于米歇尔·德格拉夫(Michel DeGraff,麻省理工学院)、玛莱斯·巴普缇斯塔(Marlyse Baptista,佐治亚大学)和拉科什·巴特(Rakesh Bhatt,伊利诺伊大学厄本那-香槟分校)的质疑,他们的问题大都是从理论语言学的角度提出来的。他们提醒我,我的论文面向不同学派和学术背景的学者,我不能想当然地以为其他克里奥尔语研究者与我一样接受同样的假设,或者了解我所谈论的内容,更不要说其他语言学家和非语言学家了。伯恩德·海涅(Bernd Heine,科隆大学)和理查德·C. 卢恩廷(Richard C. Lewontin,哈佛大学)对第1章初稿的评价也向我传达了同样的信息。希望借助于他们的帮助,我所阐述的观点对不同背景的读者而言都能够做到更加清楚易懂。

我试探着对芝加哥大学的学生讲述了一些我较早之前的"异端邪说(heresies)",他们很懂得该问些什么样的问题。尤其值得一提的是克里斯·科科伦(Chris Corcoran)和雪瑞·帕格曼(Sheri Pargman)。他们阅读了现在这些论文的部分草稿,指出一些不清楚和冗长的地方，我希望在本书中这些问题已经不再明显，至少不再是眼中钉了。我的一名一年级研究生，德鲁·克拉克(Drew Clark)，在1999年到2000年的圣诞假期里通读了全书的草稿并检查了其可读性，认为它相当有趣。他真是我最投入的读者。同样，我对西缇·波茨(Citi Potts)也心怀感激，作为编辑，他以细致敏锐的眼光保证了这些论文的可读性。

珍妮·谢泼德(Jenny Sheppard)帮我用电脑制作了全书中的非洲地图，以及第1章里关于竞争与选择的插页中的图示。她以 xvi
图画准确地实现了我口头上所表达的内容。2000年5月作为访问学者在莱比锡的马普研究所居住的一个月，使我得以完成了本书的准备工作。我要十分感谢上述所有的个人和机构，以及我无法一一列出姓名的且曾经以各种形式给予我帮助的各位同事，尤其是那些持不同观点与我争论的同行。但我本人对书中尚存在的不足之处仍须承担所有责任。

最后，但并非最不重要的是，我要深深地感谢泰兹(Tazie)和帕特(Pat)给予我足够的时间来完成和修订这些论文。在这一工作的最后阶段，时间尤其珍贵。在亲爱的同事、对我有很大启发的、学术实践极其广泛的语言学首席教授杰姆·麦考利(Jim McCawley)去世后，在这样一个悲伤而又沮丧的过渡时期，我负责主持着声望颇高的语言学系。我每天最多也只能有24个小时。如果没有泰兹和帕特挤出家庭时间来帮助我，我就算废寝忘食也无法完成这项工作。

期盼我最终的成果不会令一直支持我的亲爱的家人、朋友、同事和学生们失望，也不会令有兴趣、有耐心了解我的工作的读者们失望。

致　谢 xvii

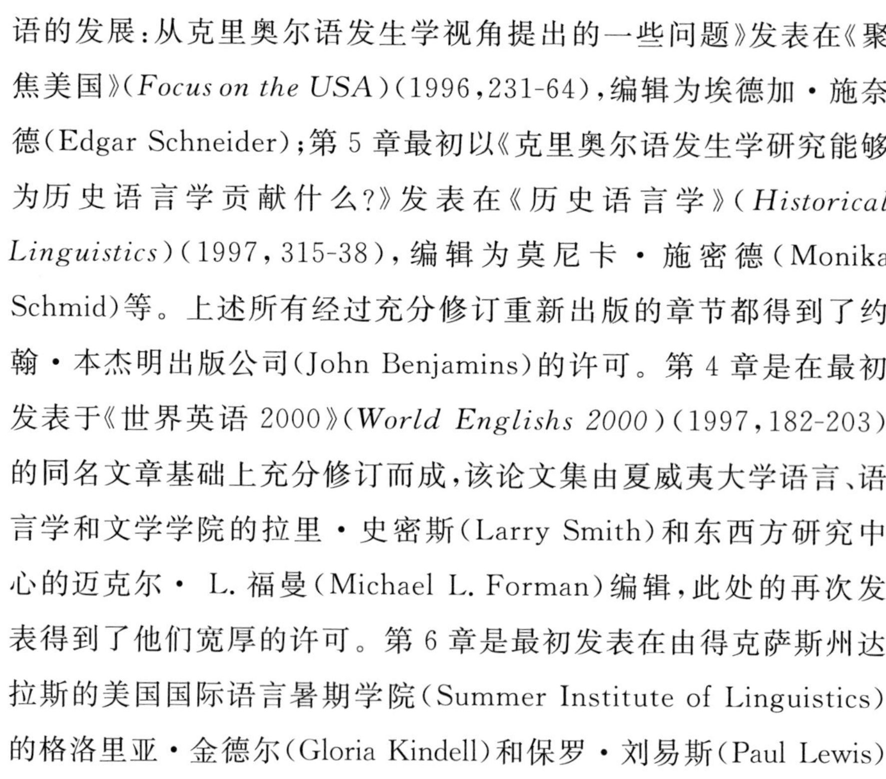

第 2 章最初以《克里奥尔语起源的创始人原则》发表在《历时语言学》(*Diachronica*)(1996,13:83-134);第 3 章最初以《美式英语的发展:从克里奥尔语发生学视角提出的一些问题》发表在《聚焦美国》(*Focus on the USA*)(1996,231-64),编辑为埃德加·施奈德(Edgar Schneider);第 5 章最初以《克里奥尔语发生学研究能够为历史语言学贡献什么?》发表在《历史语言学》(*Historical Linguistics*)(1997,315-38),编辑为莫尼卡·施密德(Monika Schmid)等。上述所有经过充分修订重新出版的章节都得到了约翰·本杰明出版公司(John Benjamins)的许可。第 4 章是在最初发表于《世界英语 2000》(*World Englishs 2000*)(1997,182-203)的同名文章基础上充分修订而成,该论文集由夏威夷大学语言、语言学和文学学院的拉里·史密斯(Larry Smith)和东西方研究中心的迈克尔· L. 福曼(Michael L. Forman)编辑,此处的再次发表得到了他们宽厚的许可。第 6 章是最初发表在由得克萨斯州达拉斯的美国国际语言暑期学院(Summer Institute of Linguistics)的格洛里亚·金德尔(Gloria Kindell)和保罗·刘易斯(Paul Lewis)编辑的《族裔语言活力评估》(*Assessing Ethnoliguistic Vitality*)(2000,39-64)上的同名论文的修订版本,其重印也获得了许可。

10

图表和地图

第 2 章,表 1,摘自菲利普 · D. 柯廷(Philip D. Curtin)的《大西洋的奴隶贸易》(1969),威斯康星大学出版社授权使用。

第 2 章,表 2、3、4 摘自俄亥俄州立大学贝蒂纳 · 米格(Bettina Migge)的硕士论文《克里奥尔语形成中的底层影响:以苏里南语中的连动结构为例》(1993)。

第 2 章,表 5,关于南卡罗来纳州的情形摘自《根据种族和地区估算南部殖民地的人口,1685—1790》一文中"南方各种族和地区大致人口数量,1685—1790"部分,该文章发表于《波瓦坦酋长的斗篷:殖民地东南部的印度人》(*Powhatan's Mantle: Indians in the Colonial Southeast*)(1989),编辑是彼得 · H. 伍德(Peter H. Wood),格雷戈里 · A. 沃塞尔科夫(Gregory A. Waselkov)和 M. 托马斯 · 哈特利(M. Thomas Hatley),重印得到了内布拉斯加州大学出版社的许可。

第 2 章,表 6("到达南卡罗来纳的非洲人口")摘自彼得 · H.
xviii 伍德(Peter H. Wood)的《黑人占人口大多数》(*Black Majority*)
(1974),重印得到了兰顿出版社公司艾尔弗雷德 · A. 克诺夫分公司的许可。

第 7 章,"班图人的迁徙地图"摘自詹姆斯 · 纽曼(James Newman)的《非洲人口的分布》(*The Peopling of Africa*)(1995),重印得到了耶鲁大学出版社的许可。

第 7 章,"劳工迁移地图"摘自卡罗琳 · 赖特(Caroline Wright)的"劳工迁移",见 J. 米德尔顿(J. Middleton)编辑的《撒哈拉以南非洲百科全书》(*Encyclopaedia of Africa South of the Sahara*)(1997)(最初由西蒙和舒斯特出版社出版),此次重印得到了盖尔集团的许可。

第7章,有两张地图(公元前8000年、20世纪50年代)摘自科林·麦克伊维迪(Colin McEvedy)的《非洲历史地图集》(*The Penguin Atlas of African History*)(1980)(1995修订版),经过小幅修改后的重印得到了企鹅图书公司的许可。

1 绪论 1

本章主要阐明了“生态学”“演化”和“语言”等概念，这些概念是本书的核心内容。本章同时也陈述了我自己的一些最主要的观点，例如：(1)克里奥尔语演化的重构过程与非克里奥尔语演化的重构过程相一致；(2)在所有类似的演化过程中，语言接触是重要的因素；(3)影响语言重构的诸多外在生态因素，也影响着语言的活力，其中包括了语言的濒危性。与前言中的简要介绍相比，在本章中，我的陈述会更多一些，但更为详尽的阐述将在后面的章节(例如，第 2 章和第 6 章)中展开。在本章中，我只是简单提出一些基本的看法，帮助读者更好地理解全书。

1.1 共同语即全体内化语

对于非语言研究者而言，“语言”这一术语的意思类似于“说话的方式”。因此“英语”最初的意思是“英国人说话的方式”，而斯瓦希里语(kiSwahili)就是“斯瓦希里人说话的方式”。在斯瓦希里语中，班图语的名词词类借助于工具性前缀 ki-清楚呈现，体现了斯瓦希里人进行交流的一种方式。那些对交流的含义了解更为深刻的人将“语言”的概念延伸到“说话方式”之外，将其应用到书面语和符号表达中。

语言学家更多地关注于语言的抽象系统，这种抽象系统生成口头、书面或者标记性的系列符号，如英语、美式手语或普通人的言语等。抽象的语言系统由一系列语言单位和原则组成，尽管有很多相似之处，但是不同的语言选择并加以应用的语言单位和原则各有不同。语言单位在各种语言模块界面上均可加以识别，比如音系系统（研究语音）、形态系统（研究音义结合的最小单位）、句法系统（研究字词如何结合成句子）。通常，有些原则是组合层面的，如小的语言单位组合成大的语言单位时的正向规则和反向限制。还有一些原则是关于语言分布的，例如美式英语中，音位/t/
2 在不同的词（如 tea、state 和 water）中发音方式的不同，即在重读元音前要发送气音；在/s/后，不管后面跟什么，都要发不送气音；通常位于词末时气流阻塞，并在一个重读元音和一个非重读元音之间形成一个闪音。

语言的变化通常涉及语言系统的不同层面。为了将一个群体的语言**传递（transmission）**[①]到另一个群体，所有这些语言单位和原则都可以被界定为一种语言特征，大致类似于生物学上的**基因（gene）**模型。我们所需记住的是，下面提出的语言物种（linguistic species）的概念无需在所有方面和生物物种相似。在这一点上，它和

① **传递**这一术语客观地包括了一种语言从它现有的使用者传达到其他人的途径。通常情况下，语言使用者并非主动地向语言学习者传授；语言学习者也并非消极地等待整个语言体系传递到自己身上。哈吉格（Hagège 1993）认为，语言习得既有继承又有创新。同样，拉斯（Lass 1997）经过观察认为，语言是一种不完全复制。这些观察解释了语言从一种状态演化到另一种状态的原因。在第 6 章中我提出，在群体遗传中，传播途径最好的类比就是流行病的传播。

一开始就不存在凭借经验获得的大家都认可的生物物种概念一样。

我对语言演化的一些观点与乔姆斯基(Chomsky 1986:19-24)对**内化语言(I-language)**和**外化语言(E-language)**的区分密切相关。内化语言基本上可看作是一种**个体语(idiolect)**,即个体说话者的语言系统。内化语言对于语言而言就等同于群体遗传中个体和物种的关系。我下面提出的问题是:个体语的特点在什么时候,又是怎样向外推演成为一种语言特征的**共同系统(communal system)**?作为个体说话者特性的语言认知能否与作为群体特性的语言认知共存?在以上这两种情况中语言变异的状态是怎样的?它们又是如何影响到语言的演化的?

乔姆斯基将"外化语言"定义为一类人群使用特定的语言而生成的一系列的句子。这种关于语言的观念是不充分的(McCawley 1976)。乔姆斯基摒弃了这种定义,认为它对语言学家理解语言在大脑中如何工作毫无帮助,在这一点上,他是正确的。这种定义仅仅为分析提供了数据而已。所幸的是,赞成这一观念的语言学家寥寥无几。大多数语言学家从属于索绪尔学派,他们一方面认为语言是心智系统,一方面又假定语言是使用者必须适应的社会规范。然而,他们无法回答这样一个问题:个体说话者在语言的变化中起到了怎样的作用?而这正是语言演化的核心问题,下面我将回到这个问题上来。[①]

① 德格拉夫(DeGraff 1999:9)区分内化克里奥尔语(I-creole)和外化克里奥尔语(E-creole)时可能也曾想到过这种问题。因此,我将他的"外化克里奥尔语"(有意)曲解为一种共同语,是每个个体语内化克里奥尔语的集合。这样我们就可以分析克里奥尔语中说话者相互间的变异,并提出下述问题:个体化的内化克里奥尔语的特性在何时又是以何种方式汇集为共同克里奥尔语的特性的?内化克里奥尔语和共同克里奥尔语是如何从它们的词源语言的内部系统(I-systems)中发展出来的?

个体语和共同语(communal language)代表了语言抽象系统的不同层级。前者是言语的最初抽象层级,后者可理解为对内化语言集合的外推。尼尔·史密斯(Neil Smith 1999:138)否定了"集体语言(collective language)"的有效性。然而,如果不接受共同语的存在,我们就无法谈论语言的变化或演化,而语言的变化或演化只有在人口的层面上才能够加以识别。

可以肯定的是,共同语是观察者抽象的推断,是内化语言的向外延伸。使用内化语言的个体在大多数时间里彼此之间都能够成功地交流。当内化达到一定程度,我们便能预估出一个群体中个体思维的集合形成了集体的思维。既然更高层次的抽象推断正是
3 讨论语言演化的基础,在共同语的其他特性中,我将着重谈论个体语言相互间的变化,同时在第 6 章中提出"一种语言就是一个物种"的观念。我将运用内化语言共存性中的"竞争-选择"这一动态机制来解释一种语言是如何跨越时空进行演化的。

这一论点引发了两个问题:

(i) 当共同语被看作物种时,每个共同语中真实存在的语言特征,在内化语言中也必须是真实的吗?例如,下面的句子在一些非标准的英语中是可以接受的,那么它们就必须在所有英语的个体语或甚至于方言中存在吗?

(1) *I ain't told you no such thing.*

"I haven't told you such a thing" or "I didn't tell you such a thing."

我没有告诉过你这种事情。

(2) *Let me tell you everything what Allison said at the party.*
"Let me tell you everything that Allison said at the party."
让我告诉你艾利森在晚会上所讲过的每句话。

(ii) 影响个体说话者的语言变化何时影响共同语的变化?

正如上面所提到的那样,后一层级的变化属于我所界定的**语言演化(language evolution)**现象。这也可以包括非结构性的变化,例如,一个言语群体中是多数还是少数语言使用者接受了句子(1、2)中的特殊表达。本书几乎没有涉及此类非结构性的变化,而是更多关注于**语种形成(speciation)**,也就是不管是出于语言结构还是意识形态方面的原因,人们是在什么时候发现不应再把形成共同语的内化语言集合在一起才更为恰当。这些内化语言被划分为子语群,被确认为是独立的语言或是同一种语言的方言。这正好适合于将克里奥尔语确定为独立的语言,并将之与同样是新兴的、基于语言接触的欧洲语言变体相对立。这些变体被欧洲人的后裔(例如美洲的英国人和魁北克的法国人)所使用,并已根据它们各自的词源语言而被鉴别为不同的方言(见第4、5章)。在1.3节和1.4节中我将进一步讨论这个问题。

1.2 皮钦语、克里奥尔语和柯因内语

在下面的章节中,皮钦语(pidgin)和柯因内语(koinés)涉及的并不多。然而,若不讨论它们,就很难给克里奥尔语下定义。同样,如果不能阐明克里奥尔语和柯因内语在概念方面的不同,那么,我在这本书里面所提出的一些观点也很难赋予其意义。这两

种语言有发生学上的关联(genetic relationship),因为克里奥尔语的**词源语言(lexifiers)**通常被准确地界定为殖民地**柯因内语(koinés)**,而克里奥尔语的很多词汇起源于这些词源语言的变体。同一种语言的不同方言之间存在着折中变体(compromise
4 varieties)。使用欧洲词源语言的人们没有选择单个方言作为他们的通用语(lingua franca),而是发展出了一种新的殖民方言,该方言包含了各种方言的共同特征,同时也保留了少部分各自独有的特性。这些被选择的语言特征并不一定来自同一种方言,从一个殖民地传播到另一个殖民地时也并未保持一成不变——部分原因源于地域差异。为什么选择了这些特征而不是其他的特征?同一词源语言产生出不同克里奥尔语时做出了何种选择?这两个问题值得关注的程度同等重要(见第2、3章)。下面的文本与插图清楚地阐明这一问题。

将语言重构(restructuring)为柯因内语、克里奥尔语和其他语言变体

下面三幅图阐明了克里奥尔语发生地区的方言和语言接触。它们表明:基本上,克里奥尔语的产生和柯因内语的形成所遵循的重构程序和机制相同。图表显示由欧洲殖民者所带来的形形色色的大都市的语言变体(见图表顶层)之间的接触产生了图表中间一层的"语言特征库(feature pool)",其输出的结果(见图表底层)便是当地的殖民语变体,该变体在发展形式上不同于大城市的变体。语言输入和语言输出之间没有特定的量化比例。

语言输出的数量有可能少于语言输入的数量，反之亦然；或者，语言变体输入和输出的数量也有可能旗鼓相当。关键的问题在于语言输出的变体和语言输入的变体在结构上有所不同。

图表中间一层代表的是“竞技场(arena)”，具有相同或相似 5
语法功能的语言特征聚集在此相互竞争。这里也是“混合遗传(blending inheritance)”的核心地带，也就是相似但并不一定相同的语言特征，无论其来源是哪里，聚集在一起加强彼此的力量；同时在新出现的语言变体中，产生出一些对源发(original)语言稍加更改的变化形式。“语言输出”表示在新出现的语言变体中，根据某些原则对特定的语言特征(组合)进行选定所发生的变化，随着我们对语言演化理解的深入，就需要详加阐述这些原则。标记性(markedness)便是这些原则之一。但是，只要能说

明特定语言变体的使用者的具体语言选择，我们也可以通过其他的制约模式对此进行研究。图表同时表明新的日常语在结构上很少不“重复使用(recycled)”来自词源语言及(或)与之接触的其他语言。导致新的语言变体重构的原因，不仅仅是那些通常源自不同语言的、经挑选后的语言特征的特殊结合，而且还包括这些语言特征自身被修改、“转换(exapted)”以适应新的语言系统的方式。

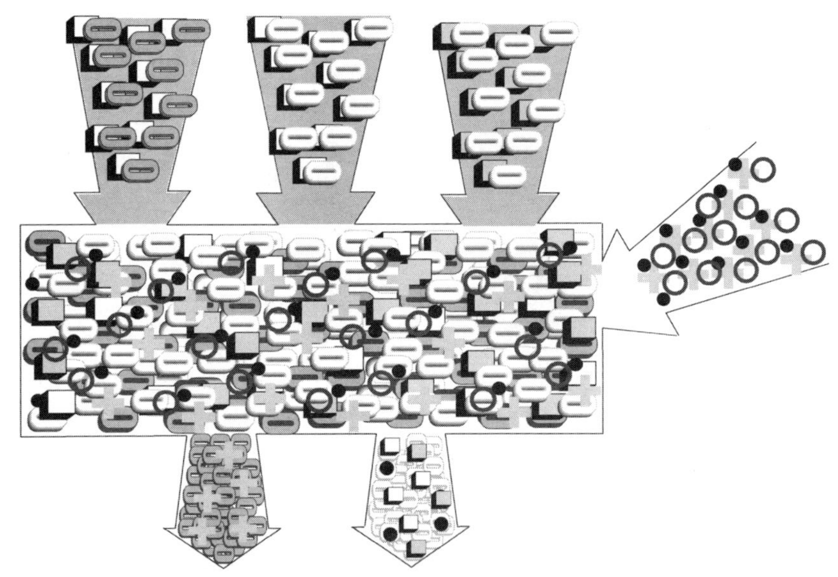

第一个图表表现的是**柯因内语化**(koinéization)的过程。它不同于既有的观点，即认为柯因内语的形成是通过消除同一语言的不同方言之间的差异，抑或消除发生学和类型学上相关联的语言之间的差异，或通过将有接触的语言变体简化为它们的共同特征。实地观察并非如此，例如英国的各方言之间曾有过

彼此接触。结果表明，语言接触过程中很明显地、替换性地吸收
了来自其他方言的要素，这看起来更像是竞争和选择的结果，而
不是保留相接触的方言中的任何共同特性。希腊语世界中，最
早的柯因内语产生时形态句法的简化并不能等同于希腊方言的
共同特征。在消除所有跨方言的语言差异后，它原本应该形成
一个有着大致轮廓的基本系统，而这个系统可能原本应该对希
腊人毫无帮助，除非他们的世界观同时也发生巨大的变化。名 6
称姑且放在一边，柯因内语化不过是在先前存在的方言的接触
之上，对一种语言进行重构，形成一种新的方言；或者甚至于是
由发生学以及类型学上相关联的语言之间的接触而发展起来的
新的语言变体。

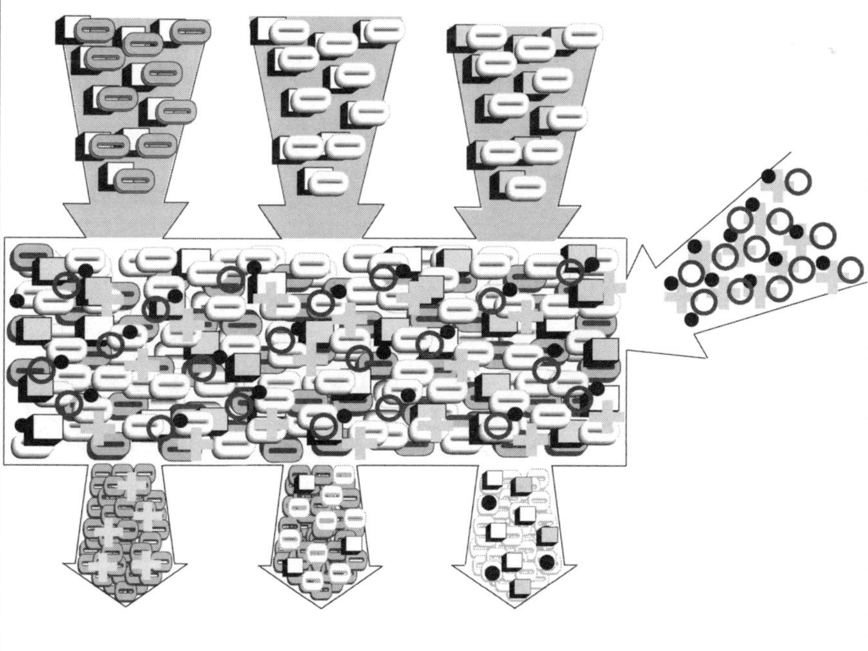

> 另外两个图表表明一种盛行于欧洲大都市的方言与其他语言接触时所发生的情况。由于语言特征是抽象的，并在某种程度上不同于承载它的语言形式，所以其他语言也对语言特征库有所贡献，并增加了竞争的复杂性。因此它们影响了输出的语言变体的结构，使得语言特征的选择可以在词源语言的大都市方言以外的范围中进行。例如，几乎没有系动词以及形容词性谓词的语言可以为词源语言的殖民地变体提供另一种句法上的选择。在一些情况下，它们仅仅倾向于使用在一些大都市方言中存在的选项，而这些选项在其他不同的社会生态条件中，因在统计上过于无足轻重而无法形成同样的语言输出。欧洲语言的殖民地语言变体反映出这一更为复杂的特征竞争层面。因而除却命名过程中的社会偏见以外，柯因内语、克里奥尔语以及其他新的语言变体间的历时差异不在于重构的过程，而在于与之相接触的语言的数量和类型，同时令人遗憾的是，也与这些语言的有代表性的说话者的种族身份相关。

7 以下我关于皮钦语和克里奥尔语的阐述仅仅是对米尔霍斯勒(Mühlhäusler 1986)、乔登森(Chaudenson 1992)、穆夫温(Mufwene 1997a)详尽论述的简要总结。传统上皮钦语被认为是被简化了的语言系统，具有特定的交际功能，尤其是在来自五湖四海、彼此语言不通的生意人之间。皮钦语是第二语言的变体，起源于词源语言的使用者与其贸易伙伴有着零星接触的环境。多种语言共存的人群使用词源语言作为交际语，他们彼此之间很少有机会需要大段流畅的交流，这也部分地解释了这种语言为什么是被简化了的且被比克顿(Bickerton 1981,1984,1999)和霍尔姆(Holm 1988)等语言学家视为十分混乱的语言结构。

尽管殖民的部分历史将皮钦语的发展与奴隶制联系在一起,但它们之间的关联却并非必然。在欧洲人和印第安人的贸易中,皮毛是最主要的当地商品。在非洲的西海岸,用来交易的不仅仅是奴隶,还有食物供给品(尤其是沿着"谷物海岸线")、象牙和黄金。这时的共同特征就是贸易过程中"不流畅的语言模式(sporadic pattern)";那些被法国殖民者或旅行者轻蔑地称为"含糊的、结结巴巴的语言"的**杂糅话(baragouins)**的情形亦是如此;更多的人称之为**行话(jargon)**,所表达的意思大体是一样的。

在世界上的很多地方,例如尼日利亚、喀麦隆以及巴布亚新几内亚,皮钦语增加了其交际功能,当地人口中的很大一部分将其作为母语或主要的通用语使用。它们被称之为**扩展的皮钦语(expanded pidgins)**。该语言系统的稳定性和复杂性与母语化关系不大,而是更多地取决于日常更为频繁的使用和交际功能的增加。

克里奥尔语被视为母语化的皮钦语。虽然下面的观点对克里奥尔语和皮钦语的关系提出了不同的观点,但目前这种看法有利于以下问题的思考:即如果克里奥尔语真是由孩子们发展起来的,那么克里奥尔语应该是语言发展停滞不前的阶段(arrested development stage)(Mufwene 1999a)。相应地,在孩子们步入成年人时,他们应当掌握成人的语言结构。由此引发了如下的问题:为什么他们的父母在皮钦语阶段不能发展出这样的语言结构? 奴隶制度对他们的语言能力有如此不利的影响吗?

将克里奥尔语从皮钦语分离出来的讽刺之处,部分在于**皮钦**

语(pidgin)(来源于英语词 business,以及短语 business English)
这一术语只是从 1807 年才开始出现(Baker & Mühlhäusler
1990),而早于其一个世纪之前**克里奥尔语(creole)**这一术语在罗
曼语中就作为一种日常语出现了。根据 1825 年的 OED[①],**克里奥
尔语**只用于英语。使用欧洲语言的殖民地中产生了新的当地交际
语,普通人将新出现的日常语称之为**克里奥尔语**或**土话(patois)**,
在克里奥尔语早期的发展中**皮钦语**一词根本无从查找。此外,被
8 称之为**皮钦英语**(＜商务英语)的第一种语言变体出现于 18 世纪
晚期的广州,而在此很早之前大多数克里奥尔语已经发展成熟。
而且,在广州并没有发现克里奥尔语的出现。

这些争论无意否认那些看似合理的假设,即:在将欧洲语言重构从而形成正统的克里奥尔语(例如牙买加语、圭亚那语、格勒语、毛里求斯语、塞舌尔语以及帕皮亚门托语(Papiamentu))过程中做出最大贡献的那些语言必定经历了**中介语(interlanguages)**的阶段。然而,中介语是个体现象,只限于内化语言的发展过程中。它们并没有建立在共有的语言规范上,尤其是在克里奥尔语发展的环境中(见第 2 章)。从这一点上看,中介语与作为共同语言系统的皮钦语相差甚远。

欧洲殖民过程中的社会经济历史表明那些发展出克里奥尔语的地方和发展出皮钦语以及本土化的欧洲语变体的地方存在劳工地域上的分野。最著名的皮钦语发展于非洲和太平洋地区的欧洲**贸易殖民地(trade colonies)**(沿着贸易站和贸易线路),后来这些殖民

① 《牛津英语大词典》通常简称为 OED。——译注

地被政治性侵占,并于19世纪后半叶沦为**开拓殖民地(exploitation colonies)**。[①] 皮钦语基于欧洲贸易者所使用的不那么标准的日常语,在零星的贸易接触中,其非欧洲的贸易伙伴听闻了这种语言。尽管在通常情况下,这些皮钦语在结构上得以发展,使用者种族数量得以增加,从而能服务多种多样的、更为复杂的交际功能,但在最初,它们的确在结构上有所简化,只能提供非常基本而又有限的交际功能。值得注意的是,在贸易中非言语的交流经常作为言语交流的补充,以弥补其不足(Calvet 1999)。

在开拓殖民地时期,比最初贸易殖民地大的领地直接由欧洲国家进行行政管理,其语言的正规式变体通过教育媒介引入到殖民地,因此这种语言可以作为当地殖民从属国和殖民者之间的交际语。由于地域的语言多样性,语言的殖民地阶层性促使一批当地的社会精英把学院式语言变体(scholastic varieties)作为他们相

① 区分“开拓殖民地”(exploitation colonies)和“定居殖民地”(settlement colonies)很有必要,因为每一种不同类型的殖民地很大程度上决定了欧洲人与非欧洲人之间的交往方式。在**开拓殖民地**里,欧洲人对扎根当地进行发展没有(或者只有很少)兴趣。他们只为本国政府或一些经营固定项目的公司工作,希望在异国他乡的殖民地工作结束之后,赚到一笔钱,然后回家终老。**定居殖民地**的人们则不同,他们的初衷就是建立一个全新的、永久的甚至于比他们远在欧洲的故土更好的家园(Crosby 1986)。

在定居殖民地里,尽管存在着种族隔离制度,但欧洲人承担了更多的责任让自己的语言成为主要使用的当地语言,而不仅仅只是交际语。因此,当他们与占人口绝大多数的当地人交流时,仍然使用自己的语言。而在开拓殖民地,欧洲人只在与其他欧洲人或他们自己的殖民地随从(也包括当地的社会精英,这些社会精英从欧洲人那里学到了校园式的语言变体)说话时才使用欧洲语言。事实上,皮钦语的发展也部分地与当地被称为“格鲁米托语”(grumettos)(见 Hancock 1986a)的语言有关,该语言为殖民地随从所使用。当然,皮钦语是从格鲁米托语中发展形成的唯一的语言变体这一说法并不属实。

互之间进行交流的通用语。这一进程有助于这些语言的**本土化(indigenization)**进程，使其在地域上形成了现今的尼日利亚英语、印度英语和东非英语。

在类似于尼日利亚和喀麦隆这样的地方，皮钦英语和当地本土化的英语和睦相处，前者几乎被当作本土化的语言（一些人视其为日常语（vernacular），一些人视其为通用语（lingua franca）），而本土化的英语变体与知识精英阶层密切相关。皮钦语（也包括西非的"français tirailleur"和"le français populaire d'Abidjan"）和本土化的欧洲语言变体（例如，印度英语和非洲法语）之间最重要
9 的区别如下：前者的词源语言是不标准的语言变体，而后者的发展得益于通过学校系统传入的学院式英语以及法语，这些学校中的老师往往并不是英国人或法国人。对后者的讨论见卡切茹(Kachru 1983)、格普塔(Gupta 1991)和班格博斯(Bamgbose er al. 1995)等人的著作。

美洲的皮钦语产生于欧洲人和美洲原住民人之间相似的贸易接触，之后这些印第安人被不断扩张的欧洲殖民者逐渐同化。然而，在**定居殖民地(settlement colonies)**中发展起来的克里奥尔语，其显著特征为奴隶和欧洲殖民者之间最初频繁的、亲密接触。他们中大多数是契约佣工，绝大多数并不能地道地使用欧洲词源语言（见第2章）。和皮钦语一样，克里奥尔语的词源语言也并不标准。

新大陆和印度洋的社会经济历史——我们提出的克里奥尔语

的**启发式原型(heuristic prototypes)**以此为基础①——并没有表明这些日常语中的任何结构特征不能在皮钦语中找到蛛丝马迹(Mufwene 1991a;Baker 1995a),也没有指明克里奥尔语(必然)从皮钦语发展而来(Alleyne 1971,1980;Chaudenson 1979,1992),也没有认为就像当地言语群体语言习得那样,克里奥尔语通过早先的皮钦语**母语化(nativization)**得到了发展(Mufwene 1991a,这与Bickerton 1999 观点相反)。在新大陆,美洲印第安人所使用的欧洲词源性行话或皮钦语对克里奥尔语的发展所做的贡献并不明显地多于非洲奴隶所使用语言中的那些词项(lexical entry)。从殖民地的形成直到这些新的日常语的发展,非洲奴隶与使用欧洲词源语言的说话人之间频繁交流,尽管后者通常既不是欧洲人或者也不能流利地使用欧洲语言(见第 2 章)。

克里奥尔日常语最初局限于大西洋、印度洋的岛屿以及沿海殖民地种植园,形成于一种语言相互接触的环境。在这种新的语言环境中皮钦语的发展与大家业已接受的观念——皮钦语是一种简化的语言系统,只拥有有限的和特定的交际功能——不一致。在自耕农场的环境下,尽管社会上还存在着种族歧视,占人口少数

① 我所说的"启发式(克里奥尔语)原型"(heuristic[creole]prototypes)(Mufwene 1996a)与托马森(Thomason 1997)和麦克沃特(McWhorter 1998)所采用的"原型"(prototype)有所不同。我们知道无论是在第一个例子或者最好的范例这个意义上,都不存在克里奥尔语原型(Mufwene 2000a)。我采用这一术语来确定经典的克里奥尔语是那些最先引起语言学家的注意,并且在今天帮助我们对其结构提出假设的克里奥尔语。它们之所以是启发式原型,是因为就目前了解的情况来看,克里奥尔语这一术语已经几乎有害地延伸到了世界各地很多其他基于接触的语言变体当中。

的非欧洲人与欧洲人相处融洽;其中那些操所谓克里奥尔语的人群中的一些人,即那些出生于定居殖民地,同时父母中至少有一方不是当地人的人群[①],出现的时间比克里奥尔日常语产生的时间早。尽管使用殖民地柯因内语变体,他们自身有充分的机会接触到欧洲语言,就像欧洲的契约佣工那样通过和当地人或者流畅地说当地话的人定期接触而进行学习(Tate 1965;Chaudenson 1979,1989,1992;Berlin 1998;Corne 1999)。他们并没有使用后来被界定为克里奥尔语的语言变体。

的确,在种植园时期奴隶们所使用的殖民地日常语在后期的相似性,造就了克里奥尔语日常语。拉斯(Lass 1997:112)将其描述为"不完全复制"(imperfect replication),迪肯(Deacon 1997:114)称之为"传输错误"(transmission error)。现在,这一进程又
10 通过能地道而又流利的说话者的减少(使用克里奥尔语的奴隶和季节性奴隶)和不熟练的说话者(初来乍到的奴隶)之间人口的不平衡而得以加强。正如在第2章中所讨论的那样,产生克里奥尔语的**下层方言化(basilectalization)**是一个渐进的过程。[②] 然而,为

① **克里奥尔语**这一术语的意义对于不同殖民地的人来说各有不同,在下面的讨论中将清晰阐述。关于这一术语最近的有价值的讨论,可参见艾拉·伯林(Ira Berlin)发表在《非洲百科2000》(*Encarta Africana 2000*)上的文章。多明格斯(Domínguez 1986)从社会历史层面详尽地探讨了克里奥尔语在路易斯安那的使用。

② 从字面上而言,**下层方言化(basilectalization)**是**下层方言(basilect)**的发展,下层方言是与上层方言(acrolect)或当地标准语在结构方面最不相似的一种非标准的语言变体。在本书中,克里奥尔语的发展被视为与历史语言学和发生语言学相关,该术语本身就表明了一个语言变体在结构上发展为相对于其词源语言的另一个极端的过程。而这种过程促成以下以及第2章所讨论的语言物种的形成。一种下层方言结构方面的特性反映出其与词源语言或当地上层方言分歧的程度。对词源来自同一种欧洲语言的克里奥尔语来说,不存在一种共同的统一的下层方言。

了避免将其看作是语言演化的一个常例，一些克里奥尔语学者（如Bickerton 1984；Thomason & Kaufman 1988）将这一过程界定为是突变（abrupt）的。具有讽刺意味的是，并没有任何令人信服的证据表明，例如格勒语（Gullah）——美国南卡罗来纳州和佐治亚州沿海所使用的克里奥尔语——比任何其他北美洲的英语变体都发展得更快。同时也无法证明产生它的语言演化不同于那些产生于17至19世纪之间，同时代的英语变体的渐变的语言演化过程。①

克里奥尔语的发展也被认为和词源语言传输的中断有关（如Polomé 1983）。然而，没有证据可以证明这一点，甚至在如苏里南（Suriname）这样的政体里也无证可循（17世纪中叶，在苏里南殖民地建立15年之后，使用词源语言的当地大量人口急剧离去）。词源语言传输的中断不会遗留下语言的任何形式，从而也无法进行语言的重构。这与历史事实有很大不同。历史上，在种植园时期来到当地的奴隶能够接触到的语言变体，越来越多地不同于来自欧洲的语言以及较早殖民时期所使用的语言。

正如上面所强调的那样，最早关于**皮钦语**这一术语的文献记

① 莱特富特（Lightfoot 1998:82,88f）认为内化语言的改变是突然的。如果仅仅是从内化语言的一种状态转变（transition）到下一种状态这是可行的。然而，当采用一个新的规则或一个现有的规则被修改（Harris & Campbell 1995:48-49），并不是所有相关要素都能在同一时间受到影响。例如，那些采用希腊语或拉丁语的复数来表达*criteria*、*phenomena*、*data*和*desiderata*这类词的英语说话人，并不能一下子为整个词类制定出普遍语言规则。他们只是在某些场合听到了这种形式的用法。*Data*和*phenomena*也经常被用作单数（同*agenda*模式），而其他的则严格地遵循复数形式使用。说话人逐渐扩展到使用-*um*/-*a*，-*on*/-*a*这类可供选择的表达形式来表示复数，说明内化语言并不是突然改变的。在共同语中，这类形式或者变化在说话者人口中的传播显然是需要时间的。也正因如此，语言演化是渐进式进行的。

录载于 1807 年[①](Baker & Mühlhäusler 1990)。而早在 200 多年以前，人们已经使用**克里奥尔语**来指称殖民地语言的变体，从而与大都市的语言形成对比。语言学家在错乱的年代顺序下，假设出皮钦语和克里奥尔语之间发展上的可疑的联系，除了皮钦语比克里奥尔语更加简化之外没有举出过任何其他证据。

在对克里奥尔语特有的结构特征缺乏证据的情况下(Mufwene 1986a,2000a)，根据产生的时间、地点和发展环境，乔登森 (Chaudenson 1992)将克里奥尔语描述为特殊的日常语，他的这种描述看起来是正确的。欧洲人对世界各地的殖民运动开始于 17 世纪，在此期间克里奥尔语相继出现，其中具有代表性的是那些位于热带之间的岛屿或者沿海地区，以及种植园中的语言接触环境。在这些地方，非欧洲裔的劳工不仅比使用词源语言的当地人多，甚至比欧洲契约佣工的数量还多。当人群按种族相互隔离，同时人口的增加更多是依靠输入新的劳工而不是靠本地人口的出生时，克里奥尔语得以发展。

因此，我从社会历史方面的意义来使用**克里奥尔语**这一术语主要指称那些被非语言学家们看作“克里奥尔语”或“土话(patois)”的语言变体。我还宽泛地用它来指类似于格勒语
11 (Gullah)这样的语言变体，这些语言变体因其发展的环境与路易斯安那、海地和毛里求斯的克里奥尔语的发展环境相似而被语言学家们视为克里奥尔语。尽管我在自己的著作里(Mufwene 1997a)声称克里奥尔语最初的发展与使用克里奥尔语的人口密切

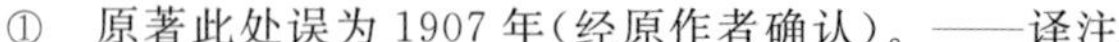

① 原著此处误为 1907 年(经原作者确认)。——译注

相关,但是乔登森(1999 年 10 月,私人交流)提醒我,在马提尼克岛,传统意义上的克里奥尔语人口是指被称为 **Beke** 的白种人,而不是最初那些使用马提尼克岛克里奥尔语的人口。在路易斯安那,克里奥尔人口只与说克里奥尔语的黑人相关,与说克里奥尔语的白人无关;在毛里求斯,克里奥尔语人口专指非洲黑人的祖先,同时不同族裔的毛里求斯人都声称“克里奥尔语”是其民族语言。在历史实践中,在将一些新的殖民地日常语确定为克里奥尔语时,并不具有如下的逻辑:语言学家为了证明其判断的合理性而错误地借用了“克里奥尔语”这一名词。因此,我会反对使用**克里奥尔语**这一术语来表示那些在非洲大陆上发展起来的语言接触变体,因为除了南非以外,那里就没有欧洲的定居殖民地,而在南非是否将南非荷兰语界定为克里奥尔语还存在着争议。纵观历史,非洲大陆的其他地方并不存在克里奥尔语人群。欧洲语言并没有被非洲本土人当作日常语加以使用。[①] 将诸如(刚果-)基图巴语((Kikongo-)Kituba)、林格拉语(Lingala)和桑戈语(Sango)这些词汇源自于当地非洲本土语言的语言变体界定为克里奥尔语只会增加更多的混乱(Mufwene 1997a)。尽管它们在形态句法的重构模式上具有一定的相似性,不过它们还是与传统克里奥尔语存在

① 固然,南非的印度英语也不容忽视,它得以发展的语言接触环境类似于新大陆和印度洋地区的非洲语言得以发展的语言接触条件。据我所知,**克里奥尔语**这一术语并没有运用到这一日常语上。同时,塞拉利昂克瑞尔语(Sierra Leone Krio)也值得一提,因为 *Krio* 一词本身就是从 *creole* 衍生而来。它的部分发展与曾在新大陆当过农奴而后又被遣返回非洲家乡的人有很大关系。

一些重要的结构性差异(例如时间指称范畴)。[①] 正如我将在第3、4、5章中所要讨论的那样,给传统克里奥尔语以及其他的语言中存在的结构性演化提供更多的普遍性解释,就足以让我们避免给"克里奥尔化"设定一个混淆不清的结构性进程。

1.3 语言的演化

正如生物学一样,我采用**演化(evolution)**这一术语并非表示从一种不太令人满意的状态发展到令人满意的状态(如Gould 1993:303)的过程,也不必然是从简单的系统演化成较为复杂的系统,反之亦然。[②] 语言演化是没有目标的,当然也不是对一种语言特定缺陷的修复。语言学上的变化是无意识的,是相互作用的个体说话者在调整他们的交际策略去适应他人或适合自身新需要时

① 欧文斯(Owens 1998)提出了与我相反的观点,并反对"重构的柯玛雅戈语"(restructured Kimanyanga)或"重构的阿拉伯语"(restructured Arabic)这样的描述,因为"重构的某种语言"(restructured X)看起来没有很强的可操作性。他更愿意采用**克里奥尔语**一词,尽管还缺乏一个准绳能够测量其在结构上偏离词源语言的程度,从而帮助我们更好地决定在哪种情况下以接触为基础的语言变体是克里奥尔语。他的论点基于这样的事实:努比亚语、桑戈语和基图巴语这些语言变体在结构上和交际功能上都进行了大量的重构,它们与为其贡献词汇的语言之间不像海地克里奥尔语与法语那样相似(但也有可能更为相似)(原书第118页)。我的观点是,**克里奥尔语**这一术语没有必要体现这些适应性演化中的相似性。

② 要了解与我在本段中所提出的语言演化相类似的更有信息含量(而且更为详尽)的讨论,可参见麦克马洪(McMahon 1994,第12章)。麦克马洪强调了自19世纪以来,对语言演化的生态比喻在语言学中使用的不同方式,以及为什么到了20世纪在多数情况下却对此避而不谈。同时她也观察到"这些使用(生物)进行比喻的不太成功的试验,并不会使我们止步不前,但会提醒我们在设定比较的基础时小心谨慎,我们所需要的并不只是比较"(原书第334页)。本书即是基于此种精神而写。

的，一种“不完全复制”的结果。这种适应性就像生物学中的“扩展适应”(exaptation)，或者类似于信息技术中的“组装机”(kludge)。它们能够导致规范化或者也可能增加不规则性，正如它们可以引入或消除某些有用的语言区别一样(Keller 1994；Croft 2000)。

既然就算没有语言之间的接触也会发生语言变化，那么很显然一种语言的非本土使用者并不是唯一无法完全习得该语言的人 12
群。我们必须记住，语言中的个体语并非完全相同。说话者相互之间的适应以及他们各自不同的创新是在持续地导致各种变化的物竞天择的过程中形成的。那些由一些内化语言演化形成，在共同语中成为唯一的、占支配地位的、少数人使用的或者罕见的模式是本书关注的焦点。它们类似于微观演化过程，这些微观演化过程证明了物种的形成，而在宏观演化层面上变得举足轻重。例如，在英语史上，我们或许认为个体说话者对殖民地英语系统的适应开启了某个语言物种(speciation)的形成，然后发展成诸如牙买加土话(Jamaican Patwa)、牙买加英语、格勒语、非洲裔美式日常英语(AAVE)、阿巴拉契亚英语(Appalachian English)等新的语言变体，那么为什么又不包括新英格兰英语或布朗克斯(Bronx)英语呢？显而易见，有必要采用生态学来说明这类“语种”的形成，下面我将讨论这个话题。

我认为**演化**就是一段时间内一种语言(语言变体)长期的变化过程，其中包括一系列的重构过程，从而导致了与早期情形越来越多的偏离。所谓**重构(restructuring)**，是指一种语言机制和(或)其经常使用的语用原则的重新组合。这个过程实际上与生物学上的**基因重组(genetic recombination)**类似，即亲本染色体(parental chromosomes)

的分离及重新组合(Mayr 1997:188)。这两者之间重要的区别在于语言的传递未必遵循父辈向子辈遗传的模式。事实上,语言基本的传递方向是横向传递,是易变的**多倍性染色体(polyploidic),**无论是个人还是群体对单个说话者的个体语特征产生影响的人数并不受限制。另外,尽管最近借助于计量社会语言学(quantitative sociolinguistic),引用了很多虚时[1](apparent time)来证明系统性变化(如 Bailey & Maynor 1987,1989),[2]但是个体语在其说话者死亡或丧失语言能力之前不会真正停止发展,即使语言系统的很大一部分是在其青春期形成的。在说话者的一生中,有些语言特征的习得是逐渐添加或者历经数次的替换,然而在大部分情况下,这些变化对青春期形成的基础语言系统没有重大的影响。从这个角度来说,语言的物种类似于拉马克物种(Lamarckian species)(见第 6 章)。

在句法上,由于**适应性(adaptation)**导致的系统重构的例子包括表示"say(说)"的词的用法,它不仅能用作动词,还能在表示说话和感知的动词后用作补语,以下格勒语的例句便是如此(以"视觉方言"[3]的方式,通过故意使用扭曲的标准英语的拼写形式来表

---

① 本术语采用石锋先生建议,翻译为"虚时",特此感谢。

② 关于这个概念的更为详尽的探讨见拉波夫(Labov 1994:第 3 章)。在他的研究方法中,从同一时代挑选出不同年龄段的说话人,收集数据进行比较,并对语言的演化进行推断。然而,我们还应该留意年龄的不同阶段(Rickford 1992),这些证据必须通过实时的数据进行证实。如拉波夫(Labov 1966)关于纽约市/r/音卷舌程度的研究,特鲁德吉尔(Trudgill 1974)对诺里奇语(Norwich)/θ,r/唇音化的研究,以及近期贝利和托马斯(Bailey & Thomas 1998)认为非洲裔美式日常英语和美式白人南部英语是彼此从对方分离而来。

③ eye dialect,使用错误拼法来代表方言或非标准语言,如用 wimmin 代替 women 等来表示说话者教育程度低或增加幽默感。——译注

达不同的发音)：

(3) a. *Faye answer say Robert coming.* 13

"Faye answered that Robert was/is coming."

菲回答说罗伯特快到了。

b. *Uh hear say Robert coming.*

"I heard that Robert was/ is coming."

我听说罗伯特快到了。

在本例中，"say"置入句子中的这种适应性新用法还未在词源性语言中得以证实。通常在所有的英语方言中，动词"say"都用来表示引用的或者间接表述别人的话语(后面接 *that* 或者如后面的例句所示，不加任何补语成分)。但并不像(3a)中那样用作连动结构(serial verb)，也不像(3b)中那样用作补语成分。另外，那些尝试推断在克里奥尔英语中，"say"已经替代了补语成分 *that* 的人应当记住，say 不能在复杂的名词短语中引导关系从句或者其他补足成分(Mufwene 1989a)。例(4c)中的关系从句是不正确的。

(4) a. *This da young man come yah yesiday.*

"This[is]the young man[that]came here yesterday."

这位是昨天来的年轻人。

b. *This da young man weh come yah yesiday.*

"This[is]the young man who came here yesterday."

这位是昨天来的年轻人。

c. * *This da young man say come yah yesiday.*

"This[is]the young man that came here yesterday."

这位是昨天来的年轻人。

在这种情况下，英语补语成分的子系统进行了简单的重新组织，从而指派给 say 一个上下文的环境，在这类上下文中会出现英语的补语化成分 *that*，当然并不是所有这类上下文中都会出现。本书旨在说明，语言结构系统的变化都涉及重构，包括一些语言单位和语法规则的丢失以及增加，以及通过增加语言规则运用的语境，朝着简单化、普遍化或是复杂化的方向进行必要的修正。

下列关于演化的一些基本问题一直引起我的关注：形成克里奥尔语的重构过程，在类型上或是速度上，是否与同一殖民时期甚至更早以前产生的欧洲语言新变体的重构过程有所不同呢？（见第 3、4、5 章）是否可以假定牙买加土话和路易斯安那克里奥尔语比牙买加英语和路易斯安那法语变体发展要快？是否可以更为准确地假设，这些语言变化同时发生，而演化速度的快慢与一种新变体应当（还是不应当）被称为克里奥尔语无关？是否有证据证明这种论点："传统克里奥尔语"是突变的，仅仅用了一代人的时间（Bickerton 1981，1984，1999），而法语却用了几个世纪才演化成今天的样子？

在第 2 章中我会论述，正如罗曼语那样，克里奥尔语是逐渐演
14 化形成的。事实上，由于重构一个新语言系统很大程度上依赖于语言演化的生态环境，因此重构速度的快慢并不是问题的关键。另外，我们很难论证牙买加土话或格勒语分别比牙买加英语或美式白人英语（White American English）变体发展得更快。第 3、4、5 章将会就这个问题的不同方面展开讨论。

我们还可以询问，是否存在一个**克里奥尔化（creolization）**的全球性重构进程，将一种非克里奥尔语的语言整体演化成为克里奥尔语。这个假设无法解释跨克里奥尔语的变化在时间参照和数量限定范畴等方面的问题，从而使假定的“克里奥尔特征”在一些方面不尽相同(Mufwene 1991a)。例如，帕皮亚门托语(Papiamentu)有非限定性复数的特征(“非克里奥尔语”特征)，但是却没有一个前位标志。同样的，格勒语有不定冠词(“非克里奥尔语”特征)——以非重读央元音的形式存在，这与其他英语方言相同——但是，牙买加和圭亚那克里奥尔语中的 *wan* 到底是冠词还是一个普通的量词尚存在争议。

还有其他一些有趣的问题。例如，对于克里奥尔语和其他“混合语”(mixed languages)来说，语言接触是否真的使它们的演化过程变得与众不同？产生克里奥尔语的语言接触层面与产生罗曼语的语言接触层面是否属于不同的类型，或者与产生个体语的语言接触层面类型不同？个体语层面的接触对克里奥尔语内在变化的影响是否不如对外在变化的影响大？我们知道，是具有代表性的个体微小的举动或是作用于个体的生态环境广泛地影响到了整个群体。其中的动力被称作“不可见的/隐秘的手”(invisible/hidden hand)。

根据文莱奇(Weinreich 1953)的观察，语言接触发生在说话者的意识中。詹姆斯·米尔罗伊(James Milroy 1997:311)的观点“语言变化基于说话者”也与本书所要阐述的问题相关，同时也与我的立场一致，即共同语是个体语的抽象外推。此外，是否存在彼此协调良好而又保持各自独立语言系统的双语现象，是值得怀疑的。因此，把语言接触现象与个体语接触现象分开讨论又具有多大意义呢？说话者是使个体语、方言和语言发生相互交流的关键。第 2 章和第 6 章将集中讨论这一特殊性，并阐明语言演化的方式。

现在，解释共同语和作为个体集合的生物物种之间的相似性至关重要。虽然我们在第 6 章才会详细地讨论这个问题，但是为便于全书的组织安排，需要在这里对第 2 章至第 5 章的内容做一个简要的、补充性的介绍。

15

1.4　把语言看作物种

传统上，语言被比作有机体。① 这个观点已经人为地阻碍了历史语言学家甄别**由内引发的变化（internally motivated change）**的真正动因——他们把由内引发的变化看作是“理所当然”或是“常规性”的变化，与**由外引发的变化（externally motivated change）**（与其他语言接触引发的变化）相对立。事实上，造成这种变化的原因是说话者交际系统中的竞争和选择，以及说话者之间为了满足新的交际需求而进行的相互适应和调整。有关语码混合（code-mixing）的研究证明语言或方言之间的界限模糊不清。因此说话者为满足新的交际需求而进行的相互适应和调整可能从相同或不同的语言系统中获取材料。

这种不同的视角引出了如何界定由内引发的变化和由外引发

① 这一类比可以一直追溯到 19 世纪早期。见博普（Bopp 1833）和贝克尔（Becker 1833）的研究。进一步有价值的讨论参见柯纳（Koerner 1983）和扬戈维（Yngve 1996）。

的变化的问题。事实上，在假定语言是物种的情况下，这种界定就一直争论不休。个体语彼此之间的接触以及随之而来的语言使用者所采用的竞争和选择的方式是默认的变化的动因。因此，麦克马洪（McMahon 1994：248）所提出的“真正**的驱动问题”(actuation question)**变得更加重要：“为什么一些创新消亡了，而另一些继续存活下去，并在群体中传递开来？抑或为什么有些语言变异发生了改变而有一些则没有？”这些问题更适用于被视为是个体语集合的语言而不是那些被认为是没有内部变异且类似于有机体的语言。

同样，把语言看作是有机体的假设阻碍了发生语言学家充分地解释为什么语种的形成自一开始就发生了。地理上的分散及(或)隔离不能解释原始的印欧语系和原始的班图语系为何发展出这么多不同的语言，尤其是在当原始语言被假定为是同质的(homogeneous)情况下。单凭(对从前统一一致的原始系统起作用的)随机演化，就能在没有生态环境干预的情况下导致语言的多元化？或者，根据特鲁贝兹科伊(Trubetzkoy 1939)对原始印欧语系的看法，无论是否受到生态环境的影响，原始的语言已经异质(heterogeneous)，其内部不同语言之间充满活力的接触最终引发语言物种的形成？在原始日耳曼语或原始班图语发展成不同的日耳曼语或班图语的语言支系或个体语言的过程中，语言接触是否发挥了作用？原始语言的使用者是否散布到了荒无人烟的地方？目前看来，发生语言学家对这些问题的关注度还远远不够。本书的第 5 章和第 6 章将会详细讨论这些问题。

第 7 章着重阐述语言接触在如今的非洲语言形成中所扮演的 16
角色。该章阐述了一波又一波本土的和非本土的殖民化是如何促

使人口和语言进行接触,从而导致了语言的多样化。这一章的重点放在移民到非洲南部的俾格米和克瓦桑语族领土上的班图人;非洲北部的阿拉伯殖民地;以及欧洲和非洲进行贸易,继而对非洲实行的统治,特别是17世纪以来欧洲对非洲的统治。

有机体的概念显然与个体语的现实不相符合。事实上,个体语互不相同,通常差异很小,无足轻重,但有的时候差异甚大。在这种情况下,我们有必要记住,语言和语言群体都是不连续的,就像生态学中的**复合种群(metapopulations)**。据汉斯基(Hanski 1996)的理论,复合种群是由**“分散的个体”(dispersing individuals)**结合而成的**“栖息斑块”(habitat patches)**。这些观察结果低估了把语言比作物种的重要性。在我看来,语言是拉马克物种,在其一生中,基因组合经历了若干次的变化。语言也是一个**寄生物种(parasitic species)**,其生命和活力依赖于其**宿主(hosts)**即说话者(的言行和性情)、他们所形成的社会以及他们所生活的文化。

语言是一种物种,和寄生物种恰好有很多相似的特征(见第6章),同时也有很多不同的地方。比如说,在一群人中,语言特征(近似于基因)不仅仅纵向传递(从老一代说话者传向年青一代说话者)以及横向传播(在同龄人中);而且,其传递也可以是双向的:孩子可以影响父母的语言行为,在某些情况下,比父母对孩子语言产生的影响更大。另外,语言物种的变化是可替换的,用一种特殊的特征替换另一种特征。例如,拉波夫(Labov 1994)提到的北美城市中元音的链式转移;这种变化也可以是添加性的(如在美式英语齿龈塞音类别中加入闪音/D/,比如 *matter* 的发音)及(或)削减性的(如在一些英语方言中,没有齿间摩擦音/θ, ð/,比如发

thought 和 *this* 这类词时)。同样有趣的是,在语言物种里,即便在个体语(具体到每一个人)中,相互竞争的语言特征通常彼此共存,让说话者可以(自由地或有条件地)做出自己的选择。

另外一个重要的不同是,言语者语言行为意愿(will)的介入,比如说有意地模仿或是区别于某些说话者,以表明自己的身份。生态物种中的自然选择与意愿无关,完全是物种中的单个个体无法控制的,特别是在基因层面上,即便是在那些婚配方式受到传统风俗严格限制的人类群体中也是如此。在语言演化中,言语行为
中有意的抉择和无意的选择二者之间相互作用,使得个体说话者 17
对共同语选择的影响整体复杂化。

然而,语言物种和寄生物种之间的这些不同点并没有阻碍本书采用群体遗传的方法(population genetics approach)来研究语言演化。首先,虽然生物物种是多样化的,但是它们的差异并没有阻碍演化理论的发展,相反,演化理论对这一事实一直保持着敏感性。我们所需要的是一个常用的方法来研究生物物种和语言物种中相似的结构和演化模式,同时鉴别出某些物种的特殊之处。正如第 6 章提到的,语言物种和寄生物种之间的相似性值得关注,这使得采用群体遗传的方法来研究语言演化显得更为合理。比如说,语言变化的速度与寄生物种的演化速度相似。不同于动物物种,在寄生物种中,代际与代际之间的关系并不是很重要的因素。变化速度的不同一定程度上与不同特征/基因的传递模式以及物种的自身特性有关。

把语言比作物种也使得以下事实更加显而易见:即形成一门语言的个体语与维特根斯坦的家族相似模型(Wittgensteinian family resemblance model)类似。有时,说话者声称他们使用同一种语言,是因为他们的语言源于同一个祖先而不是因为他们彼此明白对方说的是什么。这种情况也同样适用于生物物种(O'Hara 1994)。我们经常争论的相互可懂度(mutual intelligibility)确实说明说话者之间潜在的交际需求,正如生物物种的成员之间有交配的需要一样。总之,在生物学和语言学上,一个物种的生命取决于其组成个体成员的生命。环境(与**生态**有关,见 1.5 节)对个体的直接影响而不是对整个物种的直接影响,导致了物种的变化。正如 1.1 节中提到的,一种语言是一个抽象的概念,语言学家不能把它过分具体化。

从演化的角度来看,上面的结论引出语言和生物物种的一个重要问题:为什么个体层面上的某些选择最终体现为物种层面上的选择,而许多其他的选择却对整个物种没有产生影响?什么时候个体说话者的语言选择才能演变成共同语的变化?当我们充分考虑了生态环境的各种因素时,这些问题就转变成一个群体中**多重环节选择(multiple articulation of selection)**的问题。在该群体中,不同的选择在不同的层面同时发生。一方面是个体说话者做
18 出的选择,其中每个个体语可以类比为生物学上的基因类型(genotype)。尽管相同共同语中每个个体语有很大的相似性,但是它们又拥有各自的特质。另一方面,整体而言,群体也会通过某些说话者的言语创新或发音特质做出自己的选择,比如说 *floor* 中/r/的元音化,读作[flɔə],一些说话者模仿了这种改变,而另一些人却没有,读作[flɔr]。(有趣的是,那些在一个群体中传播开来的特征未必源自同一个说话者。)群体层面的选择导致了宏观演化的发展,即共同语的变化。然而,迄今为止,个体和群体选择的原

则还没有被学界完全理解。在第 2 章中为了解释特征选择，我提出的生态敏感标记模型（ecology-sensitive model of markedness）几乎没有涉及这一难题，该难题将是未来研究的挑战。

很明显，说话者在无意识中充当了语言演化重要的媒介。这发生于说话者之间日复一日的相互适应，他们为了满足新的交际需求而做出的调整，以及语言传递中简单的不完全复制之时。适应性强调了一个群体中说话者个体语之间交际的重要性，以及个体说话者在语言变化中扮演的重要角色。在相互交往中，个体说话者的语言特征为**特征库（pool）**做出贡献，同时从语料库中进行选择，从而影响了语言演化的轨迹。他们贡献的语言特征可以是来自相同的语言或方言，或出自不同的语言或方言。他们所做的选择不一定受限于最初的语言特征，每种个体语按照生物学中**混合遗传（blending inheritance）**的模式来重组这些选择。然而我们须记住，这种混合跟动物物种不一样，它是**多倍性（polyploidic）**的，受到临界效应（threshold effect）的影响。很显然，一种语言重构的程度一部分是由它和与之接触的其他语言系统的结构差异决定的（见第 2 章）。这一点在个体语相互之间的接触上尤为突出。我认为，接触作为一种生态因素，在我们日复一日的相互交往中无所不在，它是滋长语言演化的无形力量。

在语言社区中，还有另一个层面的竞争，产生于不同的交际方式。在世界上的许多地方，说话者使用不止一种的语言及（或）方言，通常，他们交替使用这些语码（code）。然而，在一些情况下，他们因为环境所迫而不得不或者是在大多数情况下只能使用一种方言或语言，而逐渐被动地或停止使用其他几种方言或语言。在第

2、第3和第6章当中讨论的一些事实表明语种及(或)关联特征之间的选择方式并不一定是独一无二的。

19 说话者能够使用两种或多种语言(或方言)的环境也会导致语言的混合。在许多文献中,不同的混合语言系统有不同的名称(如Thomason & Kaufman 1988;Arends et al. 1995),但这些文献仅仅指出了这些混合语言系统不同的混合方式和混合程度。而本书将要说明的是,不同种类及(或)程度上的混合描述了一种语言在生态环境中形成的方式,在这些生态环境中,它至少与其他一种语言发生接触。有的语言或方言可能大量借鉴了其他语言的词汇,有的借用了大量的语法,或者有的二者皆借用。语法的混合可以有不同的方式,比如说,动词短语的混合,而不是名词短语的混合,反之亦然。米基夫语(Michif)(Papen 1987;Bakker 1997)和库柏群岛阿留申语(Copper Island Aleut)(Golovko & Vakhtin 1990)便是如此。这些文献仅仅表明:也许除了普遍语法,没有什么能够阻碍不同语言成分组合成一个新的语言变体。舒哈尔德(Schuchardt 1884)和叶尔姆斯列夫(Hjelmslev 1938)认为,任何语言都在一定程度上有混合的成分,这个观点无疑是正确的。[①]

现在还很难衡量,怎样的混合程度才能说明一种语言变体与另一种语言变体没有发生学上的联系。尽管有政治上的考量,我

① 在库柏群岛阿留申语(CIA)案例中,安德森(Anderson 1999)提出,语言接触的众多层面以奇特的方式影响语言的结构。源自于19世纪阿留申人和俄国人相接触而形成的混合系统(mixed system)的库柏群岛阿留申语,从20世纪60年代以来更多地受到俄语的影响。其使用者重新迁居到白令岛附近,而且其族裔身份受到侵蚀,从而使得他们得以更多地借用俄语形式中的复合动词和句内句法。

们也不能继续在某些情况下(如发生语言学已确认的发生学联系情况下)特别强调一些词汇起源的重要性,而在另一些情况下(如克里奥尔语)却忽略他们;也不能认为某些语言中的正确语法为一些语言做了贡献,而错误的语法对其他一些语言起作用。在人们把传统的发生语言学和对克里奥尔语发展的研究进行比较的时候,这种尴尬的情况尤为突出。在一个语种的演化过程中,我们也许应该开始考虑用另一种方式来对其进行发生学归类和表达,让它能够要么适应多种语言的祖源,或者简化为一个特定语言在演化过程中受到其他语言的影响(见第 5 章)。

从发生语言学的语种形成观点来看,不论克里奥尔语是否被认为是独立的语言或是其词源语言的方言,似乎没有理由不把它们视为其词源语言的延续(见第 4、5 章)。[①] 语言学家错误地认为克里奥尔语与非克里奥尔语之间在结构上的差异是由于他们不同的发生状态,而不是产生它们的演化过程的不同。而演化过程是语言形成的重要因素。克里奥尔语与其非克里奥尔语亲属语之间的结构性差异,等同于不同生态条件下的变异对同一语言重构方

① 德格拉夫(DeGraff 1999 年 9 月)站在这一立场有理有据地反驳了以下论点,即如果认为克里奥尔语仅仅是其词源语言的后代,那么就会忽略语言接触的作用以及**底层语(substrate)**对其结构所做出的贡献。他的观点部分地得到了内特尔(Nettle 1999:7)的支持,后者认为:"我们把菲耶姆语(Fyem)归类为尼日尔–刚果语(Niger-Congo),事实上是简化并掩盖了其起源语言复杂化的真实本性。个体语法能够在通常毫无关联的语言之间传递的事实,表明世界上有很多的语言形式是语言谱系树框架无法解释清楚的。"对这一问题,我不能肯定能够给出让所有人都满意的答案,除非**谱系树(Stammbaum)**模式自身被否定或被修改从而能体现多种多样的起源(见第 5 章)。对于我自己的论述,我所能提供的合理的解释是意识形态性的,即假定发展了克里奥尔语的那些人的实际目标是他们的词源语言,而新的语言使用者在适应词源语言的过程中对其进行了重构。

式的影响所带来的输出结果上的差异。

这种生态变化，包括词源语言重构过程中互相竞争的系统之间的差异，也解释了各种克里奥尔语间的结构变化。越来越多关
20 于语码混合的证据表明，克里奥尔语表明语言之间的渗透程度比语言学界通常认为的要多。那些关于语码混合以及手语的文献表明[①]，在多种族裔混杂的环境中，相对于语言或方言彼此间的界限，说话者更关心交际本身，并采用各种可能的方式进行沟通。语码混合，或者更普遍的说法，语言或是方言的接触，在平常的语言演化中所起到的核心作用比历史语言学和发生语言学所认识到的还要多。

竞争和选择(competition-and-selection)模型使我们能够更多地讨论语言演化的另一个方面，即在一个特定的言语社区中，一种语言的兴盛还是衰落是否是与其他语言竞争的结果。在第 6 章中，我跨越过去 2000 年的历史，调查了世界上一些语言的命运，重点考察了若干影响语言活力的生态因素。我指出在族裔层面上，对某些语言的无意识地采用或拒绝，与个体说话者对语言特征进行选择(这种选择促成了语言物种的形成)是同时发生的。这些选择并不是自始至终厚此薄彼。比如说，罗曼语的发展反映了两个事实：(1)在现今的罗曼语系国家，俗拉丁语(Vulgar Latin)比凯尔特语更加流行；(2)同时，俗拉丁语受到凯尔特语底层特征的影响，后来还受到法国的法兰克语(一种日耳曼语变体)以及伊比利亚阿拉伯语的影响(Posner 1996)。的确，俗拉丁语的**胜利是一场**

---

① 关于非语言类的手势，我现在能够想到的是麦克尼尔(McNeill 1992)的研究，他间接地表明在面对面的交往过程中，不同符号所采用的模式很难限制符号的混合使用(比如“发音器官”对“手”)。在一些交际行为中，手势能够作为言语表达的补充。

得不偿失的“皮洛士的胜利”(pyrrhic victory)，它在战胜其他语言竞争对手的同时也被它们一路修改。

对这类演化的理解能够帮助我们认识到，在今天的环境下，罗曼语所经历的改变，和在欧洲之外，与之交际的其他语言所经历的变化并无二致。比如，如今业已重构的新大陆法语、葡萄牙语和西班牙语的变体在消耗美洲原住民语言时自身也被本土化。这一事实，与欧洲的俗拉丁语与凯尔特语之间的接触有异曲同工之处。我们可以说历史在重演。

第 7 章阐述了非洲语言类似的物种形成过程。该章深入阐明了定居殖民地和开拓殖民地的区别，来解释非洲大陆上阿拉伯语和欧洲殖民语言不同的演化轨迹。阿拉伯人在北非的分布形式与欧洲人在新大陆的定居殖民模式很相似，以牺牲当地更为本土化的语言为代价，殖民者的语言普遍传播开来，并演变成新的语言变体。班图语在南撒哈拉的传播也与上述语言的结局类似。

另一方面，除了南非白种人，欧洲人还对非洲进行了开拓式殖
民统治。他们从一开始就进行社会隔离，规定只有一小部分当地 21
人能接触到殖民语言，主要通过学校教育的途径传播殖民语言。
结果导致了本土化殖民语变体的出现，但它们只是作为通用语在
某些特定的场合加以使用，并没有威胁到非洲当地语言的存亡。

欧洲殖民对语言的一个重大影响是在劳工迁移过程中产生了基图巴语、林格拉语、桑戈语和沙巴斯瓦希里语(Shaba Swahili)等通用语。这些通用语在语言物种形成的接触中起到了很大的推动作用。我们无需担心是该叫他们皮钦语、克里奥尔语还是其他什么语，我们应该注意的是人口迁移和语言接触是非洲和其他地方

语言演化的重要基础。这些变体和本书中提到的其他的非克里奥尔语的变体，对“正常的”语言演化中不存在语言接触这一立场提出了质疑。

我们很难忽略克里奥尔语的发展和非克里奥尔变体发展的相似性，尤其是在新大陆中（见第6章）。在这两类语言中，一群说着不同语言的群体把一种欧洲语言（部分地）转化为日常语，并对这种语言的重构产生了影响。同样地，在这两类语言中，语言接触和随之发生的变化产生于**殖民环境外缘（exogenous）**，无论是其语言战胜了其他语言的人，还是转向使用获胜语言的人，他们都不是当地人。克里奥尔语和非克里奥尔语演化的区别在于下面将会阐述的生态条件的不同。很多结果取决于非欧洲人接触到的欧洲语言的具体结构特征，这些人从自己的当地语转向使用欧洲语言时所经历的互动模式以及非欧洲语言的结构特征等。作为语言学家，我们应该问问自己，在没有确凿证据证明克里奥尔语是以自己独特的方式发展的情况下，我们是否剥夺了这些新日常语的身份？

1.5 何为语言生态学？

古尔德（Gould 1993）认为生态是同一语言物种中个体语言彼此之间以及拥有共同居住地的语言物种之间相互竞争的决定性因素。这种生态青睐某些独立的语言和（或）语种，赋予它们比其他一些语言和（或）语种更多的选择优先权。否则，割裂地看，就没有任何个体语言或语种比其他个体语言或语种更占优势。关于生态的这一观点支持了非语言学家对它的理解：生态与环境相关。这也是自沃格林以来语言学界的理解。沃格林，沃格林以及舒茨(Voegelin, Voegelin & Schutz 1967)认为，少数情况下“生态”被用来解释语言演化的问题。

然而，生物学生态也存在于物种内部(Brown 1995)。除了外 22
部环境以外，还包括了物种内部的一些因素。在语言演化过程中，这类因素包括跨方言间和个体语之间的语言变化(只要它们被认为是共同语中共存体系的一部分)，以及同一语言内语言结构原则共存的方式。说话者所能接触到的语言的方方面面变化影响着他们言语行为中有意识的或无意识的语言选择，这就是影响语言演化轨迹的“看不见的手”。例如，在非洲裔美式日常英语中，说话者可以选择，在现在时中，表语形容词和介词短语加不加系动词，因此可以说 *Larry∅tall/with Mary*，也可以说 *Larry 's tall/with Mary*。从生态学方面，下列缺少系动词(copula-less)的语言结构促进了这类少用系动词的表语结构：*Tracy done gone* 和 *Tracy bin done gone*。这类表语结构中系动词要求使用现在时态的语言演化理应影响了非洲裔美式当地英语“时-体”系统的重构。即使其他美式英语方言中需要如此，也不足以成为一个生态方面的因素，从而促使非洲裔美式当地英语与标准的或白人中产阶级英语结合在一起。

同一个系统里的语言特征相互间也会构成生态的一部分。脱落、插入或修改一个变体将影响子系统中其他变体的分布，从而产生一个完全不同的系统。例如，在美式英语音位系统中，在发音相同的两个词 *latter* 和 *ladder* 中分别加入闪音[D]，会减弱齿龈塞音[t,d]在词汇层面的语音分布，从而有助于将这一变体与其他的变体区分开来。即使非变体的语言特征也相互形成了生态的一部分。因此，在一些英语方言中，*think* 和*this* 没有齿间擦音/θ,ð/，也影响了齿龈塞音/t,d/的分布，从而使/t,d/比在其他的方言中分布得更为广泛。在这种情况下，当 *thigh* 和 *then* 被无差别地读成 *tie* 和 *den* 时，人们更多地取决于语篇环境来区分单词 *tie* 和 *thigh* 以及 *den* 和 *then*。在其他情况下，原本应该读作齿间擦音，却读成了唇齿擦音/f,v/，因此 *Ruth* 和 *roof* 都读成了 *roof*。

在跨方言和个体语相互之间的层面，1.3 节和 1.4 节中导致系统内部改变的语言相互适应性，经常被视为对物种内部生态关系反应的结果。因此不仅仅是受到影响的方言或个体语中没有齿间擦音/θ,ð/，同时齿龈塞音/t,d/或唇齿擦音/f,v/分布更为广泛。在上面所举的例子中，为了能够使发音保持一致或不同，其他
23 的说话者成为一个外部的生态因素，影响了某些个体的发音特征，而各种结构原则的共存则成为其内部因素。

因此，正在经历变化的克里奥尔语词源语或其他任何语言的词源语言——在发生变化之前的异质性是重要的生态因素并影响其重构，这经常导致该系统中已经存在的语言单位的表达功能的重新搭配。例如，在英语或法语式克里奥尔语兴起的种植园里，词源语言是典型的早期柯因内语，主要源自欧洲大都市以及来自其他国家的欧洲契约奴所使用的第二语言变体。那些发展出克里奥尔语的人经常能更多地在殖民地英语中接触到 *this* 和 *think* 不止一种的发音或殖民地法语 *trois* 的发音。

这样，语言演化中的部分内在生态存在于其重构之前的语言结构本身：那么当时存在哪些语言单位和语言规则，它们中的一些

又是如何相互联系的呢？对那一阶段语言状态的了解可以纠正一些错误的解释。例如，*goat* 读作/gwot/，*pear* 读作/pyɛ/，被证实是殖民地英语中那些非欧洲人可以接触到的更常见发音的一种替代性选择。这种现象很像以下这些词汇的用法，比如用“学”(learn)表示“教”(teach)，用“贼”(thief)表示“偷”(steal)，以及句法结构上的例子：*he was a-huntin* 这样的现象。以上这些认识使我们没有必要再去寻求唯一的非英语的解释来说明它们在大西洋克里奥尔语中的存在。

上述的例子**并非(not)**旨在质疑底层语(substrate language)在将这些语言特征选入大西洋克里奥尔英语时所起到的作用(其他的外部生态因素与词源语言相关)。正如穆夫温(Mufwene 1993b)所解释的那样，一些底层语言的特征和词源语言中存在的一些变体在**融合(congruence)**过程中，通常倾向于选择那些原本有可能被忽略的语言特征，正如上面所提到的那些例子很难在北美英语的非克里奥尔语变体中找到。假定在大西洋地区和太平洋地区，那些产生了各种皮钦语/克里奥尔语的英语当地变体非常近似(即使内部有所不同)，这些新的语言变体之间的跨区域的差异，有力地支持了在选择特定语言特征(包括那些直接源自底层语言的特征，例如托克皮辛语(Tok Pisin)中双数/复数的区别)时，底层语言所扮演的生态学角色。

然而，如果最初在皮钦语或克里奥尔语中被证实的选项在词源语言中并不存在，那么还应该认识到在大多数情况下可能还存在语言特征的不同选择。正如其他克里奥尔语系统所显示的那样，底层语言的使用者肯定不会仅仅通过从词源语言中获得(以音 24

位的形式）词项的方式继续使用祖辈传承的语言原则（参见 Lefebvre 1998；Lumsden 1999）。尽管海洋皮钦语（Oceanic pidgins）无可争议地受到底层语言的影响，这些新的变体在形态句法（morphosyntactic）方面并没有其底层语言那般复杂（Sankoff & Brown 1976；Sankoff 1984，1993；Keesing 1988）。

和其他新的语言变体一样，在克里奥尔语发展的过程中词源语言的结构系统很自然地解构（undone）和重构（redone）若干次，在传播的过程中逐渐地修改，这与拉斯（Lass 1997）的不完全复制原理一致，也与梅耶（Meillet 1929）和哈吉格（Hagège 1993）所观察到的语言传递具有遗传性和再创造性相符。通过**最省力原则（the principle of least effort）**，我们可以探讨那些使用词源语言中存在的语料来创造新语言变体的人，有时会无意识地修改这些变体（继承的方面），从而创造出（多少有些）不同的系统（再创造方面）。最初的系统很难保持其完整性，而语言变体共存的动态发展与该语言所经历的演化途径息息相关。整体而言，如果没有本书所阐述的方法，从因果论（causation）的角度出发，语言内部的改变很难说得清楚。毫无疑问，语言变化这一媒介取决于个体说话者的言语行为，其中部分原因在于个体说话者想更有效地进行语言交际，而不是保护个体语、方言或语言的界限时所做出的相互间的彼此适应。

下面的问题与了解生态学有关：产生新的语言变体的演化进程是任意的吗？内部和外部生态因素共同对自 17 世纪以来欧洲所有新的语言变体的发展起到了怎样的作用？克里奥尔语的发展，从整体而言告诉了我们语言演化哪些方面的内容？本书所收集的论文旨在帮助我们回答这些问题或至少更加充分地把它们阐述清楚。在有些情况下，它们只是开启了我们对那些比想象中更为复杂的问题的讨论。在另一些情况下，他们只是显示出，在目前宣布或者假定这些问题已经得以解决有些为时过早。克里奥尔语是否从结构上和（或）演化的方式上不同于非克里奥尔语，目前尚无定论；二者是否是同一词源语言的方言或是（从结构主义语言学的标准来看）全然不同的语言这一问题也难以下结论。另外，关于语言物种，我们又真正阐明了多少？在后者中，语言接触的作用是否可以被忽略？传统上关于语言演化的观念如何与“语言生命”的观念相结合，后者是指一种特定的语言是否会繁荣或注定会灭亡？竞争和选择原则是如何伴随着语言的传递而产生的？以上所有这些问题我希望本书能够阐明清楚，并进而激发语言学家对它们产生更加浓厚的兴趣。

25 # 2 克里奥尔语发展的创始人原则[①]

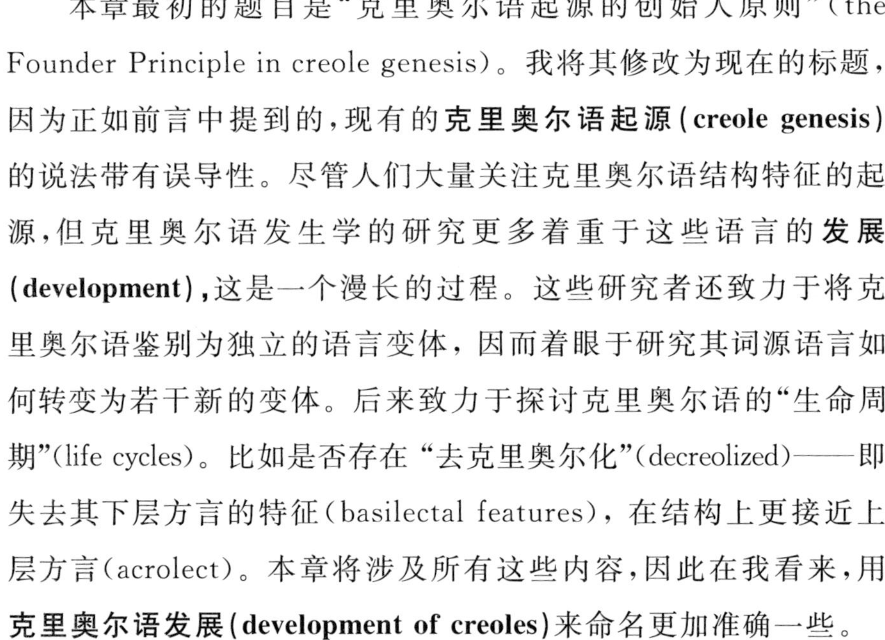

本章最初的题目是“克里奥尔语起源的创始人原则”(the Founder Principle in creole genesis)。我将其修改为现在的标题，因为正如前言中提到的，现有的**克里奥尔语起源(creole genesis)**的说法带有误导性。尽管人们大量关注克里奥尔语结构特征的起源，但克里奥尔语发生学的研究更多着重于这些语言的**发展(development)**，这是一个漫长的过程。这些研究者还致力于将克里奥尔语鉴别为独立的语言变体，因而着眼于研究其词源语言如何转变为若干新的变体。后来致力于探讨克里奥尔语的“生命周期”(life cycles)。比如是否存在“去克里奥尔化”(decreolized)——即失去其下层方言的特征(basilectal features)，在结构上更接近上层方言(acrolect)。本章将涉及所有这些内容，因此在我看来，用**克里奥尔语发展(development of creoles)**来命名更加准确一些。

这篇文章并非是我第一次阐述我的群体遗传研究方法。在1993年阿姆斯特丹大学召开的皮钦语与克里奥尔语语言学年会

① 感谢雅克·阿伦兹(Jacques Arends)、菲利普·贝克(Philip Baker)、约翰·麦克沃特(John McWhorter)、马修·罗伊(Matthew Roy)、埃莉莎·斯坦伯格(Elisa Steinberg)、萨利·塔利亚蒙特(Sali Tagliamonte)以及《历时语言学》杂志的匿名评审员对本章论文早期稿件的宝贵意见。我本人对尚存在的不足之处承担全部责任。

上，我曾做了题为“克里奥尔语的起源：群体遗传的视角”的报告，发表于本文面世之前的数月，即 1996 年（本书引为 Mufwene 1996b）。在这篇文章里，我不仅有机会更清楚地阐明我的假说，而且还拟订出了一个长期的研究计划，其中许多问题将会在我随后的研究中涉及。本书会提及其中的一部分，还有一部分有待成文。我很荣幸得到《历时语言学》杂志一名审稿者的鼓励，对“重构”(restructuring)进行定义，对此我在第 1 章已经简要提到，下面会详尽地加以说明。

描述重构过程的特点有助于我更多地从生态的角度进行思考，把语言看作是一个复杂适应系统（complex adaptive system）。语言在使用者之间互相传递的过程中不断被解构和重构，因而以多种形式不断地发生着变化。比如说，可能失去某些特征和（或）获得新的特征。或者在其系统中相同特征可能会呈现出不同的统计分布，其中的原因或许是调节相互竞争变体分布的因素在相关权重上发生了变化。同样相关的是，在重构过程中，并非所有的单
位模块都会（在相同程度上）受到影响。尽管它们彼此之间息息相 26
关，形态学（morphology）模块可能比句法（syntax）或音系（phonology）子系统更多地被重构，反之亦然。某一单位模块可能会比其他的单位模块更容易受到底层语言的影响。

正如在第 1 章所谈到的，重构是通过使用者自发的交际行为完成的。另外，使用者并非有意地重新组合他们的语言变体来赋予其“新面貌”。我认为有必要关注交际**网络（networks）**的作用，语言变化正是从这里出发四处传播。既然任何变化都起源于个体使用者，那么在日常言语交际中相互**适应（accommodation）**的作用

也不可忽视。这些现象让人想起群体遗传上的繁殖习性，以及它们在群体内基因的选择和传承之中的作用。正是基于这一模式，我在这里提出语言的动态演化。在第 6 章中我会再次提到这个问题，将更加详尽地阐述生物物种和语言物种的异同，并用令人信服的证据来论证完全可以用群体遗传模式来研究语言演化。同时指出这一方法是立足于语言演化的群体遗传角度来探讨语言物种特有的问题，而不是简单地借用生物学的概念。迄今为止，在历史语言学著作中提到“克里奥尔语起源”的论述，如麦克马洪(McMahon 1994)，霍克和约瑟夫(Hock & Joseph 1996)，都是相互矛盾的。在某种程度上，他们坚持了这样的观点，即克里奥尔语的演化过程和非克里奥尔语言(noncreole)的演化过程有所不同。下面，我将提出与此相反的论点。

适应这一概念与人口变化息息相关，这让我想到存在于克里奥尔语发展过程，推而广之存在于任何语言的演化过程之中的竞争-选择生态条件。我必须指出，不论是在族裔还是结构方面(在第 6 章中我将再次提到这一方面)，竞争都具有多种形式。另外，我必须要问，是什么规则制约了选择的过程，从而导致竞争；所有的竞争是否都是必需的？这种决定是否从一开始就非常必要？总之，本章中提到克里奥尔语的发展远比文献中所涉及的更为复杂，尤其是将其置于社会经济史的背景之上来解释相关的人口迁移和语言接触，以及它们所导致的后果。

与最初的文章相比，本章已经进行了适当修改，以免只是简单
27 重复第 1 章的内容。第 1 章提出了论点的宏观大背景。这里的
“创始人原则”概念与泽林斯基(Zelinsky 1992(1973))的“最早有效

定居学说”(Doctrine of First Effective Settlement)相类似,他提到:

> 一旦一片空旷的疆域有了定居者,或者是早期居民遭到入侵者驱逐,无论最初的居民人数有多么稀少,只要是一个能够维持自我发展的社会群体,其特质对于该地区后来的社会及文化地理有决定性意义……就长久的影响而言,几百人也好,甚至几十人也好,早期开拓者对一个地区文化地理的影响远远大于后面成千上万的新移民。(1992(1973):13-14)

然而,我主要是从生物学方面而不是文化地理方面受到了启发。本书所采用的**创始人原则(Founder Principle)**和**创始人影响(Founder Effect)**这样的术语,表达了相同的观点。我使用生物学模式,而没有参考泽林斯基的论点,主要是因为我在修订此书之后才读到他的著作。在将来的著作中,我会参考他的观点来改进我自己关于语言演化的思路。

2.1 引言

克里奥尔语发生学的研究更多地着眼于人群中语言的共存现象,而不是语言使用者头脑中真正的语言接触。群体层面上的语言接触为使用者提供了头脑中语言系统真正接触的条件。语言学家感兴趣的正是这点。在这一章中,我主要关注新大陆和印度洋的克里奥尔语,文献资料已经为我们提供了它们的启发式原型(heuristic prototypes)。然而,没有任何理由能够妨碍我们将本章中的主要论点(下面两段所论述的)应用于其他因接触而产生的语言变体,尤其是那些包含非欧洲词源语言,使得“皮钦语”和“克里奥尔语”术语得以流传的语言(如基图巴语、林加拉语,以及桑戈语)。在这些语言案例中,最重要的是变体之间最早的接触。其发展的特殊社会经济历史阐释了相同的词源语言在重构结果上的地区多样性(Le Page & Tabouret-Keller 1985)。这是重构过程生态的组成部分。

重构(restructuring)一词在本书中的含义为“系统重组”(system-reorganization),与生物学的“基因重组”(genetic recombination)相似。但是,在语言中参与重构的是如音系或形态单位以及相关原则,这些原则决定语言单位怎样单独或组合起来使用(见第1章)。我的基本观点是,在内化语的发展过程中,至少与共同语相关的部分系统被不断解构和重构,从而可能有别于

28 源发语(original)或目标语(target)。日积月累,这种新的语言创新会形成有异于目标语的一个新的共同语系统。由这种重构带来的分歧则被视为语言变化。

克里奥尔语是其词源语言重构后的变体。这种词源语言最初是欧洲殖民者使用的殖民语言变体,由各种不同的大都市方言接触发展而成,常被认为是一种柯因内语(如 Chaudenson 1992; Corne 1999)。[①] 正如第1章所提到的,其本身就是一种重构的变

① 蒙哥马利(Montgomery 1995,1996)提出,北美的英语口语中不会出现这种情况,至少18世纪前不会。按照他的说法,定居模式有利于保存多样性。他没有解释的是,为什么北美并未保存下来那些反映了起源于17和18世纪殖民者的英语变体。有可能柯因内化在某些地区小规模地发生。

体，由同一语言中不同方言各特征相互竞争、选择发展而来。这种视角使事情变得复杂了。但有用的是，这个角度帮助我们确定了在产生克里奥尔语的语言变化中，非欧洲语言所起的特殊作用。越来越多的有关欧洲语言的非标准变体的详尽研究发现了(部分)与克里奥尔相关的那些特征。例如，用 *done* 作为完成体标志(perfect marker)(Christian, Wolfram & Bube 1988; Tagliamonte 1996)，用 *does*＋Verb(格勒语中的[dəz])和 *be*＋V-*ing* 或非动词性谓语作为惯常标志(habitual markers)(Clarke 1997a)，还有表持续的 *a* ("*a* 前缀"，Wolfram 1980)，以及零系词的使用(Giner & Montgomery 1999; Martin & Tagliamonte 1999)等。甚至格勒语中动词前的进行时标志[də](在其他英语克里奥尔语中为[dɛ])与纽芬兰岛当地英语中的相同结构基本上相配(个人观察，August 1999)。

重构在一定程度上是从一种语言中选出语法特征，对这些语法特征进行功能上的修改，从而形成新的变体。例如，英语介词 *for* 参与了若干英语克里奥尔语的重构。除了被选作表目的和原因的介词之外，还被延伸为充当情态谓词以及补语成分(Mufwene 1989a, 1996a)。之所以 *for* 能够扩充出这些功能是因为在这些新的日常语中，非谓语动词可以在缺少系动词的情况下被用作谓语。因而，与语法化相关的这类扩展适应被运用于一些句法环境中，从而将其基本的目的介词功能扩充为情态功能，同时还不用改变其句法特性。

重组也包含重新组合先前不属于同一语言的语言特征(这些特征取决于某种克里奥尔语的若干特征的多种来源(方言或语言)形成一个新的语言系统。关联复数(Associative Plural)功能——

大多数次撒哈拉(SubSaharan)非洲语言中存在该功能——的消失正是这一情况,取而代之的是相同系统中非标准英语 *dem* 的复数功能。[①]

我同时使用了**创始人原则**(Founder Principle; Harrison et al. 1988)和**创始人口(founder population)**两个术语来解释克里奥
29 尔语的结构特征是如何在很大程度上(但不是全部!)由创建殖民地的人口所使用的日常语特征来决定的。[②] 欧洲殖民地最初的人口一般都是大量的契约奴和殖民公司的其他低级别雇员(例见 Beckles 1990;Kulikoff 1991a,1991b;Menard 1991),以及使用克里奥尔词源语言非标准变体的人口。殖民地的这种无产者背景说明了17、18世纪一些克里奥尔语特征的非标准语起源。甚而言之,一些特征因其少见,不占主导地位,以及(或者)使用者甚少而可能在使用词源语言的大都市变体中处于下风,但却有可能在殖民地创始人口的交谈中占了上风。创始人口起到了内特尔(Nettle 1999:15)"变异扩展"(amplifiers of variation)的作用,这

① 塔利亚蒙特(Tagliamonte 1999)指出,这一情形的部分模式存在于不列颠非标准英语中。这一事实可以解释为什么法语克里奥尔语中没有相对等的结构。我认为,当一些模式可以在词源语言中得到验证时,底层语的影响应该发挥到了最大。同样,很多英语克里奥尔语都有补语成分"say",造成这种形式的部分原因是英语动词 *say* 有大量表示引用的用法。然而就我所知,法语克里奥尔语中语法化的动词 *dire*(say)并没有发展出这种功能(Frajzyngier 1984;Mufwene 1996a)。

② 针对欧洲殖民者和美洲原住民人相互交往中对交际语的选择,桑科夫(Sankoff 1980:146)提出了自己的观点。她根据"经过接触的已经初步形成的语言,它很可能暂时继续作为后来进入这一语言冲突环境的新来者的目标语言;非欧洲的相接触的语言不是一夜之间就被新来的皮钦化的欧洲语言所取代的"这些情况,提出了"先来先得"原则("first past the post" principle)。因此,最初从事贸易接触的人们做出的语言上的选择,很可能被后来者继承下来。

里**变异**可以理解为“多样化”(diversity),与“区别”(differentiation)相关(原文第30页)。因为对某种变体或某类语言使用者存有偏见(原文第25页),这个过程至少是通过积累新的变体组合或者赋予变体不同的意义来完成的(原文第17页)。

相关例子包括非标准法语中 *après*+不定式构成的进行结构,以及 *pour*+不定式构成的将来结构,或者一些早期英语变体中诸如由 *be up* (*on*) *V-ing* 构成的方位—进行结构(现在一些非标准变体中为 *be a-V-in*)。出于以下会讨论到的原因,这些特征被选入某些克里奥尔语体系,只是它们不一定拥有和词源语言相同的系统分布。[①] 随着代代传承,这些特征得以根深蒂固,正如威姆萨特(Wimsatt 1999,2000)提出的**“遗传壁垒”(generative entrenchment)**原则。也就是说,排除语言变体演化过程中一些偶发事件,最古老的特征最有可能战胜一些新的选择,因为其使用者众多,并且随着一代代人口的增加,拥有越来越多的传承者。

对于此类原本应该是弱势的特征在殖民地人口中却占了上风的情况,典型的群体遗传的解释是:1)这些特征可能历经变化后被再次传入;2)殖民地新的生态环境可能有利于这些特征的发展;3)殖民地中这些特征的使用者所占比重较大,因而大大增加了其被成功再现的几率。我在下面会讨论到在克里奥尔语发展过程中,第二和第三个原因很大程度上解释了词源语言的重构。尽管存在大量语言适应性调整的例子,真正的语言变异却很少。克里

① 克里奥尔语也在修改选自某个起源语的特征(Boretzky 1993)。

奥尔语的发展正是语言作为物种根据其生态条件的变化而**自然适**
30 **应(natural adaptations)**的范例。在每个殖民地,在不同于大都市的族群生态环境中,为了大规模交际而挑选的词源语言需要相互适应,由此产生了新的语言变体。

“生态”这一概念将在第6章中详细加以探讨。这里需要回顾的是第1章中提到的物种内在生态和外在生态之间的区别。前者与语言变体内部各特征的共存息息相关。而在我们的研究中,后者包含一种语言系统与另外系统的接触,以及语言所处的整个族裔环境。把一些因素划分为内在生态或外在生态还取决于分析者的关注点。比如说,当谈及由不列颠群岛带往北美的语言(如英语)时,方言差异可以被认为是内在生态。相反,如果分析者只着眼于伦敦方言与不列颠西南英语(如弗吉尼亚英语)的接触,同样的差异则可以被看作是外在生态。其中的关键在于,当相同或相近的语法功能存在其他备选策略时,每个变体都成为其他变体生态环境的一部分,当有变体受到影响时,其他每个变体都会受到冲击。同一系统不同层面之间单一的系统关系也是这个内在生态的一部分。如上所示,从内在生态的角度,在新出现的变体中,介词*for*能否演化为目的情态词取决于非谓语性动词短语是否必须与系动词相连。

除了思考角度明显不同,比如语用原则和结构原则之间的差异,内在生态与外在生态其实并无截然的区分。双语并存但语言系统各自独立的观点让人费解,并与诸如母语习得速度,第二语言习得速度不相符合。语言变体以至语言体系间的接触,在使用者的头脑中产生了一套特征的集合体,类似于群体遗传所称的基因库。内特尔(Nettle 1999:5)将之称作“语言库”(linguistic pool),很遗憾这个说法没能将本身就是库的一部分的语言排除在外。叫作“特征库”(feature pool)或许更能与“基因库”(gene pool)相对应,尽管这里的“特征”也不是“基因”最好的类比。然而,正如第1章中观察到的,没有特别的理由来说明为什么适用于生物物种的每个结构概念也必须适用于语言物种,同样也无法说明后者必须在方方面面与前者一致。我个人倾向于使用“特征库”,而不是“语言库”,仅仅因为“特征”比起“语言”更能具体地体现出组成部分或者组成成分。

在特征集合体中,语言体系的共存(可能某些语言受到了标记 31
体系的补充)事实上是对语言干扰最简单的解释。无论其起源如何,共存的特征间互相竞争。当标记惯例没能将各自不同但又部分重合的体系结合到一起时,就会出现混乱,在语言接触的环境中视为干扰。特征的共存及其结果是克里奥尔语演化过程中的重要生态要素。例如,海地克里奥尔语中法语的前圆唇元音的去圆唇化,以及法语本身中部分基于诸如 *aller prendre*“go get” 模式的系动词结构的广泛使用。

因为在殖民地会出现地理上相距遥远的大都市的若干词源语言变体相接触的情况(Le Page 1960;Le Page & Tabouret-Keller 1985),一旦它们在接触地点(使用者的头脑里)形成了一个较大的库,很多区别性特征就可能出现相互竞争的情况。这些特征是否被选入殖民地日常语通常取决于其是否与一些底层语言(如下)的特征相融合。生态的视角帮助我们判断在个体的接触中,哪些因素决定了将一些有优势的特征选入语言体系中。我提出的生态敏感标记模型(Mufwene 1989c,1991a)可以回答特征选取方面的一些问题。

生态环境随着时间的变化而改变(见 2.2 节),新的特征可能占了上风,旧的特征则可能失去优势。比如,不同于早期来自巴巴多斯(Barbados)的创始人口所处的环境,格勒语中表惯常的标志[dəz]及圭亚那克里奥尔语(Guyanese Creole)中类似的[dɔz]可能在招募佣工环境中发展而来。后来,来自不列颠群岛的佣工可能营造出更有利于惯常型的或习惯性的 *does*[dəz]语言环境,进而推广到爱尔兰及英格兰西南部的英语之中(Clarke 1997a:284f)。在其他英语变体中 *does* 的迂回用法有表"强调—惯常"(emphatic-habitul)功能,这一语言现象形成了一种生态环境,倾向于格勒语和圭亚那克里奥尔语中选择[dəz]/[dɔz],这种选择应该发生在 18 世纪以后。在第一种情况中,下层方言化(basilectalization)形成的条件在 1700 年以后才出现,在第二种情况中,殖民地始建于 1740 年(如下)。菲尔茨(Fields 1995)及里克福特和汉德勒(Rickford & Handler 1994)研究了巴贝多(Barbadian)下层克里奥尔语的文本,没有发现这种惯常结构的证据,因而排除其是被最早的,也就是南卡罗来纳和圭亚那殖民地的创始人口从巴巴多斯
32 中引入的特征的可能性。可能更早出现的牙买加克里奥尔语,也与巴贝多语有着历史上的渊源(Le Page & Tabouret-Keller 1985),但却也没有这种惯常结构。与巴贝多殖民地英语有更早的继承关系的萨拉马卡语(Saramaccan)也没有这样的结构。我们由此推测此特征一定是由英格兰西南部及爱尔兰直接引入,在这两地的语言中,表惯常的 *does*[dəz]早在 1700 年就已经存在(Clarke

1997a:284)。[①]

在变异平稳的情况下，一些新的特征也有可能在不消除先前特征的情况下占据优势，在发展中的克里奥尔语体系中新旧特征“和谐”共存。比如，在伯利兹(Belizean)克里奥尔语中，后来所使用的 *was* 的前位结构(anterior construction)(Escure 1984)并未完全取代原有的带[mɛ]的结构(类似于其他加勒比海克里奥尔英语中的 *bin/ben* 的结构)。在这种人口不断接触的历史背景下(Le Page & Tabouret-Keller 1985; Winford 1998)，新出现的日常语如何受到新的接触的影响，一部分取决于现有体系的构成，另一部分取决于新迁移人口所带来的新的选择。例如，新来人口是否带来了与当地语言或目标日常语完全不同或者是大体相似的语言体系？由于克里奥尔语也在不断变化的接触环境中持续演化，一些因素诸如规则性、语义清晰性以及感知显著性也持续(有些时候是以相抵触的形式)影响着克里奥尔语言体系对特征的选择。族裔的因素，例如新来者与当地人口的统计比例、互相间的态度，以及他们的社会地位也决定了相接触的语言体系如何在竞争中脱颖而出。

如第1章所谈到的，在这个选择过程中，语言使用者是媒介。正是通过使用者的交际行为，一些结构特征中具有选择优势的语

① 极有可能在较早的殖民地巴贝多(Barbadian)英语口语中出现的“*does*＋动词”，尤其是非状态动词连用，用来表示惯常；但是族群接触的生态不倾向于选择其作为标记“惯常”的标志进入由巴贝多英语发展而来的日常语中。同样的情况还发生在牙买加和苏里南。历史文献显示，不同殖民地的契约奴多多少少来自欧洲和大城市的相同地区。尽管多数次撒哈拉非洲语言中专门有表示“惯常”的标志，但非洲人口早期在牙买加和苏里南数量上的优势可能并不利于这些特别的选择，而是有利于今天克里奥尔语标记“惯常”的方式。有关特征选择的细节研究，需要进一步考查。

言击败了竞争对手。鉴于使用者头脑是本书所讨论的各种特征相互竞争的竞技场，因此他们可以作为媒介发挥作用。种植园作为接触环境只能属于第二个层面，在这个层面上，个体使用者选择的不一致的特征相互竞争以取得在共同体系中的普遍使用。不同于结构性因素，决定了标记价值并影响特征选择的因素（如频率）会在这个层面上发挥更大的作用。就像在生物学中一样，这种区分很重要，因为在个体层面上占选择优势的特征（“个体选择”）不一定在群体层面上（“群体选择”）占优势。它也允许在某一群体内部发生变异，这正是克里奥尔日常语的典型特征。

综上所述，语言接触远比研究克里奥尔语发展的文献中所假定的情形要复杂得多。任何共同语的存在都是因为不同语言体系
33 的使用者相互作用的结果。在此过程中，他们互相适应对方的语言习惯。在保留各自特性的同时，他们也取得如勒佩奇和塔布勒特-凯勒（Le Page & Tabouret-Keller 1985）所提出的**“聚焦”（focusing）**。克里奥尔语的发展，一方面是通过个体使用者尝试使用词源语言，另一方面也是通过他们在接触环境中的相互适应。[①]为了讨论的便捷，通过集中讨论共同语层面，我们把更为复杂的语言接触进行简化研究。然而事实上竞争和选择这些概念最初只发生在个体语言使用者的头脑之中。认识到本节所描述的事实，将有助于我们解释言语社区内部的变异。

① 我设想克里奥尔语的发展**不是**由于种植园或类似场所聚集起来的人们想要“**创造**族裔间交际的媒介”（Baker 1994：65 PB's emphasis）。更有可能，如第1章所述，是**偶然出现**，是由于接触过程中，人们用于相互交流的语言对于他们中的大部分人而言都难以掌握。

2.2 克里奥尔语的发展:各殖民地的历史给我们的启示

本章的目的主要是取消在克里奥尔语发展的研究中一些没有根据的假设。我提出了一些重要的设想,有助于理解创始人原则。在一开始我就会说明为什么我们不需要听从现有的一些占主导地位的假说来解释克里奥尔语以及其他一些因接触而产生的日常语是如何发展的。

2.2.1 克里奥尔语发展研究方法概览

大约从1980年开始,关于克里奥尔语语法特征起源的底层假说和普遍性假说就讨论得十分热烈,从迈斯肯和史密斯(Muysken&Smith 1986)的文章标题就可以清楚地看到这一点:《克里奥尔语起源的普遍说与底层说之争》(*Universals versus substrata in creole genesis*)。根据底层说(如Alleyne 1980,1996;Lefebvre 1986,1998;Holm 1988),在这种新的日常语形成的重要阶段,这些克里奥尔语的结构特征受到了最早由非洲奴隶所使用的语言的影响,当时这些奴隶占了新大陆种植园人口的绝大多数。而根据某些普遍说的观点,这些特征是由于语言生物程序(language bioprogram),即语言发展蓝图(blueprint for language)所致,一般认为这在孩童时期最为活跃。在儿童将父母所讲的皮钦语作为母语习得时,他们革新了大部分皮钦语的语法结构来修正其缺陷(Bickerton 1981,1984,1992,1999)。还有一些普遍说学者则认为，克里奥尔语的语法特性是由于（二语）习得的普遍规律所致，成人是日常语化（vernacularize）的主导力量（Thomason 1980；Sankoff 1984）。[①]

尽管20世纪20年代至60年代期间颇为盛行，那种认为欧洲语言的殖民地变体在克里奥尔日常语的词汇和语法中都起关键作
34 用的观点在70年代中逐渐被否定。在大西洋克里奥尔语的研究中，克拉普（Krapp 1924）、库拉思（Kurath 1928）、约翰逊（Johnson 1930）、费恩（Faine 1937）、霍尔（Hall 1966）和瓦尔克霍夫（Valkhoff 1966）以及其他一些人的著作无人问津。但德埃洛伊雅（D'Eloia 1973）和施奈德（Schneider 1989）关于非洲裔美式日常英语以及乔登森（Chaudenson 1979，1989，1992）大多数关于印度洋法语克里奥尔语的研究除外。

综合来看，表层假说（superstratist）认为克里奥尔语通过一般的适应过程，扩展了大都市和（或）殖民地词源语言变体中已有的结构选项。新的日常语并没有“无中生有”的创新或基于普遍语法（UG-based）的革新（Bickerton 1984，1992），也没有接受词源语言中哪怕是片面或者统计数量上有限的底层语模式的影响。然而，乔登森（Chaudenson 1989，1992）和科恩（Corne 1999）认识到底层语影响的作用：如果没有底层语的影响，克里奥尔本地语会和

① 这里的术语**日常语化（vernacularization）**借用自乔登森（Chaudenson 1989），意为“作为日常语使用”或“成为日常语”。我也认为这不是母语化（nativization），这个过程是帮助新的日常语形成其自有规范的重要因素，其规范来源于词源语言，但又独立于词源语言。乔登森把这一过程称作**规范化（normalization）**（也就是“规范的发展”），大体相当于很多研究克里奥尔语的文献中所说的“稳定化”（stabilization）。即使这种稳定是可能的，但不必因此排除语言的变异。

欧洲人后裔所讲的(前)欧洲语言的殖民地变体——如魁北克和卡真法语(Cajun French)——更加接近。乔登森认为,克里奥尔的词源语言接近于自耕农场阶段后期奴隶所使用的殖民地欧洲语言,也就是与欧洲殖民地语言相比较,重构不明显的变体。根据乔登森的观点,在**自耕农场阶段(homestead phase)**,也就是 ***société d'habitation***,所有出生于殖民地的人,无论什么族裔,都使用同样的欧洲语言的殖民地变体,因为他们都生活在同样的环境里。[①](这是一个重要的观点,可用以反驳那种认为克里奥尔语某种程度上是因为词源语言传递中断而发展出来的观点。词源语言的传递者不一定非得是欧洲人。)

自从我在20世纪80年代中期提出"互补性假说"(complementary hypothesis)以来[②],我认为影响竞争的关键因素是词源语言以及底层语的结构。语言生物程序不应该只针对儿童,而是应该从相接触的语言变体的各竞争选项中,对结构特征的选择进行调节。这和我的生态敏感标记模型相吻合。根据生态敏感标记模型,各竞争选项的价值是由多种因素决定的,包括规则性(regularity)或形式恒定性(invariance of form)、频率(frequency)、普遍性(generality)、语义清晰性(semantic transparency)以及感知显著性(perceptual

① 哈扎尔-马西克斯(Hazaël-Massieux 1993,1996)也持同样的立场,他认为唯一的底层影响可能主要都是词汇方面的,而且与从词源语言中得来的大部分的词项相比,这些受底层影响的词项是极微弱的,而且还都被限制在底层人口所熟知的领域。

② 互补性假说也与贝克和科恩(Baker & Corne 1986)、贝克(Baker 1993)以及汉考克(Hancock 1986a,1993)等克里奥尔语研究有关联。但是,他们也并不都是以同样的方式来表达自己的立场,尤其是在生物程序的作用方面。比如,贝克和汉考克认为竞争中的生物程序都带有底层影响和表层影响,而我则不这样认为。贝克以前非常相信儿童的作用,但后来却彻底改变了观点(Baker 1994)。

salience)等，显然还有更多的其他因素有待将来的研究去发现。

同勒佩奇和塔布勒特-凯勒(Le Page & Tabouret-Keller 1985)以及乔登森(Chaudenson 1992)一道，我批评了很多研究中共同的不足之处，就是将克里奥尔语的结构特征和那些词源语言的标准变体相比较，而不是和非标准语变体相比较。他们错误地
35 认为，在种植园与非欧洲人相接触的欧洲人说的都是标准的变体。这种想法与现有的殖民地初期社会历史的资料所记载的史实不符。一些17世纪时的信件(例如写给西印度公司、弗吉尼亚公司、(荷兰)西印度公司或者类似的欧洲公司)表明写信人主要是一些低级别的雇员，他们被送到各殖民地去完成困难重重的开拓性业务。他们进一步证实了船上英语(Ship English)的研究，如贝利和罗斯(Bailey & Ross 1988:196-197)就认为"大部分水手都是文盲，其中包括很多船长和雇主。"根据这些文献，我们可以推知在船上所使用的语言变体应该比航海日志中所用的还要不标准，而航海日志还稍稍接近标准语。

这些考证也与史料相符，据史料记载，大部分欧洲移民人口是逃跑的士兵和水手、贫困潦倒的穷人、契约奴以及一些罪犯。也就是说，绝大部分(早期)殖民者来源于欧洲社会的低下阶层。正如来往信件所显示(如Eliason 1956)，他们使用的是非标准的语言变体，其中混杂了乡村土语和美国皮德蒙特、阿巴拉契亚和奥扎克山脉一类地区低收入白人的话语。加勒比海群岛，如圣·巴斯(St. Barths)和圣·托马斯(St. Thomas)使用的法语变体亦如此。

底层语学说认为(阿莱恩和霍尔姆为主要代表)，鉴于语言的多样化，非洲人口不能对新形成的克里奥尔语的结构产生影响，这

种非词汇替换论者的观点常常受到反驳。然而，如上所述，欧洲词源语言本身也具有典型的异质性。多种方言在殖民地里得以互相接触。第 3 章在讨论北美情况时将会提到，在这类前殖民地中，今天仍在使用的变体，不管其系统重组的程度如何，也仍然是在接触环境中重构的结果。因接触而引发的重构解释了为什么没有任何一种欧洲之外的方言能够和某种大都市变体完全一致。我在第 1 章已经谈到，**柯因内语化（koinéization）**——如果有必要用此名称的话——和克里奥尔语属于同一类型，均是由竞争和选择产生的，除了要考虑相接触的变体是否在发生学上和（或）类型学上相联系，以及相接触的语言是否都是欧洲语言（后者是克里奥尔语研究者难以启齿且心照不宣的假设，他们对此一般都避而不谈）。要从生态的角度研究欧洲语言的（前）殖民地方言的发展，就应该了解特征之间竞争的本质以及在各自的环境中影响具体选择的因素。
分析与克里奥尔语相关的接触环境的历史、社会经济信息以及殖 36
民地变体使用者的情况，能够帮助我们了解进入克里奥尔语结构的非标准选项的源头，哪怕其形式已经有所改变。

2.2.2 克里奥尔语的柯因内词源语言

在谈到新的日常语中欧洲和非欧洲成分时，有一个因素往往被忽略。这就是不同的族裔语言群体的人口统计的重要性，以及在言语社区发展过程中的不同阶段，人口统计数据的不同的意义。在涉及某种语言变体有可能或不可能影响到新的日常语发展的问题时，这个因素使语言接触的情形变得更为复杂。对此我将在 2.3 节中详加阐述。

汉考克(Hancock 1969)和迪拉德(Dillard 1972,1985)以及其他一些研究者,都强调了早期海上,或者说海员的英语行话(nautical,English jargon)对新殖民地语言变体发展的贡献。和勒佩奇(Le Page 1960)以及勒佩奇和塔布勒特-凯勒(Le Page & Tabouret-Keller 1985)一样,迪拉德(Dillard 1985,1992)引用了大量的海员用语(nautical terms)来支持这个论点。另一方面,布奇尼(Buccini 1995)指出欧洲语言的殖民地变体可能始于欧洲。他提出像阿姆斯特丹及乌得勒支这样的港口城市就是操不同的荷兰方言的使用者在向殖民地出发前的接触场所。由此可以推断新的变体在这些地方发展了起来,引发了**“调整”(leveling)**过程(第1章提到的重构),该过程会一直持续到殖民地。这样的历时过程也可能存在于其他一些大的港口城市,但现在还不清楚其在海员语言变体(natical varieties)的发展中所起的作用。

很有可能当时出现的这些港口柯因内语以及海员语言变体影响了殖民地日常语的发展。移民们正是在港口待上一段时间,然后坐船经海上到达殖民地。现在还不清楚在殖民者移民前,这些新的港口城市柯因内语是否已经规范化,也不清楚从欧洲带来的各语言变体中,这些柯因内语是否占据主导地位。布奇尼的观测可以简要地概括如下:殖民前的人口迁移以及欧洲本土的语言接触可能最早导致了语言的重构,这些重构的变体形式漂洋过海被带往殖民地,在新的生态条件下继续演化。

上述内容也反映出了殖民地社会经济史所给予的启发,尤其是贝林(Bailyn 1986)和费希尔(Fischer 1989)描述的美国的例子。

他们指出,从根本上讲,到达北美的英国移民不过是不列颠群岛内 37
部人口流动的扩展,最早是向岛内工业发达的英国南部城市流动。这些城市提供了不同的人口和方言接触的环境,因此原本应在殖民地发生的语言重构在这里就已经开始了。17 世纪以来英语在英国国内的变化为此提供了有力的证据。

所有上述观察结果表明,欧洲殖民者自身中存在各种特征竞争和选择的独立基础,比如魁北克法语以及北美白人日常英语(North American White English vernaculars)等。对于克里奥尔语的发展而言,不仅有种植园里的非洲人,还有不能地道使用词源语言的欧洲人,这使得竞争-选择的情况更加复杂。在切萨皮克湾的例子中,母语不是英语的大量欧洲人,尤其是德国人,构成了早期的契约奴(Kulikoff 1991a,1991b;Menard 1991)。根据戴德(Dyde 1993)和比克尔斯(Beckles 1990)各自关于圣·基茨和巴巴多斯的叙述,我们可以推测当时普遍是从殖民地主要城市以外的地区招募劳工。另外,仔细研究欧洲各城市的语言历史就会发现,并非所有的市民都能地道地使用产生不同克里奥尔语的词源语言。

比如,正如第 1 章所指出的,当英格兰开始对加勒比(海)及北美地区进行殖民扩张的时候,爱尔兰农村地区刚刚开始使用英语。乔登森(Chaudenson 1992)引用拉巴特(Labbat)神甫的发现,在加勒比海殖民地,很多法国平民可能(法语里被称作"讲土话的人")是从自耕农场的非洲奴隶那里学到法语的。这一观察说明,法国殖民地里有些契约奴的确并不能流利地讲法语。当时被讲法语的当地人看作是法语"土话"(patois)的一些语言变体,可能是像布列塔尼语(Breton)一样的凯尔特语。基布(Kibbee 1999)的"法语政策时间表”说明在米迪(Midi)和布列塔尼(Brittany)地区，法语直到 20 世纪才成为日常共同语。也就是说，在殖民地里，非洲人身上所发生的词源语言的重构现象同样也发生在欧洲殖民者身上。在词源语言重构方面，欧洲人和非欧洲人重大的差别在于：种族隔离合法化之后，除了早期已经被选择并且已经根深蒂固的那些共同特征以外，可选择的底层语的影响受到种族界限的限制。也就是说，非洲人当时更多地在自己的圈子里交往，而不是与非洲以外的人群交往。一些语言习惯只在他们当中发展起来，但是在其他语言使用者中并没有这样的说话习惯，或者这样的习惯很不明显。反之亦然。这种影响的性质和范围还需要进一步判断。

38 将下面所观察到的殖民地如何从自耕农场发展成为大型种植园也纳入思考的话，克里奥尔语的词源语言很有可能并不是大都市变体。一定存在一些在当地重构的变体，以及(或者)是在自耕农场阶段的发展中，由包括欧洲和非欧洲创始人口所使用的语言(Chaudenson 1979, 1989, 1992; Le Page & Tabouret-Keller 1985:26)。

2.2.3 正常的、未中断的语言传递和克里奥尔语的发展

很多克里奥尔语发生学研究者(genetic creolists)理所当然地认为，新大陆和印度洋克里奥尔语在经历最初由成年、非欧洲人使用的皮钦语阶段之后，“突然”地在一代人中间发展起来。这种看法与波洛姆 (Polomé 1983)的观点相通，即词源语言的传递过程中出现了断裂。很多克里奥尔语研究者也支持此观点。

我们必须把一些不正确的假设抛诸脑后，比如说，认为克里奥尔语的词源语言是单一并且标准的变体。这样我们才能认识到这些语言发生地的社会经济历史并不能证实从皮钦语发展到克里奥尔语这样的假想，在第1章我们就已经对此予以驳斥。自耕农场中的接触和交流经常发生而非偶然遇见。更确切地说，在交流之初，肯定会有很多令人沮丧的、不成功的尝试。然而，在克里奥尔语发展过程中自耕农场阶段人群接触的生态中，并没有证据显示人们为了交流的目的而完全依赖于稳定的皮钦语。相反，使用者一定经历了从中介语到接近目标语的阶段，和正常的成年人在自然条件下的二语习得一样。

文献中另一个不正确的假设是认为殖民地种植园一夜之间就发展了起来，或者说在殖民地建立之初就达到了人口的巅峰，所有相关的非欧洲语言的特征同时参与了竞争。事实上，贝克（Baker 1990，1993）、辛格尔（Singler 1993，1995）、米格（Migge 1993）以及穆夫温（Mufwene 1992b，1997c）等人对若干重要历史资料的研究证实了乔登森的立场，也就是尽管速度不一致，各殖民地都是逐渐发展为种植园经济体系的（见下）。他们提出，克里奥尔语受到多种生态的影响，由词源语言的持续重构发展而来。

贝克（Baker 1996）发现毛里求斯的自耕农场阶段就比留尼汪 39
（Réunion）的要短。因而毛里求斯的克里奥尔语可能在其早期历史上就发展了起来。在那样的环境中，假设使用殖民地法语的创始人口所占比例很小，那些与非欧洲语言相一致的特征就受到了青睐。因此比起留尼汪，毛里求斯的克里奥尔语与其词源语言在结构方面的差异要明显得多。贝克的发现是正确的。

从勒佩奇和塔布勒特-凯勒（Le Page & Tabouret-Keller 1985）关于加勒比殖民地历史及其克里奥尔语发展的论述中也可以得出同样的结论（参见 Williams 1985）。例如，牙买加虽然比巴巴多斯晚近 30 年成为英国殖民地（前者 1655 年，后者 1627 年），但却比巴巴多斯提前 20 年采用甘蔗种植园体系。其非欧洲人口增长得更快。到了 1690 年，也就是英国人 1655 年从西班牙人手中夺走牙买加 35 年后，牙买加的非洲裔人口达到了欧洲裔人口的 3 倍：30,000∶10,000（Williams 1985：31）。同年，巴巴多斯的非洲裔人口数为 50,000，欧洲裔人口数为 18,000，63 年的时间也没有使其人口比例达到 3∶1（Williams 1985：31）。到 18 世纪中叶，牙买加的非洲裔和欧洲裔人口比例为 10∶1，而在巴巴多斯，尽管欧洲人口在不断减少，其比例也没有超过 2∶1。还值得一提的是，巴巴多斯的非洲裔人口在前 30 年里一直是少数，而在牙买加，非洲裔人口在前 20 年里就超过了欧洲裔人口。（下面会提到更多的人口统计数据。）尽管比起其他加勒比海地区，到了 19 世纪，巴巴多斯**确实**发展出了一种下层方言（可能晚于牙买加），可以与其他加勒比海地区相提并论（Rickford & Handler 1994；Fields 1995），其规模也一定甚小，这也可以解释其消亡的原因。

这些史实还表明来自不同地区和使用不同语系（这些语系通常属于不同的语言类型）的非洲人在大西洋克里奥尔语不同发展阶段起到了关键的作用。柯廷（Curtin 1969）在表 1 的人口普查统计资料（有所保留）表明，从向风海岸迁入的非洲裔人口（使用曼德语（Mande）、克鲁语（Kru）以及西克瓦语（Western Kwa））的比例在一些殖民地的自耕农场阶段非常大，比如南卡罗来纳和牙买加。

而在其他一些殖民地，比如巴巴多斯和苏里南，其非洲裔人口的比例在种植园阶段才变得更为显著。在18世纪早期，一些大西洋克里奥尔语下层方言的形成过程中，来自黄金海岸和贝宁湾的非洲裔人口（也使用克瓦语）占了绝大多数。词源语言中的一些类似于克瓦语的特征很可能获得选择优势，这阻碍了其他可能对重构产生不同影响的因素发挥作用（Mufwene 1989c，1991a）。

40

地图1 非洲：历史上的一些地区和主要的语言

到了18世纪后半叶，中非人口（使用班图语）在统计上占明显优势的时候，很多克里奥尔语已经大体上确立了其基本结构和规范。基于创始人原则，由于这种人口数量上的优势并非一朝一夕就能达到，与其从头开始，创造新的语言，对这些后来的移民（自由民、奴隶以及契约奴）来说，最省力的办法还是学习已经存在的当地日常语。于是早期克里奥尔语中的一些特征由于新来者效仿现有使用者（克里奥尔人及季节奴隶）而得到了进一步强化，并且还
42 成为后来者模仿的对象。创始人原则还说明，当地日常语下层方言化逐渐形成过程中传递是连续的，而不是通常所认为的有所中断。社会经济史实以及本书所提出的演化观点都推翻了如下的假设，即在大西洋和印度洋的欧洲种植园殖民地里，克里奥尔语是由一种早先的皮钦语发展而来。

41 **表1　1680—1800年英国奴隶贸易的非洲来源地，以百分比计算，出自菲利普·柯廷（Philip Curtin 1969：129）**

<table>
<tr><th>时期</th><th>塞内冈比亚</th><th>塞拉利昂</th><th>向风海岸</th><th>黄金海岸</th><th>贝宁湾</th><th>比夫拉湾</th><th>中非</th><th>其他</th></tr>
<tr><td>1. 1680—1685</td><td colspan="2">12.0</td><td>27.3</td><td>20.9</td><td>15.7</td><td>6.7</td><td>12.0</td><td>5.4</td></tr>
<tr><td>2. 1688</td><td colspan="2">12.0</td><td>38.0</td><td>18.4</td><td>12.3</td><td>5.2</td><td>11.3</td><td>2.8</td></tr>
<tr><td>3. 1713</td><td>14.6</td><td>4.2</td><td>10.4</td><td>31.2</td><td>39.6</td><td>—</td><td>—</td><td>—</td></tr>
<tr><td>4. 1724</td><td>6.4</td><td>10.6</td><td>5.3</td><td>38.3</td><td>21.3</td><td>3.2</td><td>14.9</td><td>—</td></tr>
<tr><td>5. 1752</td><td>7.0</td><td colspan="3">32.0</td><td>5.2</td><td>40.4</td><td>12.7</td><td>2.6</td></tr>
<tr><td>6. 1771</td><td>7.0</td><td colspan="2">25.4</td><td>16.0</td><td colspan="2">49.5</td><td>2.1</td><td>—</td></tr>
<tr><td>7. 1771</td><td>6.7</td><td>2.0</td><td>31.0</td><td>13.1</td><td>3.0</td><td>44.2</td><td>—</td><td>—</td></tr>
<tr><td>8. 1788</td><td>0.9</td><td>4.7</td><td>5.4</td><td>13.5</td><td>16.8</td><td>29.0</td><td>29.7</td><td>—</td></tr>
<tr><td>9. 1798</td><td colspan="3">6.2</td><td>6.8</td><td>3.0</td><td>38.2</td><td>45.8</td><td>—</td></tr>
<tr><td>10. 1799</td><td>0.3</td><td colspan="2">9.8</td><td>9.7</td><td>1.0</td><td>44.8</td><td>34.4</td><td>—</td></tr>
</table>

来源：数据来自于戴维斯（Davies）《皇家非洲公司》，225，233，363页；勒佩奇（Le Page）“牙买加克里奥尔语”61-65页；唐南（Donnan）《纪录》，2：308-309，454-456，598页；爱德华兹（Edwards）《不列颠西印度群岛》，2：56。参见菲利普·柯廷（Philip Curtin，1969）正文130-132页。

我们还需记住，尽管直到 19 世纪人口一直在增长，但当时种植园的劳工死亡率相当的高，这种快速**人口置换(population replacement)**及增长(相比于群体中自然出生的人口增长)的趋势也促进了现有日常语在非欧洲裔人口中的不断重构，尤其是在大型种植园里的种族隔离政策制度化以后，非欧洲裔人口的语言越来越少地受到新的(殖民者)欧洲语言变体的影响。尽管每一个殖民地最大规模的重构可能是发生在种植园创建最初和关键时期，下层方言化可能一直持续到 19 世纪奴隶制度被废止，或者持续到种植园体制的完全瓦解。直到那个时候为止，输出契约奴的地方和早期输出奴隶的地方是同一个地方。在种植园发展早期被选择并多次被证实有适应能力(威姆萨特 1999a 所提出的遗传壁垒原则)的一些特征，都会有这样或那样的理由在每一个回合的较量中获得更好的机会。当然，新的选项也常常会有机会取而代之，或者作为原有特征的补充。

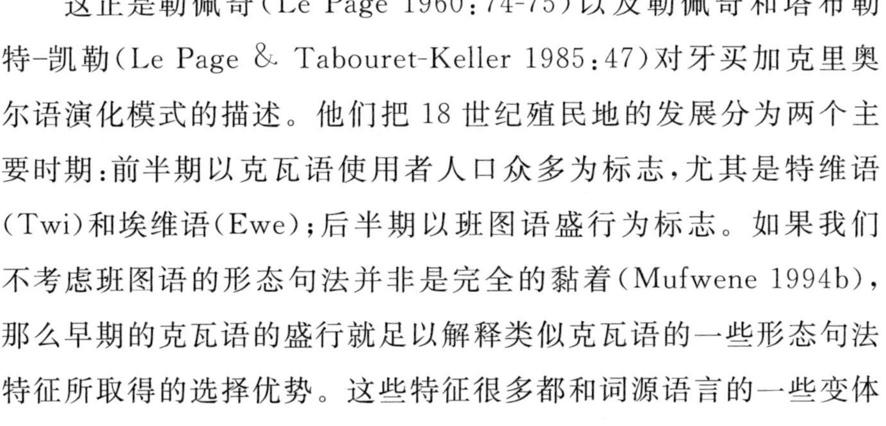

这正是勒佩奇(Le Page 1960:74-75)以及勒佩奇和塔布勒特-凯勒(Le Page & Tabouret-Keller 1985:47)对牙买加克里奥尔语演化模式的描述。他们把 18 世纪殖民地的发展分为两个主要时期：前半期以克瓦语使用者人口众多为标志，尤其是特维语(Twi)和埃维语(Ewe)；后半期以班图语盛行为标志。如果我们不考虑班图语的形态句法并非是完全的黏着(Mufwene 1994b)，那么早期的克瓦语的盛行就足以解释类似克瓦语的一些形态句法特征所取得的选择优势。这些特征很多都和词源语言的一些变体模式(在某种程度上)一致。这些特征包括：动词在人称和数上的不变性，时态和名词复数的迂回标记，不使用关系代词而是用补语化成分(包括 Ø)来引导关系从句,以及连动结构的存在。

尽管普遍认为克瓦语的类似的特征具有选择优势,但也有个别例外,例如帕兰克诺语(Palenquero)(Maurer 1987)、圣多美语(São Tomense)和普林西比语(Principense)(Ferraz 1979)。这些地方语
43 言最初的创造者中包含了大量的班图语使用者,它们自然反映了班图语的影响。勒佩奇和塔布勒特-凯勒 (Le Page & Tabouret-Keller 1985)认为圣多美语大约形成于 17 世纪中叶(从刚果王国最初输出班图奴隶之后大约 150 年)。有可能形成于大量葡萄牙种植园主前往巴西的时候。葡萄牙停止输出囚犯,以及非洲人和欧洲人的比例极大失衡等原因都促进了非洲人口数量的大幅度增加。这些非洲人大多来自刚果-安哥拉这一使用班图语的地区。随着甘蔗种植园的兴旺,圣多美成为奴隶们的重要聚集地。在该聚集地发生的语言接触不断受到占主导地位的班图底层语(substrate)的影响。所产生的克里奥尔语选择了与那里的语言生态一致的葡萄牙语特征。这种情况也说明了圣多美语和其他葡萄牙克里奥尔语在结构上的不同,因为其他葡萄牙克里奥尔语很少受到,或者根本没有受到班图底层语的影响。

另一方面,苏里南人口数量的增长也说明,经过重构的英语成为现在的萨拉马卡、苏里南,以及其他苏里南克里奥尔语的下层方言(basilects)早在 1700 年前就已大致完成。这一设想在下面简述的殖民地历史中得到证实,同时也得到了米格(1999,第 2 章)的力证,即(大多数)不同的苏里南克里奥尔语可以追溯到同一“原始克里奥尔语(proto-creole)”。大约在 17 世纪晚期至 18 世纪中期之间,这些克里奥尔语从“原始克里奥尔语”中独立出来。表 2 显

示，到了1700年，种植园经济正蓬勃发展。欧洲人口和非洲人口的比例极度失衡（部分原因是很多以英语为母语的人口的离开），使得日常语的重构势在必行。也就是说，英语在很短的时间内建立起了作为地方通用语和（或）日常语的地位，越来越多的非母语 44
使用者成为新到来者学习语言的效仿对象，而他们中几乎没有人能够流利地使用母语使用者留下的原始殖民地柯因内语。于是就有了一个快速的下层方言化（basilectalization）过程，造就了现在的苏里南克里奥尔语变体，其曲折的重构过程很有意思，下面将就此进行阐述。

表2 1652—1754年苏里南的人口（出自米格（Migge 1993:28））

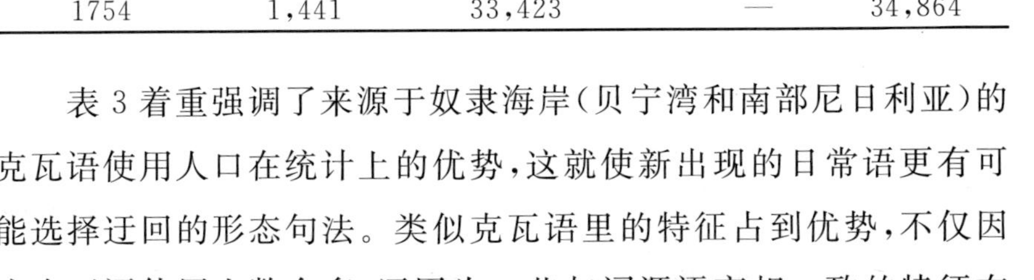

年份	欧洲人口	非洲人口	美洲印第安人口	总计
1652	200	200	90	490
1665	1,500	3,000	400	4,900
1680	438	1,010	50	1,498
1700	745	8,926	—	9,671
1715	838	11,664	—	12,502
1730	1,085	18,190	—	19,275
1744	1,217	25,135	—	26,352
1754	1,441	33,423	—	34,864

表3着重强调了来源于奴隶海岸（贝宁湾和南部尼日利亚）的克瓦语使用人口在统计上的优势，这就使新出现的日常语更有可能选择迂回的形态句法。类似克瓦语里的特征占到优势，不仅因为克瓦语使用人数众多，还因为一些与词源语言相一致的特征在其他的一些语言中分别得到了证实，比如曼德语，在有些情况下甚至也发生在班图语中，见2.3.2（Mufwene 1994b）。

表 3　1658—1689 年间荷兰奴隶贸易中奴隶的来源地

（出自米格(Migge 1993:33)）

年份	象牙海岸	黄金海岸	奴隶海岸	比夫拉湾	卢安果	总计	未知来源
1658—1674	2,270	5,453	12,154	2,581	7,337	29,795	22,883
	(7.6%)	(18%)	(40.8%)	(8.6%)	(25%)		(43%)
1675—1682	379	1,121	8,414	748	6,009	16,671	7,627
	(2.3%)	(6.7%)	(50.5%)	(4.5%)	(36%)		(31%)

表 4 突出表现了创始人原则的作用，显示后来的班图语使用者数量上的优势对 17 世纪后期开始发展的苏里南语几乎没有产生影响。数量上的优势当然不会是一朝一夕就能达到的，这也解释了为什么苏里南克里奥尔语在结构上更接近于克瓦语而不是班图语，也就是说与克瓦语相似的特征在对词源语言下层化的语言进行选择的过程中有更大的影响。根据创始人原则，先期到来的人口的语言特征更有机会取得优势，尤其是在新到来者中有儿童的情况下。从结构的观点来看，一些决定标记值的因素会独立选择类似克瓦语的特征，诸如显著性、语义清晰性、规律性，当然还有已经在先来的奴隶中得以加强并作为新来者模仿对象的那些特征的使用频率。毕竟，新来者希望以对自己而言最好的方式来学习日常语，也并不打算有意地以自身的母语或其他先前使用语言的规则来使用日常语。他们对日常语的进一步重构所做出的贡献只
45 不过是他们的交流行为中不完全复制的副产品。

表 4　1739－1774 年荷兰奴隶贸易中奴隶的来源地
（出自米格（Migge 1993:41））

年份	黄金海岸	奴隶海岸	卢安果	几内亚	总计	未知来源
1739—1759	8,332 （17%）	530 （1%）	15,895 （33%）	23,692 （49%）	48,807	67,300 （58%）
1760—1774	5,043 （7%）	380 （0.5%）	28,424 （39%）	39,702 （53.5%）	73,551	11,415 （13%）

南卡罗来纳海岸的人口统计数据（表 5）显示格勒语下层方言的核心部分可能形成于 18 世纪上半叶，也就是殖民地正转向以种植园为重要经济产业、奴隶人口快速增长的时期，尤其是在 1720 年实施种族隔离之后。种族隔离减少了欧洲人和非洲人的接触，让他们的后代各自继承了不同的殖民地语言变体。表 5 没有反映出来的是，在 18 世纪海岸沿线，由于种植水稻以及格勒语的发展，非洲人口常常增长到欧洲人口的 10 倍左右。

表 5　出自彼得·伍德（Peter Wood 1989:38）“1685—1790 年间南方各种族和地区大致人口数量……南卡罗来纳（东部山区）”

年份	1685	1700	1715	1730	1745	1760	1775	1790
白人	1,400	3,800	5,500	9,800	20,300	38,600	71,600	140,200
黑人	500	2,800	8,600	21,600	40,600	57,900	107,300	108,900

表 6 包括了语言结构方面的因素，说明大约在下层方言化的重要阶段临近结束时，南卡罗来纳海岸的班图语使用者才在数量

上占据优势(约占非洲人口的70%)。[①] 这可以解释为什么在格勒语的语法体系中找不到班图语的影响(当然,除了那些和其他语言一致的特征)。还有很大的可能性是,当时渐进的下层方言化的过程仍在进行之中。假如这样的话,伴随着班图语的短暂流行以及不容忽视的18世纪下半叶使用非黏着语言(尤其是曼德语和克瓦语)的西非人口的存在,语言特征相互竞争的本质轻而易举就消除了在格勒语形成时期,任何潜在占据优势的班图语结构的影响。罗利(Rawley 1981:335)注意到在1733年至1807年间,南卡罗来纳殖民者"拥有的奴隶1/5来自塞内冈比亚,1/6来自向风海岸,2/5来自安哥拉"。他还提到在南卡罗来纳整个殖民历史中,"几内亚(从黄金海岸到卡拉巴 Calabar)"——使用克瓦语的地区——一直是奴隶的重要来源地(原书:441),这一点增加了类似克瓦语
46 的迂回形态句法选择上的优势。另外,前面已经提到班图语并不是完全没有迂回的形态句法,这一事实也有可能促进了班图语影响的消除。

总的说来,在一些殖民地,如南卡罗来纳、弗吉尼亚以及留尼汪等地,非洲人口在开始的30到50年间一直占少数,但是在其他地方,如苏里南、毛里求斯(Baker 1996)、牙买加,尤其是圭亚那(Rickford 1987),种植园阶段发展得更快,那里早期的奴隶数量占

① 表6显示,在查尔斯顿,非本土人口的到来和分布,几乎贯穿18世纪上半叶。

表 6 1735 年 3 月—1740 年 3 月到达南卡罗来纳查尔斯顿（Charleston）的非洲人口数量，按年份、出发地和年龄段（“10 岁以上”及“10 岁以下”）

年份	自安哥拉				自冈比亚				自非洲其他地区				自西印度群岛				总计			
	运输次数	10 岁以上	10 岁以下	共计	运输次数	10 岁以上	10 岁以下	共计	运输次数	10 岁以上	10 岁以下	共计	运输次数	10 岁以上	10 岁以下	共计	估计运输次数	10 岁以上	10 岁以下	奴隶数量
1735—1736	6	1858	171	2029	—	—	—	—	4	569	43	612	3	4	6	10	13	2431	220	2651
1736—1737	12	2474	417	2891	2	163	25	188	1	196	28	224	3	22	1	23	18	2855	471	3326
1737—1738	5	789	38	827	—	—	—	—	1	194	34	228	4	7	0	7	10	990	72	1062
1738—1739	6	1276	330	1606	3	291	23	314	3	453	122	575	1	12	0	12	13	2032	475	2507
1739—1740	2	590	102	692	2	178	25	203	5	894	186	108	3	33	8	41	12	1695	321	2016
5 年总计	*31*	*6987*	*1058*	*8045*	*7*	*632*	*73*	*705*	*14*	*2306*	*413*	*2719*	*14*	*78*	*15*	*93*	*66*	*10003*	*1559*	*11562*
奴隶%	*69.6*				*6.1*				*23.5*				*0.8*				*100*			
船只平均容量	260				101				194				7				175			
10 岁以上%	*86.9*				*89.7*				*84.8*				*83.9*				*86.3*			
10 岁以下%	*13.1*				*10.3*				*15.2*				*16.1*				*13.5*			

注释：“共计”一栏代表的是估计的运输次数、各不同年龄段的总人数以及奴隶的总人数。根据地域和年龄段，最下面三排代表的是输入的奴隶所占人口百分比和运输的平均容量（摘自 Wood 1974：340-341）。

源自：彼得·H. 伍德的《黑人占人口大多数》。彼得·H. 伍德版权© 1974。重印得到了兰顿出版社分公司艾尔弗雷德·A. 克诺夫出版社的许可。

85

大多数。[①] 在苏里南尤甚，英国在1651年开始建立殖民地时，欧洲人口和非洲人口数量相当（大约各有200人）；到1665年，非洲人口是欧洲人口的两倍（14年时间达到3,000比1,500）；到了1700年，比例达到12比1（大约在50年间非洲人口达到8,926，而来自欧洲各地的人口总共为745人）。1667年，荷兰占领了苏里南，到1670年（建立殖民地19年后）几乎所有的英国种植园主都离开，同时带走了2000多名奴隶。这一变故极大地减少了（2/3）使用各种接近英语的语言的人口的比例，但是由此发展而来的当地日常语却保留了下来（这种日常语一定是被重构过，而且历经变异，但现在还不清楚其结构在多大程度上和现在的苏里南克里奥尔语相似）。和阿伦兹（Arends 1986，1989）以及普拉格（Plag 1993）一样，我猜想尽管其下层方言的要素可能在17世纪末期，或者更确切地说在18世纪上半期就已经形成（在苏里南语言中可以找到证据），但当地日常语是随着后来奴隶的到来，逐步重构而进一步偏离词源语言的。

殖民地的欧洲英语变体撤离苏里南，是造成当地下层萨拉马

① 根据自耕农场阶段和种植园阶段进行普遍归纳是一种过于简化的办法。在种植园中使用的劳工的种类也是一个重要的因素。比如，弗吉尼亚，与巴巴多斯部分类似，在1607年成为殖民地，在其建立后的20年时间里很早就转化为烟草种植园体系。但是，直到大约1680年，很多种植园主还是主要雇用契约奴（Kulikoff 1986；Perkins 1988）。只是在契约奴难以招募以及其工酬提高之后，他们才开始更多地使用非洲劳工。早在1619年，非洲人口开始被输入弗吉尼亚，但数量一直很少，直到17世纪末也没有超过总人口的15%，他们中的大多数在小农场中劳动，或在类似威廉斯堡（Williamsburg）这样的城市中心地区当家奴（Tate 1965）。到了1770年，非洲人口已经占到弗吉尼亚、马里兰以及北卡罗来纳的总人口的38%，而在南卡罗来纳，“他们的人数大约比白人人口多50%”（Perkins 1988：98-99）。

卡语(Saramaccan)和殖民地英语变体在结构上显著分歧的重要因素之一。阿莱恩(Alleyne 1980)和比克顿(Bickerton 1984)也赞成这种观点。但是,阿莱恩将萨拉马卡语看作是主要受到非洲底层语影响的克里奥尔语,而比克顿则更为极端地认为萨拉马卡语是由儿童创造、扩散和稳定下来的。事实上,在荷兰人占领了苏里南
之后,由于其他语言,尤其是从巴西和其他地区带来的由葡萄牙语 48
演化而来的日常语的影响,新的生态环境有助于脱离词源语言进行重构。但是,这种生态并不意味着在词源语言的传递方面有所中断,只不过说明了词源语言(可能是在很大程度上)进行了重构。

在南卡罗来纳,1670 年来自巴巴多斯的早期的殖民者开始经营小农场和鹿皮贸易。他们都以自耕农场为主,一直到 18 世纪初才开始种植稻米。到 18 世纪中叶,稻米种植已经成为主要产业。在发展起来的大型种植园里,非洲奴隶和欧洲殖民者(包括契约奴)彼此隔离,尤其是 1720 年当地成为英国直辖殖民地以后(Wood 1974)。如上所述,直到 1715 年之前非洲人口还没有占到殖民地人口的多数,他们中约有 90%的人生活在海岸边上。尽管现在能找到的格勒语最早的书面证据是 19 世纪的(Simms 1839),种族隔离政策肯定促进了下层方言化的进程。在这里,接触的生态同样说明了逐步重构的词源语言的传递,这种传递历经了数代的土生黑人以及季节奴隶,而不是在传递过程中的一次断裂。

某种程度上,圭亚那殖民地的发展类似苏里南的种植园,只不过和在苏里南的使用葡萄牙语的犹太种植园主不同,英国人最终从荷兰人手中取得了对圭亚那的管辖权。里克福特(Rickford 1987:51f)提到在 18 世纪 40 年代,来自巴巴多斯、安提瓜

(Antigua)和圣·基茨的英国种植园主开始入驻埃塞奎博(Essequibo)和德梅拉拉(Demerara),接着掌管了自苏里南延伸的荷兰部分殖民地。霍尔姆(Holm 1989:462)报道说:“到1760年,德梅拉拉的英国人口超过了荷兰人口;1774年,殖民地建立了自己的首都斯特布鲁克(Stabroek),”也就是今天的乔治敦(Georgetown)的前身。按照里克福特的说法,“1796年以后英国的军事力量控制了该殖民地”,而荷兰“在1814年将殖民地拱手让给了英国”(原书第51页脚注)。英国人取胜之后,“有大量奴隶从英属西印度群岛和西非涌入,在奴隶贸易被宣布为非法之前,英属圭亚那殖民地的奴隶人口翻了四番”(Holm 1989:462)。

这些并不足以说明圭亚那在种植园和语言发展方面的不同情形。有一种可能是,一种与伯比斯荷兰语(Berbice Dutch)类似的荷兰克里奥尔语在18世纪上半叶就已经发展了起来。这种日常语逐渐被圭亚那英语克里奥尔语取代,后者是随着英国对圭亚那
49 在经济上、后来在军事上和政治上的殖民统治而发展起来的。而曾经大范围使用的,因接触产生并被重构的,伯比斯荷兰语会留有残余。另一种可能则是,与殖民发展同步,在扩大种植园的同时,伯比斯荷兰语与圭亚那英语克里奥尔语同时发展。由于奴隶的数量更多地依靠输入而不是繁殖来增加,以及种族隔离政策的实施,使用第二种语言的人口数量超过将殖民地日常语作为母语使用的土生奴隶,这些因素都促使奴隶们倾向于选用欧洲殖民语言并进行下层方言化。

塞缪尔·奥古斯塔斯·马修(Samuel Augustus Matthew 1793)的著作《谎言英雄》证实,在18世纪后半期下层方言化的基

茨(Kittitian)克里奥尔语已经存在。但是,这并不说明在 18 世纪上半期或更早的时期,这一克里奥尔语同样存在(Corcoran & Mufwene 1999)。也不能说明来自圣·基茨的英国殖民者就一定会带上使用下层克里奥尔语的奴隶(同上)。那些来自早期加勒比海殖民地并带着奴隶的殖民者很可能是小型农场主,他们被逐步扩大的种植园收购,或者已经破产(Mufwene 1999b)。他们的奴隶来自接触频繁的自耕农场环境。尽管词源语言在欧洲人口和非洲人口中也在逐渐重构,但总的说来那样的环境里不太适合发展下层克里奥尔语。另一方面,增长中的英属圭亚那种植园经济,以及 18 世纪后半期及 19 世纪前二十几年从非洲大量输入奴隶的情况,当然更有助于发展下层方言化的英语克里奥尔语。

没有人口统计数据,我无法说明这里所谈到的圭亚那克里奥尔语和格勒语在发展方面有多大的区别。在南卡罗来纳,有证据表明,非洲人口中当地语的下层方言化大约开始于其建立之后 50 年,不管最初的一些奴隶在离开巴巴多斯时是否使用下层化变体。温福德(Winford 1993)在谈到非洲裔美式日常英语的发展背景时指出,在自耕农场阶段,那些使用下层化变体的人没有理由继续使用那些变体。(在 Mufwene 1999b 中我提出了种种社会历史论点,反驳加勒比海英语克里奥尔语对格勒语和(或)非洲裔美式日常英语有决定性影响的论断。)

总而言之,在这些殖民地的发展中,没有证据证明词源语言在传递过程中有所中断,只是不断改变的生态促进了其在不同阶段的、持续的下层方言化。越来越多重构了的变体,与一些早期较少
被重构的变体一起成为新来者的学习目标。这也解释了与克里奥 50
尔语言语社会相关的连续性(Winford 1997b)。

2.2.4 自耕农场后期及各种不同的下层方言化阶段

在殖民地最初发展的自耕农场阶段，大部分奴隶生活在小农场或者贸易站，而不是在少量的当时刚刚萌芽的种植园里。也就是说，就算与现在的下层方言接近的子系统可能在种植园或者个体使用者身上形成，任何类似于现在的克里奥尔语的语言在当时难以大规模产生。相反，与欧洲人接触紧密的非欧洲人很可能倾向于使用某种近似于欧洲语言的语言。有人认为心智健全的非欧洲劳工，尤其是他们的孩子们在和欧洲契约奴密切生活在一起或长期相互来往的过程中，一定会发展出不同的语言变体，这种说法是空穴来风。所有的外来人口都应该是使用接近于当地殖民柯因内语的语言。

殖民地进入第二阶段，也就是农业经济阶段以后，甘蔗种植园和稻米农场集中了80%～90%的奴隶。由于这些经济体制需要依靠密集型的劳动力才能得以繁荣，这个阶段的奴隶贸易迅猛增加，导致种植园里奴隶人口占到绝大多数。很多种植园奴隶人口占到80%。比克顿(Bickerton 1981)认为，这为发展克里奥尔语提供了条件。[①] 种植园在输入奴隶以满足劳动力需求的同时，也引发了他们

---

① 该条件在南卡罗来纳和佐治亚这样的殖民地难以满足。将格勒语等语言作为克里奥尔语进行讨论，取决于单独地将种植园作为特殊的接触生态，并把语言群体视为由散布的个体连接成的“栖息斑块”的复合种群(第1章和第6章)。80%∶20%的不均衡人口比例——在加勒比海种植园中尤其典型——可能不是克里奥尔语发展的必要条件(Mufwene 1997a)。很重要的一点是，克里奥尔语大多产生在甘蔗种植园和稻米产地而不是在烟草和棉花种植园，同时值得一提的是伊比利亚美洲地区的一些甘蔗种植园，比如古巴和巴西，并没有产生克里奥尔语。产生这一差别的关键在于特定殖民地种群发展的具体方式及其成员中各族裔间相互交往的类型。

对“黑人占人口大多数”(Wood 1974)的恐慌,从而实施了种族隔离政策。种植园的劳动条件越来越艰苦,奴隶平均寿命下降,死亡率(甚至包括儿童)上升。因此,种植园的人口增长主要是依靠从非洲和欧洲的劳工输入,而不是人口的自我繁殖。人口的快速置换引发了劳工语言的重构,因为在那样的情况下,几乎没有人能够流利地使用当地话,当然也就不能作为后来者模仿的对象了。

数次人口调查都显示,种植园中有大量的儿童(14 岁以下),他们中的多数不是在当地出生的。18 世纪后半期,越来越多相同年龄段的儿童由外地输入,尤其是使用班图语的中部非洲地区(Lovejoy 1989)。这种情况可以作为“语言生物程序假说”(language bioprogram hypothesis)的佐证,因为我认为诸如格勒
语、牙买加地方话、巴巴多斯语,甚至苏里南克里奥尔语下层方言 51
在 18 世纪以前没有发展起来。但是,下面的想法与词源语言逐步重构的假设更为一致:在任何一种语言环境中,儿童更容易习得当地殖民语言(无论其变化多大),也最少进行重构(除非更倾向于自己的一些变异),因此使其特征更加巩固。因而,应该是儿童减缓了当地话的重构过程。

总的说来,根据上述自耕农场后期的情况可以推断如下:

(1) 工作时间以外,非洲奴隶甚至与一起干活的、来自欧洲的契约奴的接触都非常有限。

(2) 新来的非洲人主要是从使用克里奥尔语的人群以及从“季节性”奴隶那里学到殖民地语言。

(3) 当使用克里奥尔语的人群占种植园人口的少数之后,不断重构中的变体常常成为一些新来者的模仿对象。在被隔离的使用者中,这种重构过程引起了殖民地语言的社会下层化,也就是

说，出现了社会方言中所谓的下层方言(basilectal)。[①]

(4) 下层方言化过程往往是在最初大规模重构之后逐渐进行的，大约延续到输入最后一批非欧洲契约奴之后，这个过程产生的新的变体没有被社会认同为克里奥尔语。[②]

---

① 通过将克里奥尔语与它们的词源语言的标准变体进行比较，来决定克里奥尔语的哪些特征或变体是下层方言的这一传统，令人悲哀且颇具讽刺意味，因为其词源语言是与非欧洲人交往的无产殖民者所说的非标准日常语。随着对下层方言特征起源的深入了解，我们越来越清楚，甚至那些有些人可能想单独归因于底层语(substrate)影响的下层方言特征都可以追溯到词源语言自身(在音系学的特征方面，比如把/θ/发作/t/，把单词 *pear* 发作/pyɛ/或 *carry* 发作/kyari/，或者把单词 *very* 发作/βɛri/)。这并不是否认底层语的决定性影响，底层语的决定性影响已经为那些被错误地归类为(极端的)表层语学者(superstratists)所认同，比如乔登森(Chaudenson 1989, 1992)。有意思的是，如果我们忽略其书的最后一句话，西尔温(Sylvain 1936)很可能被当作一个表层语学者，因为对于海地克里奥尔语来说，她除了提出其与非洲语言之间大量有价值的联系之外，还提供了其与一些非标准法语方言在特征上的某些联系。

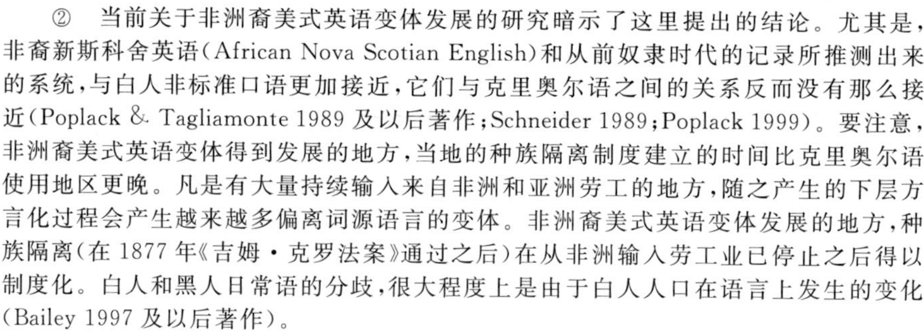

② 当前关于非洲裔美式英语变体发展的研究暗示了这里提出的结论。尤其是，非裔新斯科舍英语(African Nova Scotian English)和从前奴隶时代的记录所推测出来的系统，与白人非标准口语更加接近，它们与克里奥尔语之间的关系反而没有那么接近(Poplack & Tagliamonte 1989 及以后著作；Schneider 1989；Poplack 1999)。要注意，非洲裔美式英语变体得到发展的地方，当地的种族隔离制度建立的时间比克里奥尔语使用地区更晚。凡是有大量持续输入来自非洲和亚洲劳工的地方，随之产生的下层方言化过程会产生越来越多偏离词源语言的变体。非洲裔美式英语变体发展的地方，种族隔离(在 1877 年《吉姆·克罗法案》通过之后)在从非洲输入劳工业已停止之后得以制度化。白人和黑人日常语的分歧，很大程度上是由于白人人口在语言上发生的变化(Bailey 1997 及以后著作)。

另一方面，乔登森(Chaudenson 1992)认为，印度契约劳工除了词汇方面，对毛里求斯克里奥尔语的结构几乎没有什么贡献。这一观察与里克福特(Rickford 1987:65-69)的观点并不矛盾。里克福特认为东印度契约劳工肯定持续重构着圭亚那克里奥尔语，使其更加偏离其词源语言。他从德文尼什(Devonish 1978)处引用了一些可以鉴别为东印度语的特征，并确认其影响是微不足道的。可能人们会假设，到奴隶制度废除的时候，大部分现有克里奥尔语的结构形式就已经存在了。那些后来者以与移民习得当地语言同样的方式，学习到这些克里奥尔语，成年人到死都带有自己原来的口音，他们的孩子则地地道道地习得了这些语言，并几乎原封不动地传给下一代或新来者。也就是说，除了有年龄差异的一些话语之外，与其说孩子们改变了当地语言，还不如说他们使其更加稳定了。起码，通过他们交际活动中简单的不完全复制，他们并没有比其他那些流利的说话者更快地重构这些语言。

（5）在每种克里奥尔语的历史中，都有一个特殊的时期，在这个时期，下层方言化的重要部分可能是在某些语言使用者占主导地位的情况下完成的，典型的例子就是大西洋克里奥尔语中的克瓦语使用者。①

（6）下层方言化应该是在19世纪后半叶，随着种植园经济体系解体而停止。同时还伴随着非洲人口后裔的出生而增长和稳定了下来。

（7）最后，各殖民地已经成形的克里奥尔语跨种植园接触有所增加，也带来了（更多）克里奥尔语之间的互相影响，从而可能导致那些大体上各自独立、在相近（尽管不完全相同）的环境中发展而来的日常语之间相差甚微。②

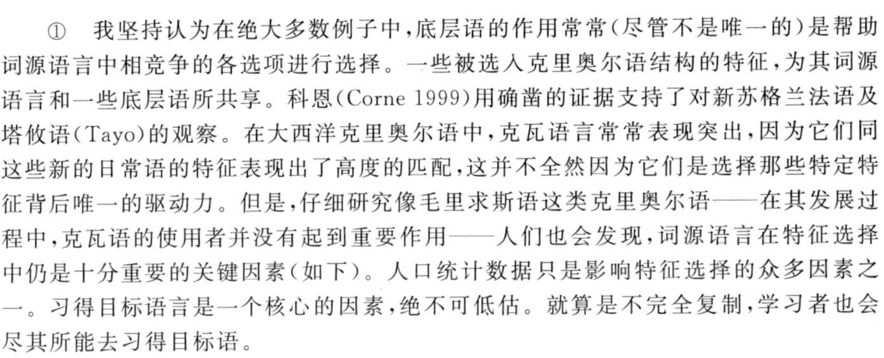

① 我坚持认为在绝大多数例子中，底层语的作用常常（尽管不是唯一的）是帮助词源语言中相竞争的各选项进行选择。一些被选入克里奥尔语结构的特征，为其词源语言和一些底层语所共享。科恩（Corne 1999）用确凿的证据支持了对新苏格兰法语及塔攸语（Tayo）的观察。在大西洋克里奥尔语中，克瓦语言常常表现突出，因为它们同这些新的日常语的特征表现出了高度的匹配，这并不全然因为它们是选择那些特定特征背后唯一的驱动力。但是，仔细研究像毛里求斯语这类克里奥尔语——在其发展过程中，克瓦语的使用者并没有起到重要作用——人们也会发现，词源语言在特征选择中仍是十分重要的关键因素（如下）。人口统计数据只是影响特征选择的众多因素之一。习得目标语言是一个核心的因素，绝不可低估。就算是不完全复制，学习者也会尽其所能去习得目标语。

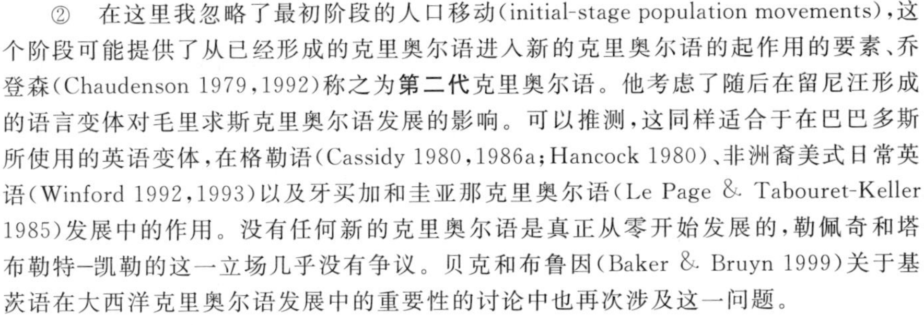

② 在这里我忽略了最初阶段的人口移动（initial-stage population movements），这个阶段可能提供了从已经形成的克里奥尔语进入新的克里奥尔语的起作用的要素、乔登森（Chaudenson 1979，1992）称之为**第二代**克里奥尔语。他考虑了随后在留尼汪形成的语言变体对毛里求斯克里奥尔语发展的影响。可以推测，这同样适合于在巴巴多斯所使用的英语变体，在格勒语（Cassidy 1980，1986a；Hancock 1980）、非洲裔美式日常英语（Winford 1992，1993）以及牙买加和圭亚那克里奥尔语（Le Page & Tabouret-Keller 1985）发展中的作用。没有任何新的克里奥尔语是真正从零开始发展的，勒佩奇和塔布勒特-凯勒的这一立场几乎没有争议。贝克和布鲁因（Baker & Bruyn 1999）关于基茨语在大西洋克里奥尔语发展中的重要性的讨论中也再次涉及这一问题。

最后，在不同的种植园、不同的殖民地中发展出来的克里奥尔语互不相同是正常的。另一方面，让人吃惊的是其差别并不特别大，比克顿（Bickerton 1981 及其以后著作）以及其他的研究者，还有之前的科埃略（Coelho 1880—1888），由此提出了语言（习得）普遍论。这绝不是唯一的解释。首先，我们找不到有说服力的理由
52 只关注其相似之处而忽视其差异（Alleyne 1980，1986）；从本质上说，两者同等重要。

其次，相接触语言的类型相似性也同样重要（Sankoff & Brown 1976；Muysken 1983；Thomason 1983；Sankoff 1984；Mufwene 1986b；Keesing 1988；Singler 1988；Corne 1999）。如果多数底层语（substrate languages）的词源语言的子系统相同，就没有必要进行大的重构。于是，末端的指示代词和定冠词在功能上的重合，决定了在底层语使用者在不熟悉定冠词体系的情况下，会选择前者。同样，“完成”意义的跨语言相似性，也造成在表达完成意义的时候，人们会选择一个表“完成”的动词（如英语里的 *done*），而出于这样或那样的原因，词源语言标准变体中的形态句法惯用法（如英语中的 *have* ＋过去分词，或法语中的 *avoir/être* ＋过去分词）往往不被选用。

当多数底层语的结构在类型上相似的时候，其共同特征会超越其他由词源语言所提供的选项而占据优势。桑科夫和布朗（Sankoff & Brown 1976）通过对托克皮辛语中带有指示词 *ia*（<英语 *here*）的关系从句的归类分析，很好地阐述了这个现象。桑科夫（Sankoff 1993）通过研究托克皮辛语中焦点标志的可选结构——例如使用者把带焦点的名词短语置于原位置而将其标志 *yet* 后

置——对此也进行了阐述。同样的解释还可以用来说明美拉尼西亚英语皮钦语中名词短语的“双数”与“复数”的区别，非单数第一人称代词“包括式-排除式”的区别，以及动词的及物标志等，因为这些区别是很多底层语所共有的（Keesing 1988）。科恩（Corne 1999）也指出了塔攸语（Tayo）中类似的情况。有趣的是，这些克里奥尔语发展的接触环境和乔登森（Chaudenson 1979 及其以后著作）所认定的内在环境非常接近，与大西洋和印度洋的种植园殖民地的外在环境截然相反。

在学习其他一门语言时，使用者自然而然地采用最省力原则，尽量认同词源语言中与原来所使用的语言中相同的成分，或者他们会选择那些不会造成交际障碍，同时（或者）满足自己传统交际习惯的选项。当存在更多的语言类型差异时，要解决特征之间的竞争，就还需要重视语言一致性之外的因素，比如显著性或某种标志的规律性。例如，大西洋英语克里奥尔语中用 *dem* 标识名词“复数”而不用后缀{-Z}就是这种情况。（一定不能忽略词源语言或一些底层语的作用！）这样的类型差异常带来变异。
一方面，选项数量减少；另一方面，使用者虽有相互适应，但也不 53
排除差异的存在。无论如何，类型学相似关系的存在与否会影响到新的日常语的发展。

如果肯定前种植园阶段的作用，也就是殖民地自耕农场阶段对克里奥尔语发展的促进，那么欧洲语言类型相似性的意义就尤其重大（Thomason 1980，1983）。欧洲早期殖民语言的一些共同特征，很可能在相近的族群生态环境中被奴隶创始人口选择。在创始人口的语言成为后来的奴隶的模仿对象时，在不断选择和适应中，至少这些相同特征中的一部分得以强化。标志着新出现的日常语在朝着下层方言的方向逐步发展。

这并不意味着会出现彻底的混乱。相反，正是在这样的接触中，个体的交际策略之间相互竞争，那些相比之下标记性较少的策略会占据优势（Mufwene 1989c，1991a）。除非新来者有明显的语言同质性，或者他们能够一夜之间在人口数量上超过土生黑人和季节性人口，否则那些被加强的特征将比新的特征更加具有选择上的优势。（这并不妨碍一些新的特征成为可选成分，或许还将最终取代一些旧的特征。）

如上所述，大多数下层方言特征可以追溯到新的日常语的早期阶段。如贝克（Baker 1995a，1995b）认为这些特征源于欧洲人和非欧洲人之间最早的接触。共同的下层方言化过程造成了很多奴隶语言中大量的下层方言特征。下层方言使用者的比例可能并不高于现在的情况（Mufwene 1994a），一定程度上因为下层方言化并不改变所有奴隶的普遍语言模式。相反，布拉施（Brasch 1981），里克福特（Rickford 1987），拉拉和德科斯塔（Lalla & D'Costa 1990）等人表明克里奥尔语言连续统一体很可能，也很自然是起源于殖民地早期。早先的阿莱恩（Alleyne 1980）及随后的温福德（Winford 1997b）在提到和解释加勒比海地区的情况时也持同样见解。我猜想中层方言（mesolect）一定是在各处都占优势的变体。我所理解的下层方言化是将下层方言特征融入可清楚识别的社会方言（sociolects）的过程，不排除新选项的逐步引入和整合。同样，其建筑材料（乔登森 1992 的术语中有“建筑材料”（matériaux de construction）的说法）并不新颖。它们不过是被扩展

适应而用作了新的用途，因而产生了新的“建筑类型”。正如研究 54
语法化的文献所提到的，其规则——即使不具有典型性——往往是已有词源语言模式的扩展（Chaudenson 1989，1992），同时还和与其相接触的其他语言的模式保持一致（Mufwene 1989a，1996a）。

2.2.5　从词源语言到克里奥尔语的连续性

用布鲁因（Bruyn 1996）和普拉格（Plag 1999）的观点来展开本章的论述比较恰当。他们认为克里奥尔语中没有语法化的过程。与穆夫温（Mufwene 1996a）的观点相反，他们认为这个历时的过程是完全内在的，在日常语成为克里奥尔语之前的任何结构上的发展，都不能与克里奥尔语的历史相联系。很显然，他们的观点是基于一个错误的假设，即认为克里奥尔语并没有一个连续的演化过程。

以下及第 3 章中所述的观点是，许多所谓的内在变化都是因接触而引发的，尤其是在扩展到整个语言之前，很多变化就已经影响了方言。由于方言和语言没有结构上的区别，所以近年来历史方言学的发现（Trudgill 1986）让我们难以接受。具有讽刺意味的是，布鲁因和普拉格提出的产生克里奥尔语的语言接触过程，正是语言学家们将克里奥尔语列为单独语言而非词源语言的方言的同样过程。也正是由于这些过程，乔登森（Chaudenson 1989，1992）讨论了与克里奥尔语相关的语法策略是词源语言制约下现有规则的扩展。如果说有什么用处的话，布鲁因和普拉格的发现应该用来说明克里奥尔语是语言演化的正常结果。

这样，我们就更加有必要从语法化的文献入手来考察克里奥尔语结构的发展。目标语（target language）中的某些项目和结构，在演化中的语法制约下被赋予新的、扩展的用法，这意味着对目标语的改造。由于在多种语言并存的环境中，干扰是很正常的，因此看不出某个年龄段对这种革新更具优势，同时，作为这种扩展适应发生的诱因，语言接触不可避免。

在特劳戈特和海涅(Traugott & Heine 1991)的一系列论文中，尤其是霍珀(Hopper)和利希滕伯克(Lichtenberk)的论文中提到，语法化(重构的一种形式)伴随的是用法模式的变化。正如第1章所谈到的，克里奥尔语的结构特性主要由扩展适应过程(exaptive processes)发展而来，与语法化的过程相似。一些简单的例子就能说明这个问题。在这些例子中，更多地强调乔登森的

55 **“建筑材料”(matériaux de construction)**，而不是所选择材料是如何扩展的。在好几种英语克里奥尔语中，一般的完成标志 *done* 在功能和意义上都很可能源自“*I'm done*”(I have finished)一类的结构，也可能源于词源语言中明显的完成功能，如“*you've done broke it now*”。[①] 在新形成的日常语中，缺少系动词(copula-less)的非谓动词短语，如 *dem tall* (they[are]tall)成为标准而不是例外，这就导致完成结构可以使用不带系词的 *done* 作谓语。对这一演化起作用的因素是把 *done* 作为表示“完成”含义的动词，如 *mi don mi jab* “I (have)finished my job”。将 *done* 与动词宾语连用的标准用法产生了如下的结构：*mi don taak* (I have finished talking)，这种结构被扩展来表达“完成”。词源语言和新的系统允

---

① 词源语言中存在的完成式模型可能几乎未经改动就获得选择性优势，包括省略助动词 *have*。塔利亚蒙特(Tagliamonte 1996)的论述在这方面提供了大量的信息。

许出现这样的情况(包括上例的克里奥尔语 *done* 的动词补语不带任何屈折变化;尽管也存在一些旧的用法，比如 *im don lef/gaan* “he/she has left/gone”)。在非洲裔美式日常英语中,*done* 的动词宾语仍然应该是过去分词或过去时,如 *he done eaten/ate/?* eat* 或者 *I done did /done/* do it*，这和其他非标准日常英语是一样的。

同样,从词源角度讲,格勒语和圭亚那语里的惯常标志[dəz]和[dɔz]并不一定仅源于英语的 *does*[dʌz,dɔz],而且还可能源于其与非状态动词连用的“强调-惯常体”(EMPHATIC HABITUAL)标志功能,如 *Mary* ***does*** *say those kinds of things*。更值得注意的是,伊阿莱恩(Ihalainen 1991)证实了在东萨默塞特、英格兰南部的语言中存在带有“通常/惯常体”(GENERIC/HABITUAL)含义的非强调的迂回 *do* 结构,并发现“尽管 *do* 的迂回用法今天只存在于一些方言之中,但其直到 18 世纪末,在标准英语中一直都很普遍”(原书 148 页)。如果非重读形式的 *does*[dəz]在英语方言中并没有作为惯常体标志的功能,尽管克里奥尔语创始者受到这些方言的影响(如不列颠西南部和爱尔兰英语,参见 Clarke 1997a),*does* 的强调用法仍然可能独立地通过语法化将其作为克里奥尔语中的惯常体标志。此类用法的演化可能先出现在这些方言中,这也许是由于凯尔特底层语的影响。

以同样的思路,考虑到动词屈折形式的消失,克里奥尔语中的连动结构显示出与动词+动词序列的词源上的某种联系,比如英语中 *go/come get*，*went'n'got* 以及 *go fishing*,还有法语中的 *aller/venir prendre*。尽管有底层语的影响,词源语言中出现诸如[*take* NP *and* Verb]和[Verb NP *and give*]这样的结构并非完全

56 和“工具格”以及“与格的连动结构”的发展无关，尤其是在这样的组合中，*and* 减弱成为一个鼻辅音的时候（下文会更多地提及这一句法结构）。

有关克里奥尔语的研究将下面的一些发现归因于语法化，也就是“建筑材料”的来源不一定是其使用规则的来源。这样，底层语的语法影响就和只有一部分模式一致的词源语言的成分不相冲突。这就可以说明克里奥尔语体系中连动结构的广泛分布，这些连动结构中存在不同于词源语言模式的用法。例如连动结构“give” 的“与格的连动结构”，如 NP_1 BUY NP_2 GIVE NP_3“NP_1 BUY NP_2 FOR NP_3”。同样的解释还适用于牙买加克里奥尔语中将 *dem* 置于名词后同时又起到了名词前定冠词的作用，如 *di bway dem*“the boy-s”，这种用法和非标准英语里的 *dem boys* “those/the boys”有所不同。还需要注意的是，在几乎所有的大西洋英语克里奥尔语中，*dem* 都被置于名词之后，与表“关联复数”的专有名词连用，如 *Kate(an)dem*“Kate and company” 、“Kate and her associates” 或“Kate and her family/friends”。然而，塔利亚蒙特（Tagliamonte 1999）却提出，这种独立的，也许使用并不广泛的“关联复数”的用法在不列颠英语的一些方言中也存在。这种用法之所以在非洲人后裔所使用的非洲裔美式日常英语和英语克里奥尔语中很显著，主要是出于模式的一致性，而不是由于底层语的单独影响。

2.2.6 特征选择的多样性

在第 5 章中，我会详细阐述这个问题，这里，我只提出语言变体多样性的构想，模式特征的选择正是源自这一构想。另外，我还要谈到标记性(markedness)在调节过程中所起的作用。

不可能指望所有的语法化的词素都是出自词源语言相同的大城市方言，也不能希望任何新的(前)殖民地英语方言中的特征都是从同一个祖先演化而来。没有一种先验的理由能够说明为什么底层语的一些特征没有被选中，除非是以词源语言为目标的人不喜欢底层语。接触的场所使各种方言的使用者走到了一起(Le Page 1960; Le Page & Tabouret-Keller 1985; Algeo 1991; Chaudenson 1992)；因而他们的特征都涌入了一个大的“库”，在其中互相竞争。

令人高兴的是，上述语法特征的混合由我(Mufwene 1991a)所提出的生态敏感模型里特征的自然选择得以解决。简而言之，标记值不是由普遍语法决定的，而是多个因素共同决定，有些是结 57
构的，有些是非结构的。这些因素赋予某一些相竞争的形式或者结构以选择上的优势。下面会提到，从相互竞争的语言的族裔层面上来看，与权势人群相联系的日常语或通用语往往比其他语言更具选择优势。根据2.3.2节中提出和阐述的模式，最终多数的词汇“建筑材料”源自词源语言。第1章和本章前面还谈到，克里奥尔语的词源语言是相互竞争的变体的结合，之后又与当地发展出的柯因内语相结合。在这些克里奥尔语的形成过程中，在这个形态句法的可选特征库里面，相对于那些不太普遍的、出现频率较低的、不太显著的、不太有规律性的、较为模糊的选项，越是普遍的、出现越频繁的，越是显著的，越是有规律的，或者越明确的选项就容易被选中。比如，*done* 的完成体形式在英语里不能缩写，但是，由于比 *have*+过去分词(其中 *have* 常被省略)的完成结构或

者只使用过去时的结构更加显著，因而被接受。

基于这些假定，我们就可以解释看上去有些令人费解的选择。如果动词更多地用于完成体，使用频率可以解释为什么比起基本形式 *leave* 和 *die*，在英语克里奥尔语里 *lef(t)*和 *dead* 更加常见。很显然，这种情况将导致把它们视为基本形式进行重新分析。因此在大多数克里奥尔语中说“*wi go lef/dead* (we will die)”是很正常的。有时候同样频率的选项会出现语法功能专门化，如 *do* 和 *done*，只有后者被克里奥尔语用来表达“结束”和完成体。和克里奥尔语中的没有弱央元音的音位[dəz]一样，*does* 的弱读形式[dɔz]，被专门用以表达惯常，而 *did* 是中层方言的“过去”标志，可替换 *bin/ben/men/en*。另一对例子是 *go/gone*，其中 *go* 被语法化用作“将来”标志，而 *gone*(在西印度变体中读作[gaan])则被用于没有确定目标的完成结构，如 *im gaan*“he has gone, he(has)left”。

我们现在可以回头探讨“建筑材料”的选择及其为了满足新出现的日常语的交际需要的扩展适应。基于“咖啡馆原则”(cafeteria principle)的影响，建筑材料及其使用原则不必都出自同样的来源。① 假设克里奥尔语就是由于接触生态中语言变化的正常过程演化而来，那么应该允许其词源语言和底层语的结构特

① 最初是迪拉德(Dillard 1970)使用“咖啡馆原则”反驳方言学家的观点，即非洲裔美式英语(包括格勒语)不可能是由来自于不同的不列颠语言和(或)殖民地英语方言的特征的混合而发展起来的。比克顿(Bickerton 1981:49)使用它来推进了自己的语言生物程序假说，他宣称“如果说假设克里奥尔语混合了爱尔兰、韦塞克斯(Wessex)、诺福克(Norfolk)及约克郡(Yorkshire)方言的只言片语的说法荒谬的话，那么至少，认为克里奥尔语能够混合约鲁巴语(Yoruba)、阿肯语(Akan)、伊博语(Igbo)、曼丁卡语(Mandinka)及沃洛夫语(Wolof)的只言片语的假设同样也是荒谬的”。两位语言学家都错误地认为来自不同语言的语法原则不会混合进入一个新的语法里。我们需要做的是着眼于历史语言学和语言接触的因素所提供的证据来对此进行反驳。

征的来源具有异质性。我们无法回避的挑战是如何恰当地解释这
种特征的重组。问题是:是什么原则和制约在起调节作用,来选择 58
某些参与竞争的特征进入新的日常语体系?上述对生态敏感标记模型(Mufwene 1991a)的简要概括是对这个问题的一个尝试,但还有大量的工作要做。不能凭借经验就认为克里奥尔语特征的来源就比其他如英语和罗曼语言的更具有同质性。(参见:Nagle 1995;Wright 1995;Posner 1996;Kroch,Taylor & Ringe 2000)

该模型的优势之一在于,它的解释与不同克里奥尔语发展的殖民地历史相符,也适用于由于同一语言的不同方言相接触而产生的变体,如纽芬兰日常英语主要是由于英语的不列颠西南方言和爱尔兰东南方言的接触而产生(Clarke 1997a)。特鲁德吉尔(Trudgill 1986)先于穆夫温(Mufwene 1991a)的生态敏感标记模型调查了这些方言,并用选择来解释竞争的理由。根据此模型,不同特征的标记值由同处于接触场景中的竞争语言所决定,而不是随意的任何选项,因为其中大多数并不被选择和重构词源语言的人口所知。在整个词源语言演化成新的日常语的过程中,只要存在相互竞争的成分,这些选择制约就产生效果。这些制约还允许保留变异,尤其是当决定标记值的因素互相冲突,处于势均力敌的情况下。我们可以从克里奥尔语的体系的典型的**非整体性(nonmonolithic)**(Mufwene 1992a)来解释这一特点。由于这种非整体性,自德坎普(DeCamp 1971)以来的一些克里奥尔研究者错误地断定存在一个“去克里奥尔化”(decreolize)的过程,认为这是去下层方言化(debasilectalization)的过程,而不是“日常语失去了作为克里奥尔语的社会地位”。

在人口层面，也并不是所有的使用者都需要从同样范围的选项中进行选择。因此，克里奥尔语中为了表达同样的功能，可能选择了不止一种形态句法的策略。比如，格勒语保留了“进行”结构[də]+ Verb，也保留了典型的不带系词的 Verb-*in* 形式。有时候还将两者组合起来形成[də]+ Verb-*in* 的形式。同样，牙买加地方话中表“将来”的结构有 *gwayn*+Verb、*a go*+Verb，以及 *wi*+Verb。这样的多种选项同样存在于其他非标准的本地语里。纽芬兰当地日常英语中除了规则的 *be* +V-*ing* 之外，也有和格勒语
59 一样的带[də]的进行结构。那些调节着一门语言重构成新的语言体系的接触环境和规则中的这些相同之处也说明了不能把克里奥尔语看作是语言演化中的非典型案例。在后面的一些章节中，我会重复这个结论。

2.2.7 小结

我曾经提到，克里奥尔语发展的殖民地历史表明，并不存在特殊的只属于这些新的日常语的语言发展过程，存在的是历史语言学中假设的那些相同的语言发展过程，只不过克里奥尔语发展偏重于语言接触而已。因为在每种情况里都是使用不同语言的非母语使用者在适应词源语言，我们不可否认它会受到各种语言的影响，正如那些非克里奥尔语在历史上也受到其他语言的影响一样。更引人注意的是，像爱尔兰英语那一类的变体——不能，也不应该被认为是克里奥尔语——其很多特性最早也是由于非母语使用者对英语的适应，以及底层语的影响造成的（例见 Odlin 1997，如下）。这也是重构过程的一部分。

在研究这些新的日常语的发展时，我们必须记住其词源语言是非标准的。这一事实可以帮助我们更加准确地判断在被新的群体使用后，这些目标语被重构的程度。我们还须记住这些词源语言并不统一，相反，其中存在多种大城市变体相接触而产生的变体。尽管布奇尼(Buccini 1995)提到词源语言的重构可能始于大的港口城市，但就大多数欧洲人而言，这些方言间的第一次接触还是从殖民地开始的。这种观点也承认海员变体对殖民地柯因内语的影响。由于殖民地里还有大量的欧洲契约奴是非母语使用者，以接触为基础的词源语言变得越加复杂。现在我们无法判断非欧洲人在多大程度上能够(始终如一地)区分出欧洲词源语言的母语使用者和非母语使用者。

殖民地以何种速度逐渐发展为种植园经济，按照乔登森(Chaudenson 1979，1992)的观点，部分取决于他们是第一代殖民地(像弗吉尼亚、巴巴多斯、圣·基茨和留尼汪)还是**第二代殖民地(second-generation colonies)**(像毛里求斯、圭亚那、牙买加以及南卡罗来纳)。第二代殖民地由第一代殖民地开拓而成，受益于后者基础建设的发展经验。因而，第一代殖民地的自耕农场阶段
(“société d’habitation”)就比第二代殖民地持续的时间长。但是，60
也有程度的问题。相对于南卡罗来纳，尽管佐治亚的创始人口来自欧洲，其稻田的发展程度足以被划为**第三代殖民地(third-generation colonies)**。总之，后代的殖民地从先前殖民地的殖民者和奴隶身上学到经验，其经济基础结构向种植园体系发展得更快。

向种植园社会经济体系的转变，不仅表现为欧洲人和非欧洲人之间的隔离，还有人口的快速置换，由于熟练的语言使用者大幅

度减少，从而加速了当地日常语的不断重构。伴随着社会经济的变化，非欧洲人的日常语被下层方言化。出现了与最初词源语言在结构上有越来越多差异的社会方言。但是，由于快速的人口置换，先前人口的日常语中很多特征都具有选择优势。原因很简单，因为日常语是学习对象。这也解释了创始人原则，这种原则认为，现在克里奥尔语的大多数结构特征主要是由创始人口确定的。尤其是在自耕农场阶段，人口主要因为繁殖、适度的移民和（或）输入劳工而得以增长（托马斯 1998 对弗吉尼亚的描述），当地日常语的每个新的使用者人群都增加了创始人口语言的传播。这种增长还包括一部分将其作为母语习得的使用者，他们几乎没有对其进行重构。通过这些母语习得者，被持续传承下来的那些创始特征在他们身上进一步加强，因而更有可能保持选择优势以战胜后来的选项，或者至少与之并驾齐驱。

这里只是简要地采用创始人原则这一概念来强调每个殖民地早期人口的影响，而这些人并不总是指那些建立殖民地的人。因为新来者和殖民地出生的儿童以日常语为学习对象，下层方言化的过程更多的只是在上述人口快速置换的情况下二语学习者对目标语的不完全习得的副产品，而不是因为他们想要产生出一种单独的族际的交际手段（参见 Baker 1997）。还有，所有的新来者，和当地出生的孩子一样，都希望以最好的方式学得日常语，但并非每个人都做得到。日常语本身的多样性使得学习者不可能习得全部的变异。不同学习者的选择造成了语言现有情况的差异。我们一
61 定还要记住，随着时间的流逝，新来者接触到的模仿对象并非都能讲得一口流利的当地日常语，这给差异提供了更大的空间。

下层方言化的变体并没有取代中层方言或者较早发展的早期接近欧洲语的语言。由于新来者面临多种可以学习的语言，他们也可能有意识地选择那些社会地位较高的语言变体。这个因素使得后来出现的变体没能取代前面接近词源语言的变体。因而，不可过分强调在转向种植园的**关键时期(critical periods)**发展的那些变体的影响。假如说下层方言化过程中的这个关键时期类似个体语言发展的关键时期的话，我推测其他渐进式的重构规模很少，尽管重构一直持续到种植园经济体系的解体。在废除奴隶制以后，这个阶段中非欧洲契约奴大量增加，这一点值得我们多加注意。

乔登森(Chaudenson 1992)发现，毛里求斯的印度契约奴对毛里求斯克里奥尔语结构的发展好像没有起到多大的作用。如前所述，这和里克福特(Rickford 1987:65-69)的观点并不矛盾。里克福特认为圭亚那克里奥尔语的发展一直持续到独立后，当时东印度的契约奴成为种植园主要的劳动力。如今，下层方言化的圭亚那克里奥尔语主要在乡下使用，而东印度人占乡下人口的多数，因而人们常常把东印度人和下层方言化的圭亚那克里奥尔语联系起来(Edwards 1975; Rickford 1987)。尽管如此，事实上，相比于梅斯雷(Mesthrie 1992a)所描述的印度语对南非印度英语的影响，圭亚那克里奥尔语中受东印度语影响的特征要少得多。里克福特从德文尼什(Devonish 1978:39-42)中引用了一个宾语+动词的词序以及一个及物动词标志。但是，这个证据不够充足。我们还可以同意温福德(Winford 1997b:245)的说法："种植园里的印度人学到了非洲人所使用的下层克里奥尔语，并(和乡下的非洲人一样)将其使用至今,成为现在的乡下克里奥尔语。”

演化出克里奥尔语的欧洲殖民地的历史还表明,与同样的词源语言(至少在名称上)相关的族裔生态并不是彼此一致的。尽管很多文献的描述都大同小异,但其各自内在结构和外在因素方面的生态差异,造成了不同区域的克里奥尔语的结构差异。还有一个重要因素需要记住,那就是相接触的语言变体在类型学上的相似程度。下一节我将着重详述创始人原则中一些初期的详细情况。

62

2.3 创始人原则的证据

创始人原则有两方面的证据:族裔方面和结构方面。本节也相应地分为两部分来说明克里奥尔语发展的这一情况。目前对这两个部分的论述都只是纲领性的,以待将来的研究补充细节。但其内容已足以证实创始人原则的主要观点。

2.3.1 族裔的视角

在讨论克里奥尔语的发展时,几乎没有人将其与相接触的语言或者方言之间的竞争和选择联系起来。但是,在殖民地的自耕农场阶段,甚至随后的种植园阶段,契约奴和其他移民使用了除词源语言外的好几种欧洲语言。创始人原则的证据之一,就是某一种语言被选择作为当地的通用语,逐渐排挤和(或)取代了其他语言,并最终成为日常语。比如在北美,英语战胜了非洲语、当地美洲语和其他欧洲语言。当然也可以说,现在当地美洲语言的濒危状况，正是当年的创始人口有意无意进行选择后遗留下来的后果。在第 6 章我会继续谈到这个问题。这里我将主要讨论创始人原则在族裔方面的其他问题。

相关的证据来自于多方面，我先从语言接触的宏观层面入手，探讨欧洲和非欧洲创始人口的比率。不同地区创始人口中词源语言的使用者和底层语的使用者之间的不同比率造成了不同的克里奥尔语之间巨大的差异，也造成了诸如巴巴多斯语和其他加勒比海英语克里奥尔语、留尼汪语和毛里求斯语、马提尼克语和海地语、格勒语和牙买加语以及格勒语和非洲裔美式日常英语之间的一些差异。在欧洲和非欧洲人口的极大不均衡这一情况上，毛里求斯要快于留尼汪，海地要快于马提尼克，牙买加、圭亚那和（程度较小的）南卡罗来纳海岸要快于巴巴多斯，南卡罗来纳海岸和佐治亚要快于弗吉尼亚和美国内陆。这些差异解释了尽管这些地区的下层方言使用者占总人口的比例很小，但在与其词源语言相比的差异性上，留尼汪语没有毛里求斯语大，马提尼克语没有海地语大，巴巴多斯克里奥尔语没有牙买加和圭亚那克里奥尔语大，非洲 63
裔美式日常英语没有格勒语大。在每个地方，大部分人口都使用某种程度的中层方言。

早期欧洲人口占多数的阶段持续的时间的不尽相同，是造成不同的克里奥尔语之间差异的重要因素。在巴巴多斯和弗吉尼亚，早期欧洲人占多数的时期比牙买加、圭亚那以及南卡罗来纳海岸要持续得长一些。事实上，在弗吉尼亚，欧洲人一直占多数。在南卡罗来纳海岸，由于种植稻米，人口极不均衡，其非洲人与欧洲人的比例较美国东南内陆棉花种植园地区要高得多。比起沿海地区，内陆还存在更多的小型农场。这些因素解释了格勒语为什么只局限于沿海地区。(关于南卡罗来纳的情况，参见 Wood 1974；关于佐治亚，参见 Coleman 1978；关于弗吉尼亚，参见 Kulikoff 1986。)

早期自耕农场阶段的持续时间(在向种植园经济体系转换前，非洲人口占少数)也很重要。最初阶段持续的时间越长，成为使用克里奥尔语的奴隶人口就越多。在种植园阶段，这些奴隶成为新来的非欧洲人学习语言的对象。自耕农场阶段使用克里奥尔语人口越多，当地殖民地柯因内语的传递者就越多，因而“季节”奴隶们成为日常语的主要传递者这一过程所花的时间就越长。上述奴隶人口组成变化所花的时间越久，当地语的下层方言化就越不广泛。另外，新到来者中的儿童通常以最小的偏差(如果这值得一提的话)习得日常语。因而，在底层语的影响下，他们对日常语更多地起到了稳定的作用，而不是重构。如果所有严格意义上的语言因素都相等的话，单是上述因素就可以解释为什么同一欧洲语言所演化出的各克里奥尔语之间存在着地域上的差异。

乔登森(Chaudenson 1992)采用自耕农场阶段持续时间的差异来解释为什么在拉丁美洲找不到西班牙克里奥尔语(与被广泛重构的词源语言相关联的体系)。例如，古巴在开始甘蔗种植园经济之前，自耕农场阶段长达 150 年。族裔间更亲密的关系一方面说明了西班牙族裔现象，另一方面也说明了为什么古巴西班牙语被当作是类似法语和英语的北美白人语言变体，而不是非洲语言的美式变体。在漫长的自耕农场阶段，西班牙传教士主要是在奴隶中推广基督教并教他们标准西班牙语(Castilian Spanish)，这势
64 必造成西班牙语在拉丁美洲的重构与种族无关。相比之下，后来

法国传教士在其殖民地里，则是使用新出现的克里奥尔语对奴隶们传教。

类似于巴西这样的地方，族裔间交往在本质上的差异也是一个相关因素。在殖民地日常语的形成时期，欧洲人口和非欧洲人口的交往越频繁、越紧密，我们就越难以找到不同的族裔变体。

但是，总体的情况更加复杂。比如，19 世纪初开始，大量法国殖民者离开海地，这一情况就影响了原来所设想的留尼汪语和毛里求斯语，以及马提尼克语和海地语之间的类似性。同样，英国殖民者离开苏里南，而英语克里奥尔语词汇还在发展并被保留了下来（尽管其上层方言由英语变为荷兰语），这一事实一定程度上解释了这些日常语与其他主要由英语演化来的克里奥尔语的差异。[①] 如此看来，尽管彼此存在相同之处，但每一种克里奥尔日常语在某种程度上都有其独特的发展史（Le Page & Tabouret-Keller 1985：23）。

这些语言在宏观层面上的一个重要差异（创始人原则可以帮助解释这一差异）与不同殖民地的非欧洲人口的构成相关。正如费拉兹（Ferraz 1979）和莫勒（Maurer 1987）所指出的，伊比利亚克里奥尔语的一些结构上的差异可以归因于这些日常语发展的关键

① 雅克·阿伦兹（Jacques Arends 1995 年 3 月私人交流）提醒我，不列颠人离开后在苏里南使用的是除荷兰语外的欧洲语言。如上所述，几乎所有的殖民地都存在各式各样的欧洲语言。这产生了更加有趣的事实，也就是一般说来殖民地政治统治者的语言会成为欧洲克里奥尔语的词源语言，除非像在苏里南和荷属安的列斯一样，统治者迁就了族裔差异。

时期奴隶人口的构成。一个相关的例子是在普林西比语、圣多美和帕兰克诺语中否定词项位于句末。这显然是由于在发展这些日常语的人中有大量的班图语使用者。另一个例子是基图巴语和林加拉语,它们也是产生于和班图语的接触(Mufwene 1994b)。发展这种伊比利亚语言的人群在一些班图语中选择了显著的、自由的、位于句末的否定式形式,而不是动词前的附着标志。

创始人原则还可以帮助我们判断创始人口中具体哪些成员参与了(而不仅仅是见证了)新日常语的发展。这个观点说明,词源语言的使用者**绝对不是**被动的旁观者,其作用不仅仅限于让非欧洲人听得懂他们的语言。自从欧洲人带来各种不同的大城市语言变体以后,他们就开始互相适应,演化出新的殖民地柯因内语等变体。正如舒哈尔德(Schuchardt 1909)对交际语的论述一样,欧洲人同时也在和非欧洲人相互适应,帮助他们重构词源语言,尽管他们的方式不同于贝萨克(Baissac 1880)、文森(Vinson 1882,1888)和亚当(Adam 1883)所提出的儿语假说(Baby Talk hypothesis)。

65 词源语言使用者的角色还和当政者的态度有关。这里值得一提的是苏里南的荷兰殖民地和荷属安的列斯。在荷属安的列斯,帕皮亚门托语不可能是西班牙人在库拉索的早期统治时期发展起来的(1499/1527—1634)。这种推测的原因有三:1)没有一种大西洋克里奥尔语发展得那么早;2)尽管西班牙有大量的殖民地,但在新大陆里几乎没有一种克里奥尔语是由西班牙语演化而来;3)库拉索没有种植园或大的矿藏,最初主要是个驿站。根据古德曼(Goodman 1982:55)的说法:“在巴西倒台前,甚至1657年之前，几乎没有奴隶进入（库拉索）。”古德曼（Goodman 1982）、莫勒（Maurer 1988）和霍尔姆（Holm 1989）都认为帕皮亚门托语发展于荷兰统治时期（自 1634 年以来）。在这一时期，由于 1654 年葡萄牙人的驱逐，大量说葡萄牙语的荷兰人和他们的奴隶从巴西移民到此。与之同来的还有使用葡萄牙语的西班牙籍犹太人及其奴隶。没有记载表明巴西葡萄牙语大量重构，产生了葡萄牙克里奥尔语。由此我们可以推测，伴随这些到来的移民（尤其是奴隶），一种重构过的葡萄牙当地日常语——也许接近乔登森所称的重构较少的“近似词源语言”——传进了库拉索。由于库拉索主要是一个奴隶集散地，这种重构的语言（现今的帕皮亚门托语的前身），通过人口的快速置换，由新的来自非洲的奴隶进行了进一步重构，并且还可能由于日益增长的和南美大陆使用西班牙语的人口进行贸易，受到其不同方面的影响（Goodman 1982；Holm 1989）。和苏里南一样，荷兰人接受了这种新的方言。

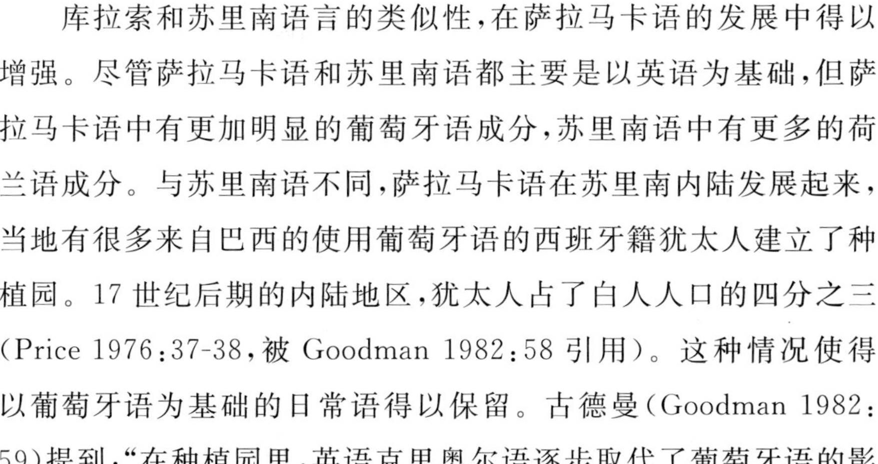

库拉索和苏里南语言的类似性，在萨拉马卡语的发展中得以增强。尽管萨拉马卡语和苏里南语都主要是以英语为基础，但萨拉马卡语中有更加明显的葡萄牙语成分，苏里南语中有更多的荷兰语成分。与苏里南语不同，萨拉马卡语在苏里南内陆发展起来，当地有很多来自巴西的使用葡萄牙语的西班牙籍犹太人建立了种植园。17 世纪后期的内陆地区，犹太人占了白人人口的四分之三（Price 1976:37-38，被 Goodman 1982:58 引用）。这种情况使得以葡萄牙语为基础的日常语得以保留。古德曼（Goodman 1982:59）提到：“在种植园里，英语克里奥尔语逐步取代了葡萄牙语的影响，但葡萄牙语残存于萨拉马卡语中。”①

66 古德曼的假说和我们的观点并不矛盾。我们设想，由于重构的英语被选作荷兰殖民地的奴隶日常语（这也证实了创始人原则），在很多种植园里，使用英语和使用葡萄牙语的奴隶共存，从多方面造成了萨拉马卡语现象。因为在苏里南内陆地区，使用重构了的葡萄牙语的人数明显占优势，当地语言中就更多地存在葡萄牙语成分。另一方面，在帕拉马里博（Paramaribo）及海岸地区，更多的人使用荷兰语，因而苏里南语中的荷兰语成分就更加显著。和一些文献中的观点相反，逃亡的黑奴在萨拉马卡语的发展中应该不是主要的社会历史因素，但可能促进了其进一步下层方言化。词源语言的使用者离开得较早，这就足以说明为什么下层萨拉马卡语和英语的区别是所有英语克里奥尔语中最大的。母语使用者后继无人，以及非英语使用者的大量涌入，这些因素都造成早期苏里南殖民地英语柯因内语更多地受到其他语言的底层或并层（sub-and adstrate）的影响。

荷兰殖民地的情况非常适合荷兰语吸收当地正在发展或已经发展的通用语的特征。这个结论不同于以下的论断，即认为荷兰人有意保留荷兰语作为一种“奴隶听不懂的‘特权语言’”（Voorhoeve 1964：236，引自 Holm 1989：435，另参见 Holm 1989：313）。尽管这一论断有一定的理由，但值得注意的是，荷兰语最初

---

① 很多有关苏里南葡萄牙语起源的历史文献最近受到阿伦兹（Arends 1999）和拉德汉姆斯（Ladhams 1999）的质疑。他们认为犹太人口和来自巴西的奴隶人口在总人口中实际所占的比例要比先前估计的小。现在还不清楚葡萄牙语是从其他哪些地方传到苏里南的，也不清楚为何它在萨拉马卡语的发展中起到了如此重要的作用。

参与的语言接触中，如维尔京群岛以及伯比斯河（今圭亚那境内）流域，荷兰克里奥尔语确实得到了发展，在前者发展出了尼日尔荷兰语（Negerhollands），而在后者发展出了伯比斯荷兰语。

伯比斯的例子为创始人原则提供了另外的有力证据。根据罗伯逊（Robertson 1993：300）的观点，在18世纪下半期，伯比斯殖民地的非洲人中大多数都是伊鸠人（Ijos）。他们无疑对伯比斯荷兰语有很大的影响，包括一些结构特征如时态后缀、句末否定标志以及后置词等。这是克里奥尔语中比较少见的情况，其语法形态并非选自词源语言，而是明显受到底层语的影响。（更多的信息参见 Kouwenberg 1994。）

路易斯安那克里奥尔语是从族裔角度考察创始人原则的一个颇有意思的例证。当时法国人在路易斯安那的殖民地包括密西西比三角洲及附近的种植园，从三角洲一直延伸到加拿大边境的狭
长地带，以及阿巴拉契亚和落基山脉之间地区（除得克萨斯以外） 67
的贸易站点。但由于西班牙的统治，法国人的殖民活动中断了40年（至少在其南部海岸线部分）。西班牙的统治从1769年到1803年，之后法国将其卖给美国。但是，在今天路易斯安那的部分地区，殖民地法语及其所演化来的克里奥尔语仍然作为当地主要日常语，并在“路易斯安那交易”（Louisiana Purchase）（1803）之后很长时间内一直得以使用。在英语取代法语成为官方语言并作为大量后来移民及其后代使用的当地日常语之前，该地区非洲裔美式日常英语的发展并没有达到将重构的法语变体再次作为词源语言的程度。因此，在今天的路易斯安那的那些地区，政治和经济上的变化对创始人口所传下来的规范影响十分缓慢。直到现在，

该州仍然保留有法语的文化成分。同样，在多米尼加、圣·路西亚、特立尼达等地也存在法语克里奥尔语的残留。当然，其中的生态差异也造成了其语言残留方式的不同。

2.3.2　结构的视角

在结构层面，由于克里奥尔语彼此之间有很多形态句法的相同特征，所以持与创始人原则相反论点的人可能对此有所误读。尽管根据麦克沃特(McWhorter 1998)的观点，这些特征并不能使克里奥尔语独树一帜，作为一种类型学或发生学上的语群，从而与其他语言区分开来，但这种情况确实引发了 2.2.1 节里总结的竞争性发生学的阐释。当然，创始人原则并不是要摒绝所有这些假设。假如语言生物程序作为普遍语法原则的主体，底层语学说(substratist)和表层语学说(superstratist)的最好的研究可以共同用以解释个别克里奥尔语的特征。语言生物程序像一个**过滤器(filter)**，调节来自相接触的不同语言变体的各成分的选择和重组以进入新的语言体系。本章将详述这一被称为互补性假说的基本立场。

在这里再次重申我的观点：克里奥尔语结构上的一些根深蒂固的特征(如果说不是大多数的话)源自创始人口的语言特征。从词源语言的构成入手有利于研究，因其包含了多种非标准方言，这些方言在大城市里有可能从未共存过。在殖民地里，这些变体的不同分支出现在同一种植园里，并逐步演化成当地的柯因内语。与此同时，在克里奥尔语形成的关键阶段，奴隶人口中的族裔构成
68 十分混杂。词源语言的所有殖民地变体和奴隶使用的各种语言一

起，形成一个新的可供选择的特征库，正如第 1 章所讲到的生物学中的基因库模式，各种特征互相竞争，以期被选入发展中的克里奥尔语体系。

考虑到扩展适应，我认为就词素的形式和分布而言，克里奥尔语中几乎没有哪个语言特征在相接触的语言变体中找不到(哪怕是部分的)原型。2.2.5 节已经提到，在某个形式或结构被选择进入新体系之后，还有扩展创新的空间。因此，克里奥尔语法体系的发展涉及无数的语法化的过程。下面我会提到一些形态句法策略，这些策略说明，关于克里奥尔语的发展的不同观点和创始人原则紧密相连。

2.3.2.1 从大西洋克里奥尔语中的连动结构(SVCs)着手研究比较恰当。底层语学者由此将存在于一些非洲语言中的连动结构(尤其是克瓦族中的连动结构)与缺少连动结构的欧洲语言进行比较，因此指出克里奥尔语的结构受到底层语的影响。在新日常语发展的关键阶段，殖民地种植园里克瓦语使用者的人口数量优势正好用来证明这种发生学的观点。在有些例子中，他们还更加具体地阐述了某类人群的突出影响，如海地克里奥尔语中枫比语的影响(如 Lefebvre 1993，1998)，以及牙买加克里奥尔语中特维语的影响(Alleyne 1993)。

在另一方面，支持语言生物程序的学者也提出，有的语言中没有连动结构，比如在班图语中，而在一些种植园里，其使用者比例高于或(几乎)等于克瓦语使用者，因而克里奥尔语中的连动结构可能是由儿童创造的。他们认为，如果说这个结构不是相接触的所有非洲语言所共有，这就为生物程序提供了更多的机会来创造

这种结构选项，与普遍语法的选项相比，这种结构选项被认为更加基本、更加无标记。

上述所有的观点都有待修正，尤其是坚持外在生态的变化和形成克里奥尔语的词源语言重构有紧密关联的时候。创始人口的语言中存在着被重构的“建筑材料”。就英语克里奥尔语而言，英语口语中存在类连续(serial-like)结构，如 *Let's* ***go get*** *the book* 和 *every day I* ***come get*** *the paper*(Pullum 1990)。尽管仅限于以 *go*
69 或 *come* 为中心词的组合，也仅限于基础形式，但其出现的频繁程度也足以让人认为，它们存在于克里奥尔语的非标准词源语言中，与 SVCs 结构发展相关。

就法语克里奥尔而言，我们不可过于机械地接受谢伦(Seuren 1990)的报告，他认为法语中没有连动结构，也不应该把连动结构和带不定式补足语的结构相混淆，如 ***va chercher*** *ton couteau* 即“go get your cutlass”，他将其称作“**假补足语**”(**pseudocomplements**)。在“动词+动词”的序列方面，法语的结构和连动结构看似有相似之处，就像英语中的 *go fishing*。谢伦和多数克里奥尔语研究者有充分的理由将其排除在连动结构的范畴之外。但是，重要的不是这些结构在词源语言中的状况，而是学习语言的人们如何去分析这些结构。由于屈折形式大都没有被选入克里奥尔体系，区分连动结构和假补足语就很可能没有什么实际意义，因为这些细枝末节对新日常语的使用者来说无关紧要。

至于班图语，断然否定其存在连动结构是不准确的。刚果民族语言变体在历史上曾经存在类连动结构，在基图巴语的叙述时态中保存了下来(Mufwene 1988:41)。见下例：

(1) a. **刚果语：**

María ú+bák +a mbeele, ú+lwek +a bákála di+ándi

Mary AGR + take + TA cutlass AGR + cut + TA husband AGR+her①

A. "Mary took a cutlass and hit her husband."

B. "Mary hit her husband with a cutlass."

b. **基图巴语：**

María báka mbelé búla yakála na yándi.

Mary take cutlass hit husband CONN her

A. "Mary took a cutlass and hit her husband."

B. "Mary hit her husband with a machete."

因此，在大西洋及其他克里奥尔语中几乎所有相接触的语言变体不约而同地选择了形式多样的连动结构。很显然，使用者有无数的理由会选择那些相对更加无标记的选项，包括语言间的一致性、语义清晰性、显著性及频率等。和大西洋克里奥尔语一样，基图巴语里同样的因素或多或少地倾向于发展连动结构，这并非无中生有。一方面这些因素可以说明在克里奥尔语的发展中不可忽略普遍语法的作用，另一方面这里采用创始人原则来说明无论出于什么原因，连动结构在克里奥尔体系中如此显著（和在非洲裔美式英语变体里不同），相接触的语言变体中都不缺少这类原型。

① 缩写词：AGR 表示 AGReement"一致"，TA 表示 Tense-Aspect"时－体"，CONN 表示 CONNective"连词"。

70 在几乎所有克里奥尔语中，儿童都不应该是出现这种句法结构的**托辞(deus ex machina)**。在这个案例中，普遍语法的作用仅限于抑止某些语法策略的选择。[①]

由于表示“给予”(give)的动词连动结构和与格介词结构同时并存，或者前者代替后者使用，克里奥尔语中的连动结构以及其可能的来源的关系就更为复杂。这种只存在于某些克里奥尔语(如海地语和萨拉马卡语)中的连动模式，在欧洲词源语言中没有得到证实；在所有具有连动结构的非洲语言里也没有。这种变化使我们有必要在其特有的生态环境中，分别研究每种克里奥尔语的发展。当然这类生态也不用和其他地方类似的发展完全地割裂开来，我主张对相同和不同之处给以同等的关注。

2.3.2.2 否定结构是另一个有意思的结构特征。在所有相关的克里奥尔语中，否定词的形式及其位置都不是新创。在大西洋克里奥尔语里，否定词及其位置通常都来自词源语言，毫无疑问是从若干非洲语言中有意地选择了否定词位于谓语前的结构特征。尽管刚果-安哥拉地区的一些班图语存在自由的句末否定标志，同时其中大多数还存在否定的动词前缀。两者可以共同存在，但在一些语言中否定动词前缀也可能单独使用(即不使用句末否定)。在主要是班图语间的接触环境，基图巴语和林加拉语的发展倾向于选择自由的句末否定词素，但在英语(或法语)克里

① 现在我们也知道，没有一种大西洋克里奥尔语只选择了连动结构(SVC)，而彻底放弃介词。伯恩(Byrne 1987)表明，在萨拉马卡语中——和在基图巴语(Mufwene 1991a)中一样——“与格的和工具格的连动结构”和无介词的与格结构及带介词的工具格结构对应地交替出现。

奥尔体系的发展中，使用者适应单一的谓语前否定词用法也不是什么难事。至于班图语的使用者，不同的生态环境造成了对动词前和句末位置的不同选择。

对进入英语克里奥尔语中的否定词的形式和位置的独特选择，强调了如下问题的重要性：词源语言中究竟是哪些形式和策略参与了相互的竞争。克里奥尔语中的所有否定词，即：*no*、*don* [*dõ*]、*ain*[ɛ̃]以及 *neba*“never”都来自英语。但主要的区别在于，克里奥尔语中这些否定词有一些句法分布和语义功能与其词源语言不同。例如：*no* 不再仅限于名词短语（狭义范围）或说话人不愿重复整个句子的省略/前指语境。在加勒比海英语克里奥尔语中，它还可以自由地出现在谓语之前，如 *im no* (*ben*) *kom*“he/she did not come”。在格勒语中，*ain* 不仅用于非动词谓语前，还用于动词 71
词干前的补足结构，与 *have not*/*do not have* 交替使用，如 *he ain come*“he/she has/did not come”。同样，*don* 除了在英语的其他变体中的用法，还被用作“惯常”否定词，如 *he don come*“he does not come”。甚至这些新的用法都和词源语言有着不可否认的联系，如在一些不列颠非标准方言中，*ain* 和 *hasn't* 及 *haven't* 交替使用（Cheshire 1991），很可能是在完成结构的时间指代不明确的情况下，由 ***hasn't* /*haven't*** *come* 扩展而来（Tagliamonte 1996）。还有，*do not* 在几乎所有英语方言里常和非状态动词连用，表“惯常”。极具挑战性的问题是：为什么做出这些选择？为什么在不同的克里奥尔语中的选择会不一样？

值得注意的是，关于从词源语言相互竞争的策略中进行选择，基图巴语、林加拉语及英语和法语克里奥尔语的差别并不是很大，

尽管法语提供了一个看上去相异的体系，其中法语口语中更常用否定词 *pas*（一般不和 *ne* 连用），*pas* 位于限定式和现在分词性动词后，不定式和过去分词之前，例如，*je*（*ne*）*viens* ***pas*** “I am not coming”和 *ne travaillant* ***pas*** “not working”与 ***pas*** *fini* “not finished”和 *elle*（*ne*） *peut* ***pas*** *venire* “she cannot come”（Mufwene 1991c）。尽管存在这种模式下多种非洲语言的相同影响，但法语克里奥尔语中 pas 的谓语前的位置，很显然并非完全不受法语本身的影响（Hazaël-Massieux 1993；Spears 1993）。屈折形式的丧失，以及选择与不定式和过去分词区分不明显的动词形式，都与克里奥尔语选择否定词 pa 的动词前的位置是一致的。不仅否定词素，还包括其句法分布模式都来自词源语言。甚至那些可能看上去有些异常的形式也可以在法语中找到痕迹。比如，*te pas la*（原为现在所用的 *pa te la* 的变体）“was not there” 和 *ve pa* “don’t want”是由同义的（*n’*）*était pas là* 和 *veux pas* 固定保留下来的（Hazaël-Massieux 1993）。（关于海地克里奥尔语中的否定词及其演化，详见 DeGraff 1993。）

另一方面，与其他的伊比利亚克里奥尔语中否定词位于动词之前不同，圣多美和帕兰克诺语（前面已提到）在班图语占优势的生态条件下，仿效了基图巴语和林加拉语的选择（Ferraz 1979；Maurer 1987）。这些情况连同法语克里奥尔语的情况，都说明创始人口的特定的族裔和语言活力或多或少地决定了词源语言演化为不同克里奥尔语的重构方向。

72 **2.3.2.3** 在多数克里奥尔语中，名词短语的“个体/非个体”（INDIVIDUATED/NONINDIVIDUATED）之分（Bickerton 1981，

1984;Mufwene 1981,1986c;Dijkhoff 1983)也用以证明语言生物程序(Bickerton 1981,1984)。[①] 考虑到海地语和其他法语克里奥尔语中缺少(定)冠词,并在短语末尾位置有指示标志 *la*,这种划界体系还可用以证明非洲底层语的影响(Alleyne 1980)。但是,仔细研究就会发现这种"个体/非个体"之分是英语、法语以及其他一些语言与生固有的。英语中有诸如 *go to* ***church***、*beware of* ***falling rock*** 和 ***boy*** *meets* ***girl*** 一类的结构,这些结构和克里奥尔语选择非个体名词短语用作**集合**名词和**类**指称相关联。牙买加克里奥尔语中的谚语也可以证明这一点:***daag*** *no nyam* ***daag*** "[a]dog_1 does not eat dog_2[meat]"(类指$_1$…… 集合名词$_2$)。

在这方面,法语和英语很不一样,但法语里仍然存在一些结构,这些结构可能影响其克里奥尔语中"个体/非个体"区分体系的演化。例如 *crime de* ***passion*** "crime of passion" 和 *avoir* ***faim*** "be hungry",这些结构里介词或动词的宾语是非个体名词,没有和冠词连用。瓦利(Valli 1994)发现 15 世纪法语文本中存在冠词的用法和省略不一致的情况,由此他完全有理由猜想法语口语中存在同样情况,如下所示:

(2) a. *Les princes ont* ***charge politique.***

"The princes are in charge of politics."

---

① 术语"个体"和"非个体"由我(穆夫温)提出。比克顿(Bickerton)和迪克霍夫(Dijkhoff)参照了斯图尔特(Stewart 1974)区分的"特有的"(SPECIFIC)和"非特有的"(NONSPECIFIC)这对术语,讨论了大体同样的内容。迪克霍夫(Dijkhoff 1987)舍弃了比克顿–斯图尔特的模型,认为穆夫温的区分更充分地说明了帕皮亚门托语中的复合名词性词和复合名词。

b. ...*Dieu vous y a deja donné* **bon commencement**

"...God has already given you a good start"

上述所有事实都表明了克里奥尔语体系发展中创始人口语言的地位。尤其是有关法语克里奥尔语中的指示标志 *la* 的情况更有力地支持了这一观点。这个标志被广泛用于非标准法语，使得诸如 *l'homme là* "the/that man"一类的结构完全不需要定冠词。在短语末尾的位置通常情况下重读，因而更为显著。另外，非洲语言中几乎不存在冠词系统。他们扩展了末尾指示词来标志"定指"功能。至少在班图语中，这个标志一般都位于短语末尾，和法语中的末尾指示词 *là* 相似。所有这些因素，共同促使法语中名词短语末尾的 *là*，而不是定冠词被作为定指标志选入海地克里奥尔语。

73 这里，我们再次重申，是创始人口的语言系统特征决定了哪些选项入选相关的克里奥尔语体系。**无中生有(*ex nihilo*)**的创新的说法实在是言过其实；而历史语言学所谓的创新和创始人原则是一致的。

2.3.2.4 "静态/非静态"(STATIVE/NONSTATIVE)之分，有利于解释对用于"非持续"和"非前置环境"的谓语的不同理解。如英语克里奥尔语中的 *im* ***come*** "he came/he has come"和 *im* ***laik*** *fi/fu/fə sing* "he/she likes to sing"。这种区分也常常被用来证明语言生物程序假说。具有代表性的理由是在词源语言和多种底层语里，对时间指示的理解并不太依赖于这种词汇的体的对立。

很遗憾，就词源语言而言，这种说法并不准确。比如，在英语里，对 *Paul likes wrestling* 和 *Paul works here* 的时间的理解是不同的，不同的原因在于 like 是状态动词，而 work 是非状态动词。相应的法语译文 *Paul aime la lutte* 和 *Paul travaille ici* 也一样。这些语言里的相关结构与由其演化来的克里奥尔语里的同类结构之间的主要区别在于：在缺少状语的情况下，对这种结构更趋向于做何种理解。英语克里奥尔语中，*im come*“he/she came”“he/she has come”一般被理解为具有“完成”意味（指过去），而 *im laik*“he/she likes”则具有“伴随”意义（主要指现在）。

如果考虑到克里奥尔语里普遍缺少屈折形式，情况就很清楚明了，这通常和词源语言已有的区分保持一致，甚至在法语克里奥尔语中亦如此。在多数相接触的语言变体（除了标准法语，如果其真的相关的话）中，非状态动词一定要用“进行体”才能表达现在。非标准法语里的结构“*être après de*＋不定式”表“进行”的功能，这与法语克里奥尔语里表适应性变化的“*ap*（*e*）＋动词词干”的功能一样。这种形态句法的界定不适合状态动词。因为非状态动词常与体的标志连用以表示现在，不带标志的动词形式则被理解为表示过去。口语中的“历史现在时”的普遍用法也很可能是一个重要因素。多种西非语言（不仅是克瓦语）中存在类似的语法体系，也就是趋向于选择非状态动词词干来指示完成，而不选择其他选项。74
这个情况和基图巴语（Mufwene 1990b）及林加拉语不同，因为后者在其得以发展的族裔生态环境中，更多地受到班图语形态句法的影响。

因而，大西洋和印度洋克里奥尔语中大多所谓的创新实际上都能追溯到其源头，其来源主要是在发展的关键阶段相互接触的人口所使用的那些语言，当然也包括词源语言。既然班图语使用者可能在毛里求斯语的发展中产生了重要影响（Baker 1994；Corne 1999），那么词源语言本身在克里奥尔语的发展中应该起着

比文献所显示的更为深远的作用。一个信手拈来的例子便是贝克(Baker 1984,1994)提到的毛里求斯语中冠词与名词的**结合(fusion)**,而在其他克里奥尔语中这并不多见。比如,带有区分功能的法语冠词 *du*——非母语使用者读作非圆唇的[di]——在 *diblé*"wheat"中和 *blé* 合并,其结果就使得 *blé* 不与 *bleu*"blue"(非母语使用者也读作[ble]) 同音。新形式来源于法语的形式/结构,也可以在诸如 *zanfan*"child" 一类的毛里求斯语成分中看到,这些成分只存在于 *les enfants*[lɛzāfā]"children"的定冠词的末尾。假如班图语中确实存在黏着法构词,上述解释和贝克(Baker 1984,1994)所指出的班图语对这种方式选择的影响的看法并不矛盾。唯一麻烦的是,班图语使用者在各式各样的语言形式中需要特别小心,需要识别出词干。还有一点值得商榷,毛里求斯克里奥尔语的使用者是否有意地通过结合冠词和名词以形成新的词汇成分,来防止过多的同音现象。但是,结果已不容否认。另举例如下:

(3) 毛里求斯语中冠词+名词的合并

lari "street" (< *la rue*[laRü]) vs. *diri* "rice"(< *du riz*[düRi])

lavi "life"(< *la vie*[lavi]) vs. *vi* "sight, view" (*la vue*[lavü])

laser[lasɛr] "flesh" (< *la chair*[lašɛR]) vs. *ser*[sɛr] "sister" (*la soeur*[lasœR]).①

① 当然也有许多同时发生的变化,并可能产生同音现象(homophones),包括在法语重构进入毛里求斯语的过程中,前圆唇元音和非圆唇元音的合并,齿龈音和上颚摩擦音的合并等。

其“建筑材料”仍然来自法语本身，法语中冠词及其所修饰的名词或名词性词常常被读作一个语音词。

2.3.2.5　总的说来，克里奥尔语的很多语法特征用上述方式都可以得到解释。这种方式实质上是将历史语言学的传统与语言接触相结合。这些特征在很多方面都不是其词源或原型的完全复
制。和其他语言的演化一样，这些特征也伴随着扩展适应，产生新 75
的功能。没有任何特殊的理由不把克里奥尔语的发展看作是正常的语言互动，这种语言互动产生于特殊的、语言接触的生态条件之中，接触中不仅涉及语言使用者（和在任何一个只使用一种语言的言语社区里），也涉及不同的语言变体。克里奥尔语促使我们去反思一些现有的关于语言演化的假说以及语言生态在其中所起的作用。

2.4　结语

创始人原则对克里奥尔语发展的设想与普遍性假说、底层语假说、表层语假说以及互补性假说都不相同。和我常常提到的标记模式一样，在试图解释克里奥尔语的发展时，创始人原则是需要考虑的原则之一。

克里奥尔语发生学研究者的一大缺陷在于，他们只是对克里奥尔语的结构特征及其词源语言的标准变体的结构特征做了泛泛的比较。相关殖民地的社会历史告诉我们，克里奥尔语创造者所接触及重构的都是非标准变体。因而，只有与非标准变体相比较，才可能如实地勾勒重构的内容和方式。

我也提到,克里奥尔语体系的一些结构特征并不存在如语言生物程序假说所断言的那种创新,尽管其中确实存在创新性的扩展。很多这样的创新实际上是词源语言中已有策略的扩展。其他则是来自与词源语言相接触的一些语言变体。在新的日常语发展的过程中,各来源的特征相互竞争。词源语言和底层语的结构一致性(常常只是部分一致)是一个重要因素,但这个因素并不是在所有个案中都起作用,也不是抛开其他因素单独起作用。已经证实很多克里奥尔语的结构特征模式存在于创始人口的言语中。创始人原则强调这一点,指出克里奥尔语的发展可以由历史语言学所提出的同样的原则加以阐释。我们需要做的,只是在相关的社会历史生态中,对产生克里奥尔语的重构过程的每一个环节加以说明。

对创始人口的关注——也就是对欧洲殖民者和非欧洲劳动人口交往频密的时期的关注——也提示我们,词源语言的传递不存在中断,因而用中断来解释其进入克里奥尔语的重构是错误的。在克里奥尔语产生之后,非欧洲人适应词源语言的方式大体上与
76 欧洲殖民者适应(殖民地柯因内语)的方式一致,这些人又成为后来的非欧洲人学习语言的对象。因而在这个过程中,词源语言尽管有所重构,但还是被正常地从一类使用人群传递给了另一类使用人群。我们禁不住要问,在语言传递给另一使用人群或下一代使用者时,是否存在甚或最低限度地被重构的情况。在第 4 章我会提到,甚至通过学校进行的语言传递也不可能避免出现重构。

创始人原则并不排除后来者的影响。随着接触环境的族裔条件发生改变,这种影响出现在新日常语一步一步漫长的发展中,尤

其是在其下层方言化的阶段。但是在这个阶段,创始人语言变体的特征常常具有选择优势。部分原因在于,人口并不是在一夜之间就翻了两番或者三番。人口的增长是分期分批进行的,相比于当地的土生人口和已经接受当地语言的奴隶人口,新来的人群只占少数。在这种情况下,对他们而言更省力的方式是去学习当地日常语,就算学得不够到位也行,而不是试图去改变或者用自己的语言取而代之。这些导致创始人的特征在语言社区中越来越得以巩固。

不可否认,在有些情况下,如萨拉马卡语,使用重构了的殖民地葡萄牙语变体的新迁入奴隶人口,对当地以英语为词源语言的语言的发展产生了极大的影响。但这种情况比较罕见,主要是由于大量涌入的新迁入人口中包括了当地经济体系的新的管理者(如从巴西过来的、带着奴隶的西班牙籍犹太人)。所有这些都是由于统治者从英国人向荷兰人的转换过程中,英国殖民者留下的体系在被继承的同时也被改变。他们采用了以英语为基础的通用语,这是创始人原则的有力证据。

创始人原则还可以解释为什么在法国殖民体系瓦解后,法语克里奥尔语在当地仍然保留了下来。如在毛里求斯、多米尼加和圣·路西亚,保留下来的当地话仍占据优势。同样,创始人原则还可以解释法语克里奥尔语在特立尼达何以保留了下来,但是,要弄清楚这个过程,我们还需要特别关注英国殖民统治开始时的情况。根据霍尔姆(Holm 1989)的说法,在1763年,那里就有大量的种植园主及其奴隶,这些奴隶主要来自附近使用法语的岛屿。现在还不清楚,至少在重要时期,这些法语使用者(francophones)是否真的没有与英语使用者(anglophones)融合在一起。

还需要强调的是,在选入克里奥尔语时,结构特征的形式及其
77 功能并不一定是原封不动的(Boretzky 1993)。乔登森的“建筑材料”的比喻特别恰当,因为他并不排除在新日常语里,为了满足交际的需要而进行的改变。比如,新出现的克里奥尔语中,多种句法环境中系动词的丢失,以及缺乏屈折形式,都势必会影响对来自词源语言的态和体的结构的选择。因此,在海地克里奥尔语中,法语的 *être après de* +不定式被改变为无系动词的 *ap*(*e*)+动词词干。

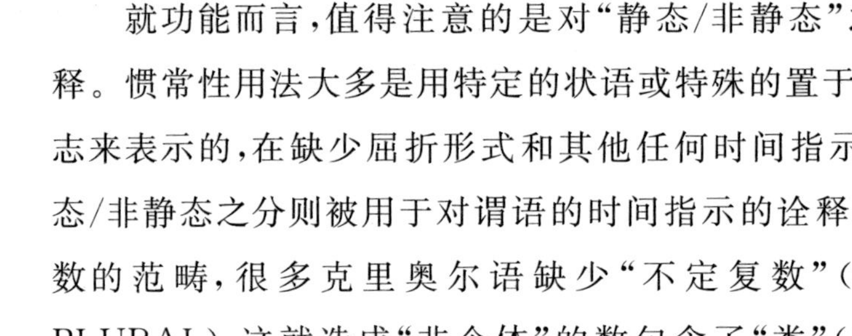

就功能而言,值得注意的是对“静态/非静态”之分的重新诠释。惯常性用法大多是用特定的状语或特殊的置于动词之前的标志来表示的,在缺少屈折形式和其他任何时间指示的情况下,静态/非静态之分则被用于对谓语的时间指示的诠释。而在名词的数的范畴,很多克里奥尔语缺少“不定复数”(INDEFINITE PLURAL),这就造成“非个体”的数包含了“类”(GENERIC)指称。其他值得一提的还有英语克里奥尔语中的从句引导语 *sɛ*(＜英语中的 *say*),在保留引用功能的同时,还增加了作补语化成分标记的功能(Mufwene 1989a,1996a)。同样,基于英语本身的(部分)原型,语素 *fi*/*fu*/*fə*(＜*for*)不仅保留了作为介词的基本功能,还获得了情态动词和补语化成分标记的功能(Mufwene 1989a,1996a)。其模式包括如 *I'd like* ***for*** *John to come*(一般也可以省略补语化成分标志 *to*)和 *this is* ***for*** *you*/*cleaning up*(在新方言中系词和动名词-*ing* 标志均可省略)一样的结构。语法化中扩展现有结构的用法和使其与现有的语法规则一致的原则,同

样也适用于克里奥尔语的发展。如上所述，每一种克里奥尔语的发展都涉及若干同时发生的重构过程，其中的大多数过程协力促成了新的语法特性。

无论克里奥尔语是否被看作词源语言的方言——这是一个高度政治性问题——其结构在某种程度上都可以被解释为若干同时发生的语法化过程的结果。从词源语言到某特定克里奥尔语的演化轨迹具有持续性。语法化当然不是全部，因为还发生了其他的演化过程，开始于形式、结构及规则的选择和整合进入同一体系，而这些内容甚至在词源语言中也不属于同一体系。西尔温(Sylvain 1936)被看作将上层和底层影响结合起来的最好的代言人之一，她清楚地指出了一些海地克里奥尔语的形式和结构来源于哪些非标准法语的变体。例如，西尔温将 *kišoy*“something”和诺曼语的 *qui chose*[ki šoz]相联系(原书第 53 页)；*yo*“they, 78
them”直接和加斯科涅及奥弗涅方言中的 *yo* 联系，而不是标准法语里的 *eux*“they, them”(原书第 65 页)；*yō*“one”和诺曼语的 *yon*(原书第 74 页)；前位标志 *te* 和彼卡德语的 *té*(*être*“be”的过去分词)(原书第 138 页)；完成标志 *fin* 和法国中部方言 *fini* 的近似用法(原书第 139 页)。至少在共同语层面上，有一些原则允许如此众多的来源参与新日常语的发展，而这些原则还有待进一步探究。

遗憾的是，上述的解释被人错误而草率地引用咖啡馆原则加以反驳。但是，学界所默认的语言是作为整体从一群使用者传递给另一群使用者的这一设想，缺乏实际的证据。连儿童都是一部分一部分地习得语言的，他们对其进行分解、再创造，取得不同阶段的胜利。既然语言接触（在个体语、方言、语言层面）发生在个体使用者的头脑之中，没有理由坚持认为这些共存的体系是互不相干的，也没有任何理由说，为了成功地交流，就不能从不同的来源选取“建筑材料”，新语言变体的产生只是一个意外的结果。内特尔（Nettle 1999：5）很显然持相同的观点，他提到“语言在演化中不是一个个同质的单元；相反，由于使用者的出身及文化背景，其特征可以追溯到多个源头”。有关语码混合的研究资料表明，这应当是正常演化的一部分。为了解释克里奥尔语的发展，我们需要一组原则来阐述相互竞争的形式和结构是如何被选入新的日常语的。

和以生态为基础的标记模型一起，我还提出了创始人原则，清楚地阐释根据 2.2.1 节所讲到的互补性假说在克里奥尔语的发展中所涉及的问题。在我看来，底层语和表层语的成分是唯一参与到特征竞争的因素，尤其是涉及结构规则的时候。和对进入非克里奥尔语的变体的特征进行调节一样，语言生物程序作为普遍语法原则的主体，对进入克里奥尔体系的特征的选择进行调节。对于普遍语法本身的性质，包括我曾提到的选择原则，都还有待于进一步研究。

有关普遍语法的标记原则，在穆夫温（Mufwene 1991a）中有所论及。我提出重构生态中的标记值是由不同因素决定的，有时
79 候在不同的接触环境中会有不同的选择。有些时候，在同样的生态中，各因素之间会很自然地互相冲突。这种情况下，“分量”更重的因素会占据优势；但相互竞争的选项也可能保留下来，成为系统中正常的变异。分量和“标记值”都不由普遍语法决定，虽然决定

“标记值”的那些因素可由其加以识别。创始人原则同样也是普遍语法的一个外在生态因素，但它又和普遍语法一起，对产生克里奥尔语或其他语言变体的重构过程加以制约。与互补性假说相比，创始人原则定义相互竞争的语言特征的“库”，各选项正是从中被选入克里奥尔语体系。

这时候，我们还需要探讨另一个问题，先前在非洲使用的重构过的欧洲语言变体，如几内亚海岸克里奥尔英语（GCCE），是否可以作为新大陆上英语大西洋克里奥尔语的发展基础（Hancock 1980；McWhorter 1995，1998）？由此引发的问题有很多，但均没有答案。第一，GCCE 的形式是什么？第二，其使用者是否属于英国殖民地的创始人口？第三，在克里奥尔语的下层方言化阶段，他们在后来人口中的比例是多少？第四，在殖民地的自耕农场阶段，GCCE 是否有机会得以保留？

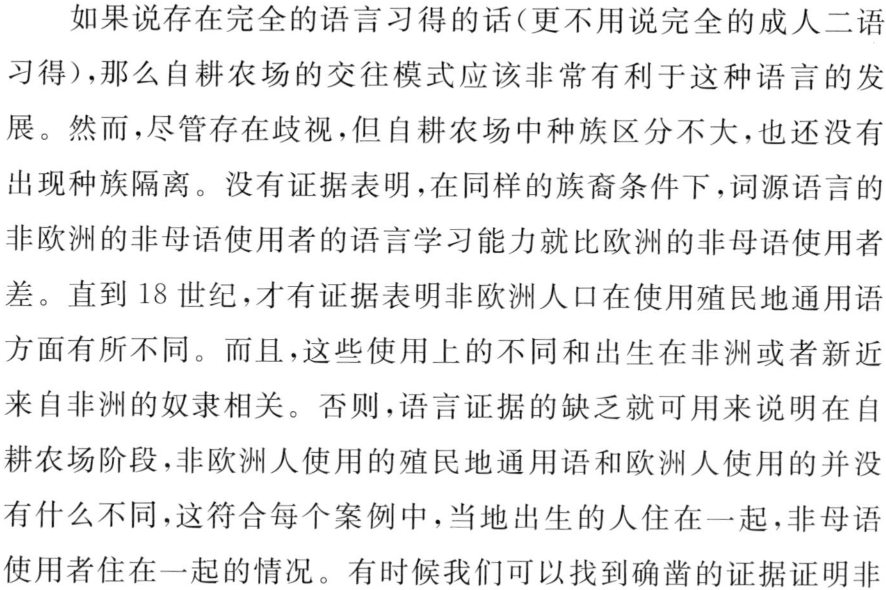

如果说存在完全的语言习得的话（更不用说完全的成人二语习得），那么自耕农场的交往模式应该非常有利于这种语言的发展。然而，尽管存在歧视，但自耕农场中种族区分不大，也还没有出现种族隔离。没有证据表明，在同样的族裔条件下，词源语言的非欧洲的非母语使用者的语言学习能力就比欧洲的非母语使用者差。直到 18 世纪，才有证据表明非欧洲人口在使用殖民地通用语方面有所不同。而且，这些使用上的不同和出生在非洲或者新近来自非洲的奴隶相关。否则，语言证据的缺乏就可用来说明在自耕农场阶段，非欧洲人使用的殖民地通用语和欧洲人使用的并没有什么不同，这符合每个案例中，当地出生的人住在一起，非母语使用者住在一起的情况。有时候我们可以找到确凿的证据证明非洲人能够很好地使用通用语，如前面提过的拉巴特神甫的发现，以及库尼科夫（Kulikoff 1986：317）引用的琼斯（Jones 1724）的说法：“弗吉尼亚出生的奴隶‘英语说得很好，影响了我们的语言、习惯和风俗’”（1956版，75-76页）。当地出生的克里奥尔非白人小孩和克里奥尔白人小孩一样，当然也是使用同样的殖民地（柯因内）语
80 言变体，尤其是在种族隔离政策实施以后，这些非白人小孩就成为后来移民的学习对象。

那么，有没有什么特别的族裔原因使得GCCE原本应该能够作为创始人变体占据优势，从而影响特定克里奥尔语的发展呢？要回答这个问题，我们可以参考勒佩奇和塔布勒特-凯勒（Le Page & Tabouret-Keller 1985：26）的观点，他们认为大多数克里奥尔语的发展离不开在新大陆社区以及类似的生态环境发展之前所使用的早期通用语的影响。但是，如同里克福特（Rickford 1987），我发现从奴隶贸易的历史中找不到证据来说明在17世纪和18世纪早期从非洲输入的奴隶中有多数人能够熟练使用GCCE。我们甚至还不清楚当时这种变体的分布有多广。休伯（Huber 1999）还指出当地的贸易通用语言不是GCCE，而是葡萄牙语。

创始人原则为我们提供了一些有启发意义的途径来研究这一重要的发生学问题，即GCCE在大西洋克里奥尔语的发展中是否起到主要作用。在非洲人成为新大陆的主要劳工人口之前，就印第安人和欧洲人相接触所使用的变体的作用，我们也可以提出同样的问题（Emmanuel Drechsel 私人交流，1994年10月；Baker 1996）。历史事实表明，欧洲人和美洲当地人的接触中所使用的皮钦语无足轻重，主要是因为这些变体大都是基于美洲日常语言而

不是欧洲语言(Goddard 1997;Buccini 1999)。另一个原因是自耕农场阶段的殖民地是圈地发展的,其中非洲人和欧洲人相互接触密切,而和当地美洲人只有少量的贸易往来而已。非洲人不需要借助当地美洲人来学习欧洲人所使用的语言变体。

总之,创始人原则提供了一个有用的视角,借此我们可以研究克里奥尔语作为混合语(mixed language)发展这一综合命题的多个方面,虽然不是全部。在其漫长的发展中,来源不同的各种特征在不同时期进入其体系。创始人原则丰富了互补性假说,一方面为其提供了可靠的克里奥尔语发展的社会经济的历史基础,另一方面将注意力引向了特定的关键时期,即使这些时期可能并不完全涉及创始人口。

81 3 美式英语的发展:引入接触因素,摒弃社会偏见

本章中,我将讨论第 2 章中一些没有详尽阐述的问题和观点,尤其是有关柯因内语化影响了美式白人日常英语(WAEV)的发展的假设。我坚持认为它们以接触为基础,通过重构得以发展,这一重构过程与产生克里奥尔语的重构过程完全一致。有人认为美式白人日常英语是完完全全从英格兰英语继承下来,而由于与非洲语言接触,非洲裔美式英语(AAE)表现出不单纯性,这一说法尚存质疑。虽然身处大西洋两岸的两种语言在许多特征上可以单一地进行匹配,但没有任何单独一种美式白人日常英语和一种不列颠日常英语能相匹配,这一事实需要我们做出解释。部分解释可参见第 1、2 章提出的“选择-竞争”机制。方言间和语言间的接触则是美式白人日常英语发展和非洲裔美式英语发展的一个重要因素。

3.1 引言

本章主要是概括性的介绍。我的初衷是引起讨论,并请读者重新考虑几个有关美式英语变体的地位和起源的不尽合理的假

设。尽管我提出了新的研究途径，但我并不打算为我所提出的问题提供(结论性的)答案。效仿更为普遍的术语“新式英语”(New Englishes)，题目“美式英语”(American English)这个术语在本章标题中采用了复数形式，只是用来强调，在通常意味着共同一致的美式英语世界中的多样性。因此，我期望与美国方言学领域的研究成果保持一致。毕竟，对那些希望比较不同的民族语言变体，而不是只关注一个政治实体内的语言变异的人而言，统一的单一术语显得更有意义。[1]

我所讨论的语言变异主要涉及族裔方面，尤其关注的是非洲裔美国人和白人所使用的非标准英语变体。只是因为我的研究主要集中在格勒语(水稻种植业的副产品)和非洲裔美式日常英语(烟草和棉花种植业的副产品)。有时我并不区分这些日常语言变体，特别是当我讨论那些将这两种语言都当作身处美国的非洲人 82
的后裔所使用的英语变体的观点时。因此，我使用非洲裔美式英语这一术语。这些日常语共有的特征证实了这种归类方法的合理性(Mufwene 2000b)。具有讽刺意味的是，某些克里奥尔语语言学家(如 Holm 1988，1991)和方言学家(如 Schneider 1990)也持此种观点，他们将非洲裔美式日常英语看作与格勒语相关的半克里奥尔语——即假定克里奥尔语真实存在，并因此提出了一种普

[1] 当然，强调语言的多样性并不一定意味着否定这些语言变体中的一些共同的特征，例如非洲裔美式英语和非标准白人英语，或者新英格兰和南方英语变体(Southern varieties)，而这些共有的特征正好能证明这些语言变体都属于**英语**。下面我将讨论确实应该从共时和历时两方面关注多样性和共享特征(shared features)，以便我们能就英语的美式变体的发展充分提出问题。

遍的“(类)克里奥尔语(creole-(like))”概念。另见穆夫温(Mufwene 1997a)的进一步阐释。

本章提出的问题如下:为什么美式白人日常英语没有归入克里奥尔语?为什么克里奥尔语这个术语只被用于格勒语,或者也用于非洲裔美式日常英语?[①] 为什么文献认为,同时大多数非语言研究者也假定,美式白人日常英语天生就源自英语,而非洲裔美式英语却并非如此?

阿尔杰奥(Algeo 1991:637)的研究成果表明,美式白人日常英语与任何不列颠的英语变体都不尽相同,因为北美的不列颠定居者已经失去了与祖国大陆亲友们的定期联系,因为在“英格兰发生的英语的变化难以到达美国”,因为“殖民者被迫谈论新的物理特征和动植物”,因为“他们为了与新的邻居们交流,必须采用新的说话方式”,这些新邻居说着或者曾经使用过美洲原住民语言、法语、荷兰语、德语或是非洲语言,也因为“定居者们来自英格兰不同的地区以及不同的社会阶层”,并且他们在一起共同生活,互相交往,“他们之间的交谈方式变得越来越接近,却越来越不像任何特定的英格兰的社会群体”。所有这些影响交织在一起,使得美式英语成为一种独特的英语变体。

上述与不列颠英语变体相关的美式白人日常英语与众不同的发展原因,是否本质上有别于导致非洲裔美式英语独特性的原

① 该问题针对非洲裔美式日常英语,尤其是当有人假定这种语言最初在结构上类似于格勒语。穆夫温(Mufwene 1992c,1997c)对此提出了不同的看法,不认同类似于格勒语的克里奥尔语是非洲裔美式日常英语的源头,同时反对“去克里奥尔化”的假说,尤其是涉及格勒语时(Mufwene 1991d,1992d,1994a,1999c)。

因？是否能仅仅凭借重构所能达到的程度，就可以把格勒语看作一种独立的语言，而不是将其看作英语的方言之一？或者，如果不是那么不合理的话，一种在遭受隔离的族裔群体中使用的语言，是否可以被认定为是其词源语言的非自然后代？换句话说，是否语言学的研究导致了某些特定族裔失去了自己的身份？

和非洲裔美式英语一样，美式白人日常英语和其他美国领土上的英语变体都是语言接触的产物（Mufwene 1999d）。它们是相同的重构程序的产物；它们之间之所以有差异，是因为其语言变项被赋予了不同的变量值。至今我依然无法精确地用具体的代数公式来表述这一方程——它们很可能是**非线性的（nonlinear）**——但是我深信它一定包含了一些变量，比如：英国殖民者带来的形形色色的英语方言的特性；殖民地中英语使用者和其他语言使用者的共存状态；在新的英语变体发展的关键时期，在接触中使用不同语 83
言的人口的比例；在新语言变体的形成时期，不同社会类型和族裔群体接触的种类；接触中语言变体的结构特征；语言（最初）形成时期之后，移民的比例；新移民的起源地，他们的社会地位（这与是否拥有社会特权相关联），他们相对原有人口的比例，以及他们在现存人口中的融合模式。

以上绝不是构成语言生态学的所有语言变项。但是，它们让我们得知，在相同情形下，殖民地中被不同群体接受的同一种语言是如何——在更为广阔的美国言语社群中，既没有发生相同的融合，也没有形成同样亲密的交际网络——发展出不同的变体。语言变项的变量值差异越大，词源语言重构时，输出的跨不同语言的变异就越大。在特定的族裔生态学（见第6章）领域内，研究影响语言发展互动因素的复杂性时，我采用了方程(equation)这一术语作为非常规参照，并提出同样的方程可以被用来解释通常被称作美式英语的语言变体是如何产生的。

3.2 为什么美式白人日常英语不是克里奥尔语？

本章中首先采用了第1章第2节总结的**克里奥尔语**的定义。但这里值得重提一下的是，没有任何地方的历史能清楚地表明，由欧洲语言作为词源语言演化而来的殖民地日常语必须具备怎样的结构特征才能被鉴定为克里奥尔语。历史和欧洲语言学体系表明，大多数情况下，"克里奥尔"这一术语的修饰性用法，仅仅意味着某一语言、某种动物或植物种类与殖民地有着某种联系，而不代表它们与"旧世界"①模式的不同。就语言变体而言，用克里奥尔一词来修饰和描述它们，就是含糊地承认它们在结构上不同于词源语言。

既然**克里奥尔语**这个术语对殖民地出生的欧洲人后裔和非洲人后裔而言——无论是来自混血还是非混血家庭——使用频率相同。它的修饰性用法自然也能够被扩展到殖民地的欧洲人后裔使用的语言变体中。因而，美式白人日常英语和其他殖民地欧洲人使用的语言一样，都应该被看作克里奥尔语。然而，事实并非如此。

---

① 与新大陆相对，指欧洲。——译注

可以肯定的是,在英属新大陆中,克里奥尔语这个名词并没有 84
被特定地用在殖民地出生的欧洲人后裔和非洲人后裔中,尽管伯林(Berlin 1998)用到了这一术语,但该术语几乎只与英国在北美殖民地的黑人相关。欧洲殖民者的语言特征发生偏离的原因在于殖民者默许了那些或与之交往或照看自己的小孩的非洲保姆对自身语言的影响。这也在一定程度上回击了克拉普(Krapp 1924)、库拉思(Kurath 1928)、约翰逊(Johnson 1930)和克拉姆(Crum 1940)的没有根据的观点,即非洲人后裔所说的英语是他们的祖先从与他们来往的欧洲契约奴那里学来的非标准英语。因此,在英语中,和在其他欧洲语言中一样,克里奥尔语这一术语经历了其指代意义上有趣的发展历程。这使得该术语越来越多地与非(完全)欧洲人后裔和非殖民地原住民人口相联系,这些人的语言变体也因为这一术语而被剥夺了生存权。[①]

这仅仅是社会层面的尝试,并没有排除北美的社会经济史所提出的结论(它以人口流动和接触为基础),即美式白人英语也是从方言和语言间的接触中发展而来。关于美式白人英语的很多疑惑,似乎来源于语言学中毫无根据的尝试,即从结构方面考察克里奥尔语的特点,并把它们的形成过程看作可能是自然的、和(或)惯例性的历史发展的非典型范例,而与语言接触无关。第 5 章我所关注的一些未经证实的假设,已经引导语言学家将美式白人英语

① 正如在 1.1 节中所指出来的那样,上述研究依循了过去的老方法,即语言依照其使用者的名称来命名。因此,克里奥尔日常语(creole vernacular)很大程度上是克里奥尔人口所讲的语言变体,这样带有一定社会偏见的看法便把使用克里奥尔语的欧洲人后裔排除在外。

看作它的不列颠祖辈语言正常传播的结果，但就克里奥尔语这种常规的历时进程却无法解释清楚。就像在 2.2.3 节中解释的那样，没有任何的社会历史背景资料可以证实，克里奥尔语是因其词源语言从一个群体传递到另一个群体的过程之中有所中断而发展起来的（该观点被反复重申）。尽管在早期的稻米殖民地和很晚出现的棉花种植园的州县（在 19 世纪晚期）都实施了种族隔离政策，词源语言也没有必要通过欧洲人进行传递。尽管不断有词源语言重构进入非洲裔美式英语，但在任何时间点上，英语与非洲人后裔以及后者彼此之间的传递都从没有中断过。

语言学家试图从结构的角度得出克里奥尔日常语的特点——仿佛任何非克里奥尔语言和任何没有类型学意义的语言都可以这样定义——但遭到了惨痛的失败。把它们作为有价值的语言并进行讨论的唯一可靠依据，就是它们发展的社会历史条件（Mufwene 1986a，1997a），这些依据使语言学家有机会关注并进一步调查在
85 其他语言的共时和历时研究中曾被忽略的语言现象。任何时候当人们考察某种特定的语言，尤其是那些极少被人调查的语言的普遍性或类型学意义时，就会开启这样的研究时机。从历时研究的角度来看，通过了解克里奥尔语的演化生态，以及这样的条件对语言演化的影响所获得的知识，能够带领我们重新审视关于语言演化的猜测，包括一些我们自身所采用的假设。

我需要强调的是，从人口迁移、语言接触以及随后的语言重构的角度来解释美式白人英语众多变体的发展，并不表示一定要将它们当作克里奥尔语看待。就算没有产生**克里奥尔语**这个术语的特殊社会历史环境，我们仍然要面对相同的历时事实，这些事实要求我们去寻找生态条件和结构变化之间更为恰当的联系。我将在下一章说明，因接触引起的语言重构可以在语言发展的任何历史时期中找到。例如罗曼语言在古英语出现时期的发展，以及班图语和西印度群岛欧洲语言各自在语种形成中的发展。没有特别的原因说明为什么克里奥尔语需要比非克里奥尔语更应该关注生态因素（Trudgill 1986 以及其他少许例子除外）。也没有任何正当的理由可以假定一种**优先性**，即美式白人英语大体上是内部动因引起的变化，而在非洲裔美式英语中，却是外部动因引起的演化，这与该地区的社会经济历史所显示的情况恰好背道而驰。

除了每个语言变体的（一些）代数变量被赋予了不同值之外，相同的语言重构的方程式可以应用于以上两种情况。余下的可以归结为："语言命名究竟意味着什么？"正如一个格勒语使用者在1986 年告诉我的，"你称（我们的语言）为格勒语，我们却管它叫英语"。与格勒语使用者的观点近似，我假定发生学纽带至今不是由结构的相似性来确定的，而首先是由相关语言变体的词汇亲缘关系所确定，并提出克里奥尔日常语是词源语言演化的正统后代（见第 4 章）。

一些学者可能不同意我的观点，但事实的确是非洲裔美式英语和美式白人英语在大致相同的时期从英语发展而来。由于一些现实的理由（我将不在此详细阐述），那些发展非洲裔美式英语的人不过是将其作为当时英国殖民地的一种政治上强势的语言。它们的变体所呈现出来的差异与美式白人英语从不列颠英语变体中分离出来一样，引发了学术研究上的好奇。因此，当我们努力为阐明影响语言重构的不同因素寻找一种研究方法时（这对

所有美式英语变体都是一样的)，我们没有什么可损失的。挑战在于如何阐明所提出的语言接触方程式中，由一些结构因素和
86 族裔变项所假定的变量值的差异。我假定变项值的差异可以解释产生的语言的差异，那么在非洲裔美式英语和美式白人日常英语的情况中，我下面所提出的假定，从社会历史学的角度来看就合情合理。

3.3 非洲裔美式英语的发展

在穆夫温 (Mufwene 1992c，1997c，1999b)中我已经回顾了非洲裔美式英语发展的相关争论。这里我将着重阐述一些主要的问题和我自己所得出的结论，其中有些问题必须提出来，才能充分解释格勒语和非洲裔美式日常英语的发展为何分道扬镳。

以下是争议最为广泛的问题：1. 非洲裔美式日常英语是否起源于一种类似格勒语的克里奥尔语，而这种语言原来为所有在美国的非洲裔美国人使用(Labov 1972a，1982；Fasold 1976，1981；Rickford 1977；Cassidy 1986a；Hancock 1986b；Winford 1992)?[1] 如果真是这样，那么产生此语言的“去下层方言化”(debasilectalization)过程是何时停止的，与白人当地语的分歧又是何时开始的? (Labov & Harris 1986；Bailey & Maynor 1987)?

---

① 现在里克福特提出了一个尚需进一步论证的观点，他认为必须认识到加勒比海地区克里奥尔语对非洲裔美式英语发展的贡献，以及文献中证实的其他的影响，这些文献怀疑克里奥尔语是非洲裔美式日常英语的源头(Rickford 1998)。温福德的研究也越来越接近方言学者的立场(Winford 1993，1997b，1998)。

2. 非洲裔美式日常英语是否来自西非的皮钦英语，西非的皮钦英语是否经历了一开始的“克里奥尔化”，然后又发生了“去克里奥尔化”过程(Stewart 1967；Dillard 1972)？3. 非洲裔美式日常英语的发展历程是否与某些西非语言的词源语言的重组过程相同？4. 格勒语是否主要依据(西部)非洲语言的结构发展而来(Alleyne 1980；Wade-Lewis 1988)？[①] 5. 非洲裔美式英语是否反映了殖民地/不列颠英语的非标准变体的留存，因而这些语言对它的影响比非洲语言更大(Krapp 1924；Kurath 1928；Johnson 1930；Crum 1940；D'Eloia 1973；Schneider 1982，1983)？[②] 我将试图简要回答这些问题，然后陈述我认为的有关非洲裔美式英语起源的最充分的解释，以不同的方式说明非洲裔美式日常英语和格勒语的发展历程，以及词源语言和底层语言对这两种语言的一致性的和(或)互补性的影响。

3.3.1 对文献的评论

3.3.1.1 “克里奥尔语起源假说”(creole origins hypothesis)假定非洲裔美式日常英语是由从前的类似格勒语的克里奥尔语发展而来，这从一开始就是一个图方便的理论。隐藏在这个观点背后的一个重要动机，也即众所周知的“去克里奥尔化假说”，从贝丽尔·贝利(Beryl Bailey 1965)的研究开始，就认为非洲裔美式日常英语和加勒比海英语存在着相似之处。斯图尔特(Stewart 1967，

① 该观念被认为是特纳(Turner 1949)具有代表性的看法。然而，他自己的结论却是“格勒语应该源自非洲语言”(原书第 254 页)，他并没有把非洲语言的影响排除在外。

② 施奈德(Schneider 1993)的观点有所松动，认同了底层语言的影响。

1968,1969,1974)、霍尔姆(Holm 1976,1984)、里克福特(Rickford 1977)、鲍(Baugh 1980)、穆夫温(Mufwene 1983b)和温福德
87 (Winford 1992,1993)等稍后的研究成果也指出了这些相似之处。除了穆夫温(Mufwene 1983b)提出它们之间的关系可能仅仅是类型学意义上的关系,以及温福德(Winford 1993)重新将"去克里奥尔化"解释为一些奴隶首先使用的克里奥尔语转变为新出现的日常语的现象以外,这些研究都普遍假定了一个共同的或是相同的下层方言,所有的"新大陆"克里奥尔英语都从这一下层方言开始,并逐步进行变化。

仅仅依靠结构相似性并不能给克里奥尔语起源假说提供足够有力的支持,因为这些相似性也可能归因于输入语言和发展环境的相似性。这些条件无法充分说明非洲裔美式日常英语和类似格勒语祖辈语言之间的传承关系。历史告诉我们,由于不同地区和不同种植园的语言接触条件不尽相同,尽管非洲裔美式日常英语在某些方面和格勒语以及加勒比海克里奥尔语有亲缘关系,但其起源一定与它们存在很大的差异。例如,并非所有的种植园都开始于相同时期,它们也不可能拥有相同的人口组成状况,以及具有完全相同的创始人口的组成比例,或在欧洲人与非洲人互相往来的条件方面相一致。所有的改变也并非发生于从自耕农场转变为大种植园的相同时期。在种植园阶段,人口增长的速率不同,相同族裔语言的增长也不尽相同。

正如第 2 章所呈现的,在大约 20 年间,圭亚那甘蔗种植园的发展速度就超越了沿海南卡罗来纳的水稻种植园发展的速度。但是回想一下,圭亚那殖民地起步要晚一些,大约在 1740 年左右,而

相比之下南卡罗来纳殖民地应该开始于1670年。在最初的25年中，南卡罗来纳的非洲人口仍比欧洲人口少。但仅仅50年之后，非洲人口就变成了欧洲人口的两倍。也大致是在这个时期，种族隔离的制度开始形成。直至18世纪下半叶，由于欧洲人口数量的增加，非洲人口与欧洲人口的不均衡状况才有所改变。如同第2章中表5所显示，到18世纪末期，欧洲裔美国人口又成为了主体，并一直延续至今。但沿海地区也存在例外。在那些水稻种植园繁荣的乡村中，非洲裔美国人口仍然在人口比例中占据重要位置（尽管不再是大多数），直到20世纪初期前后。

但是在圭亚那，和其他加勒比海的英国殖民地一样，从18世纪开始，来自英国和欧洲其他地区的人口在总人口中只占据很小的一部分。单凭这些语言外部的生态差异，就可以解释非洲裔美式英语和圭亚那以及加比海克里奥尔英语的一些结构上的差别。
非洲裔美式英语开始发展之时（大约接近17世纪末期），巴巴多斯 88
的社会经济条件（输送奴隶到英国殖民地的重要供应基地），一方面促进了来自非洲的身强力壮的奴隶的输出，另一方面导致自耕农场的奴隶跟随其主人的移民而离开（这些主人已经由于大种植园的发展而破产）（Mufwene 1999b）。

也就是说，如果加勒比海克里奥尔语已经在相同时期得到了发展，那必将没有太多使用这种语言的奴隶到达过北美大陆。此外，在18世纪早期略晚一点，来自加勒比海的奴隶只占很少的比例：弗吉尼亚大约有10%，南卡罗来纳大约只有15%（Rawley 1991）。非洲裔美式英语创建时期的大批奴隶主要来自非洲。17世纪，弗吉尼亚所依赖的劳工，主要是欧洲契约奴；南卡罗来纳的欧洲人也缺乏足够的资本投入到大种植园和购买奴隶上。他们经营小规模的自耕农场，一家人生活在一起的环境并不有利于克里奥尔语的发展。即使那些已经使用克里奥尔语的奴隶也没有理由坚持使用它，他们的后代也必然不会继承它。17 世纪的弗吉尼亚，大多数非洲人以耕作小块土地和当佣工为生。这个时期由当地出生而增加的奴隶人口超越了输入的奴隶人口（Thomas 1998）。也没有特别的理由让（大多数）当地出生的黑人小孩发展出克里奥尔语。依靠从悬赏逃跑的奴隶的通告所获得的一点点证据，可以说明这些当地出生的奴隶能熟练地使用英语，虽然大多数一贫如洗的欧洲殖民者使用的也是同样的非标准的柯因内语变体。根据上述的生态条件，我们反驳了认为类似格勒语的克里奥尔语在非洲裔美式日常英语的发展中具有主导影响的观点。格勒语本身一定比非洲裔美式日常英语起步更晚，正如南卡罗来纳的殖民地出现的更晚一样。

总的说来，北美农业定居者的人口数量比加勒比海地区更少（Curtin 1990）。棉花种植园比烟草种植园需要的劳动力少，烟草种植园比水稻种植园需要的劳动力更少。甘蔗种植园，作为 18 世纪加勒比海地区主要种植模式，需要的劳动力则多得多。虽然巴巴多斯的殖民化较早，紧随弗吉尼亚，但它一开始的时候是种植烟草，只是后来发展成为甘蔗种植业。依据 19 世纪的证据（Rickford & Handler 1994；Fields 1995），巴巴多斯克里奥尔语的发展可能不像预期的那样早。此外，如上所述，我们可能在被误导的情况下，假定了当输入的奴隶从已经发展完善的大种植园或殖民地转去发展另外一个种植园或殖民地时，会继续使用在先前大种植园或殖民地所使用的语言。这种情况在荷属安的列斯群岛中的确存在,那里从巴西输入的奴隶们保留了原来的语言特征,并演 89
化成帕皮亚门托语的一部分(Goodman 1982);但在苏里南情况却并非如此,在相同的时期,从巴西输入的使用葡萄牙语的奴隶(见2.1.1节)却转换使用当地的英语变体。(这种观点的部分证据来源于伯恩(Byrne)1987年的研究,葡萄牙语为萨拉马卡语提供了接近30%的葡萄牙语词条。)

重新迁移的奴隶人口的影响,很大程度上取决于新种植园或新殖民地最初的人口数量和组成状况,这种初始阶段持续的时间,是否存在着奴隶创始人口,以及在初始阶段创始人口和欧洲人之间的相互接触模式。即便不存在来自早先的殖民地或种植园的奴隶迁移,同样的考虑也或多或少是应当的。

尽管我的推测一部分要依赖于缺失的历史语言学证据,然而历史告诉我们,没有哪一种共同的、跨地域的下层英语可能发展为在所有英国殖民地中由非洲人和他们的后代广泛使用的英语变体。主张用去下层方言化的去克里奥尔假说来解释现存的各种克里奥尔语中的变异,以及其与非洲裔美式日常英语之间的变异,这与所观察到的从下层方言化发展而来的新日常语的情形不一致。如同第2章中所讨论的,非洲人与共同居住的欧洲人的关系越亲密,他们的语言就变得与那些和他们保持着日常接触的欧洲契约奴的语言越相似,特别是在种族隔离制度化或者种族隔离之前。殖民化早期,黑白混血儿的高比例(Wood 1974;Berlin 1998),就是殖民初期非洲奴隶和大部分欧洲契约奴的关系较少受到限制的明证。

在美国，历史也告诉我们，不可以将格勒语和非洲裔美式日常英语的发展混为一谈。格勒语是水稻种植园的特殊现象，虽然它在与甘蔗种植园类似的条件下发展，但需要更多的劳动力，因而出现了欧洲人口和非洲人口之间最为严重的不均衡状况。在北美的英国殖民地中(特别是在18世纪)，只有沿海的南卡罗来纳和佐治亚才具备这些条件。依据一些历史学家的研究成果(Wood 1974; Coleman1978)，在18世纪约有85%—90%的非洲奴隶居住在由5%的欧洲殖民人口所拥有的沿海种植园中。

弗吉尼亚殖民地比南卡罗来纳早大约半个世纪得以开发，绝大多数劳工(最初)都是从这里出发被输送到阿拉巴马和密西西比的棉花种植园中工作，在这里也没有找到与类似格勒语的克里奥尔语有任何关联的线索。根据库尼科夫(Kulikoff 1986)和珀金斯(Perkins 1988)的研究成果，大多数弗吉尼亚的种植园主更喜欢

90 使用契约奴，而不愿过多地使用非洲劳工。这种情况一直延续到1680年，离第一个英属北美和加勒比海殖民地建立已有73年之久了。奴隶制达到顶峰时，非洲人口还没有超过弗吉尼亚殖民地总人口的40%。总的来说，烟草和棉花种植园使用的劳工，比南卡罗来纳沿海地区和佐治亚州的水稻种植园更少。另外，弗吉尼亚的奴隶与其他两州的奴隶相比，经历了更长时间的融合。原始的自耕农场的生活方式在弗吉尼亚保留的时间更为长久。那时，总体的语言接触的生态似乎并不利于克里奥尔语相关的词源语言的广泛重构。

如果在早期南卡罗来纳和佐治亚腹地，以及稍晚的阿拉巴马和密西西比，部分奴隶人口来自使用克里奥尔语的西印度群岛。

即使在被鼓励用新方式交际的情况下,这些占少数的人口仍坚持使用他们原有的语言变体,这一假设是否合理呢?而温福德(Winford 1993)认为克里奥尔语使用者立刻转变为使用类似现今的非洲裔美式日常英语或是立即转变为使用类似现有词源语言的语言,这种假设是否更为不合理呢?

看起来好像不同的族群条件引发了不同语言变体的发展。在一些接触方式不同的新环境下——比如棉花种植园——新的语言变体也得以发展。即便那些先前使用克里奥尔语的人,也不得不适应新出现的语言系统。他们的孩子也会乐于接受新的日常语言,而且学得很快。这种看法不同于"去克里奥尔语假说"——一种克里奥尔语整体渐进地被重构或者其下层方言朝着上层方言方向发展。

很少有关于去下层方言化假说的历时证据(Lalla & D'Costa 1990;Mille 1990;Mufwene 1991d,1994a)。即使是里克福特(Rickford 1987)报告的圭亚那克里奥尔语的变化,可以被重新解释成一种特定语言中发生的正常的变化(Mufwene 1989c:126,n. 2),而不用考虑它是否从属于另一种变化。任何语言的形成和构建中都存在已经被时代淘汰的,年长者仍在使用的语言的情况。反驳去下层方言化假说最为有力证据的观点之一(且通常为人们所忽视的证据)就是下层方言的民众并没有通过效仿上层人士来组建自己的文化,尽管他们也学会在与上层人士的接触中适应其文化。他们通过语码转换(code-swtiching)来做到这一点,其结果可能成功,也可能失败(Mufwene 1999c)。

另一个隐藏在克里奥尔语起源假说背后的重要动机在于不仅

仅是非洲裔美式日常英语，还有克里奥尔语自身中都存在的变异，**下层方言(basilect)**和**中层方言(mesolect)**这两个术语最初就源自于克里奥尔语变体。这方面的证据依然充满争议。萨马纳语
91 (Samaná)和新斯科舍语言(Nova Scotia)提供的证据(Poplack & Tagliamonte 1991,1994;Tagliamonte 1988,1993)说明不存在去下层方言化这一过程。波普拉克(Poplack 1999)论文对此进行了大量的阐述。与西印度群岛克里奥尔语的对比研究具有误导性，部分原因在于无端为相互比较的语言变体假设了一种共同的下层方言，部分原因在于西印度群岛克里奥尔语与非洲裔美式英语相互关联的方式不同于萨马纳语和新斯科舍省的非洲裔美式英语的关联方式。在后者，非洲裔美式英语被输出到封闭的社区，受当地语言影响最小。而来到北美大陆的西印度群岛的奴隶，融入到了先于他们出现的当地奴隶以及在18世纪由非洲输入的人口更多的奴隶之中。

同时，在基于非洲裔美式英语旁系语言相关依据的讨论中，利比里亚定居者的英语使用情况引起了我们的注意(Singler 1991a, 1991b):19世纪传入利比里亚的非洲裔美式英语并未与我们假设的那样具有共同语层面的同质性。虽然查尔斯·德博斯(Charles DeBose 私人交流 1994)相信这种结论依赖于萨马纳语中所采集的语言样本，但这一语言现象并没有与波普拉克和塔利亚蒙特的研究成果相矛盾。

对克里奥尔语如何起源的误解，大部分是由于一个未经证实的假设，即下层方言是同质的，克里奥尔语即起源于此。首先，即使在自然语言中存在没有任何变异的、整体一致的语言，也纯属例

外。第2章中提出的克里奥尔语的发展史说明，在初始阶段语言一定会有许多变异，即使克里奥尔语成为正规语言之后变异依然发生。对非洲裔美式英语而言，布拉施(Brasch 1981)的研究具有特别重要的意义。它不仅揭示了18世纪中期非洲裔美式英语结构上的变异，而且说明下层方言直到18世纪末期才得以统一，这与布拉施自己的解释刚好相反。[1] 因此，波普拉克、塔利亚蒙特和辛格尔的分析似乎与布拉施所提供的材料相一致。

历史表明，不管最初的差异多么的微弱，欧洲人后裔所使用的语言变体和非洲人后裔所使用的语言变体的区别，开始于17世纪末或18世纪初的某个时期，并根据地域来区分。同样地，我们没有特别的理由做出如下假定：去下层方言化影响到一种(被假定存在的)类似格勒语的语言，这种语言先前被所有的非洲人使用，还有可能在美国建国初期时被一些非洲人的后裔在全国，或者只是在南方几个州被使用，并使之去下层方言化。同时也要注意，奴隶人口按照其能够接触到的词源语言的殖民地当地变体的不同方式被划分了等级。因此，诸如家奴就比种植区绝大多数的农奴有更多的接触语言变体的机会(Herskovits 1941; Dillard 1972;
Alleyne 1980;Joyner 1984)。另一个原因在于，在不考虑个人技 92

[1] 基于“去下层方言化”的假定，布拉施认为最初的变体部分地源于对非洲裔美式英语(AAE)的不准确的表达。由于整体上很自然地剥夺非洲人话语权是当时的社会趋势，我更倾向于设想是非英语特征的夸大，而不是其他的什么缘由。这在追捕逃跑农奴的分类通告中尤为显著，几乎一半跑掉的农奴都被描述为能流利地讲与当时流行的殖民地语言相关的英语。同样重要的是，在这些奴隶中那些被描述为英语讲得很差或不会说英语的人，大多数是刚到达或刚被输入的成年奴隶。那些被描述为“英语极为流利”的农奴中的一种，在“很小的时候就被输送”过来(Brasch 1981:7)。

能差异的情况下，它更多地取决于一个人是否与使用克里奥尔语的奴隶或是季节性奴隶保持最大程度的接触，并从他们那里学习当地的语言。殖民地发展的所有阶段，相互接触的诸多条件都有利于共同语层面的内在变异。

当然，上述观点并没有表明，一些奴隶带来的加勒比海地区的殖民地日常语（不论它们是否已经被鉴定为克里奥尔语）对非洲裔美式日常英语和（或）格勒语的发展没有任何贡献。事实与此恰恰相反。但是，这种影响要与同一时期被带到北美殖民地的数量更为巨大的非洲奴隶所使用的语言的影响进行竞争。综合起来考虑，这种相互竞争的影响还受到当地已经形成的语言结构的竞争。就像 2.2 节中解释的那样，已经形成的语言结构具有自身的优势，这已经由创始人原则予以确认。显然，里克福特（Rickford 1998）关于克里奥尔语起源假说的观点的意义需要进一步加以解释。

随着讨论的继续，我们不应忘记北美英语日常语和加勒比海地区的英语发展于同一时期。关于现在的克里奥尔语的结构性特征也应当是 17 世纪和 18 世纪初期这些日常语的典型特征的这一假定具有误导性。与此相关的还有克里奥尔语起源假说并没有提供足够的资料，用以说明文献上所鉴定的“克里奥尔特征”的起源。第 2 章中的粗略分析以及英语历史方言学的很多正在进行的研究，认为在词源语言中存在着这些克里奥尔语特征的模式（至少存在一部分）。底层语言在这些特征的选择和共同演化以适应进入新的语言系统的过程中扮演了决定性的角色。因而，尤其是在非洲裔美式日常英语与加勒比海克里奥尔语之间，结构上的相似性并没有证实克里奥尔语起源假说。

3.3.1.2　里克福特（Rickford 1998）、贝利和托马斯（Bailey & Thomas 1998）反复强调的观点是非洲裔美式日常英语源起于东南部，以后逐渐向西部和北部传播。非洲裔美式日常英语和美国南部的非标准白人英语变体之间更为突出的相似性（McDavid & McDavid 1951；Wolfram 1974），也在一定程度上为这种观点提供了有力的支持。同时美国的殖民地历史也支持了这一观点。19世纪晚期以前，在没有大种植园的省份中，非洲裔美国人口的密度很小。19 世纪下半叶东南部种植园体系的崩溃，第一次世界大战期间北部省份劳动力需求的增加，以及随之而来的经济大萧条，都刺激了大量非洲裔美国人口从东南部向西部或北部迁徙。（东）南部乡村的**黑人大迁徙（Great Black Migration）**一直持续到 19 世纪 60 年代，这使得美国北部和西部的城市一跃成为新的“黑人生活的重心”（focal points of black life）（Katzman 1991）。这些新迁入的人口大大地超过了当地的人口，特别是在延续着南部种族隔离制度的少数族裔聚居区（Lemann 1991）。在南部社会生态迁移过程中一定会发生的一件事情是，大规模的人口迁徙为东南部非洲裔美式日常英语之间（或者与当地语言变体之间）的统一提供了很好的机会。统一之后，将形成一种在全美国都保持相对同质性的城市语言变体（Labov 1972a：xiii）。由于主要都是起源于东南部，非洲裔美式日常英语自然而然地继续与东南部英语变体拥有一些共同的特征。

但是，即使以上出自历史的考虑支持了东南部非洲裔美式日常英语一定影响了当前非洲裔美式日常英语样貌的假设，“大迁徙运动”开始之前美国北方非洲裔美国人究竟使用什么语言仍然鲜

为人知。所以,我们所掌握的只是非洲裔美式日常英语发展的最近的、部分的历史。而且,我们对于它最初的发展的起源还一无所知,接下来我将回过头来讨论这一点。

3.3.1.3 非洲裔美式日常英语的"东南部起源假设"与自克拉普(Krapp 1924)研究成果以来的观点关系密切,即非洲裔美式英语是保留下来的古老的语言,主要由社会底层的欧洲人所使用(大部分是契约奴,他们在殖民时期与非洲人有相当频繁的日常往来)。这种观点已经发展为"方言学家的观点"(dialectologist position)(Mufwene 1992c,2000b)。根据这种观点,使非洲裔美式英语与众不同的大多数特征都源自不列颠英语(British English)和(或)英国殖民地英语(colonial English)。但是这种发生学解释有一个重大缺陷,至少在它最初的形式上,那就是它声称非洲人对非洲裔美式英语的贡献是微乎其微的。麦克戴维(McDavid 1950)和施奈德(Schneider 1993)对此进行了修正,承认了底层语言的影响。但是关于底层语言的影响是如何起作用的这一问题,通常还存在误解。

我们不能否认,被当地人和非当地人共同使用的殖民地英语是新迁入不列颠北美殖民地的居民的学习目标。但是,即便早期的说话人设定了标准,也无法阻止语言的重构,因为非当地人彼此之间使用这种语言的频率远远高于他们与当地人之间交际时使用这种语言的频率。如同全球范围内的几个类似情形一样,英语的特征必须与底层语言的特征相竞争。选择原则(与第 2 章总结的"标记性因素"相一致)决定了词源语言或一些底层语言的结构形式是否会流行。因为词源语言中本身也存在变异,所以非洲语言的贡献通常在于决定其结构选项上的哪种特殊变体将会被广泛使用,这与托马森(Thomason 1983),托马森和考夫曼(Thomason & Kaufman 1988)提出的具有融合性(congruence)的**趋同(convergence)原则**相一致。

例如,受非洲底层语言影响的非洲裔美式英语中带有 *dem* 的 94
名词复数形式,比如 *dem boy*(*s*),这并不意味着这种复数形式不会出现在不列颠英语或殖民地英语的变体之中。相反,它意味着一种趋同策略,例如西非的曼德语和克瓦语中倾向用第三人称代词与中心名词(head noun)连接表示名词的复数,而不是像英语那样通过在名词后面加后缀{Z}来标记名词复数。这意味着,如果与英语接触的语言不具备西非语言的形式,那么就有可能不会选择这样一种模式。正如可能在一些美拉尼西亚皮钦语变体中所观察到的那样,它们以另一种方式来标记名词复数。

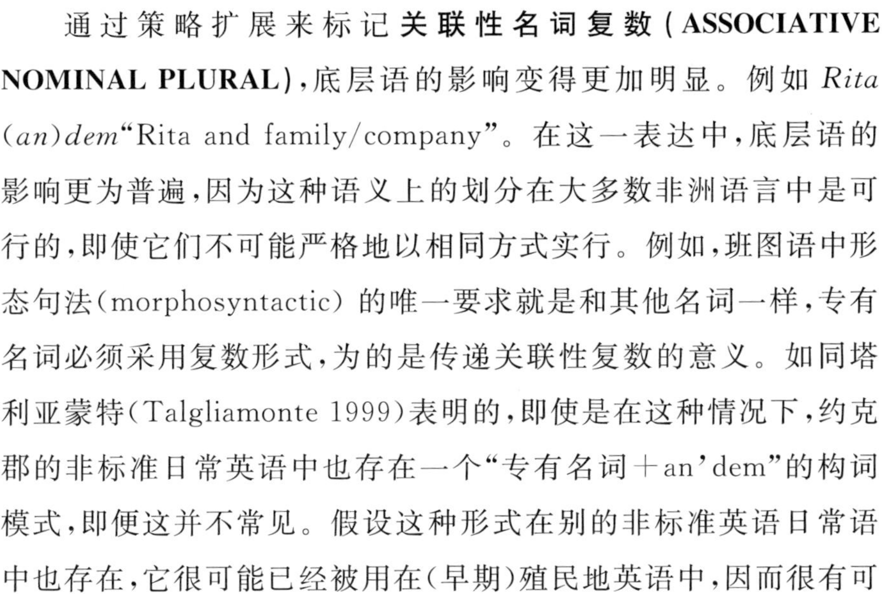

通过策略扩展来标记**关联性名词复数(ASSOCIATIVE NOMINAL PLURAL)**,底层语的影响变得更加明显。例如 *Rita* (*an*)*dem*"Rita and family/company"。在这一表达中,底层语的影响更为普遍,因为这种语义上的划分在大多数非洲语言中是可行的,即使它们不可能严格地以相同方式实行。例如,班图语中形态句法(morphosyntactic)的唯一要求就是和其他名词一样,专有名词必须采用复数形式,为的是传递关联性复数的意义。如同塔利亚蒙特(Talgliamonte 1999)表明的,即使是在这种情况下,约克郡的非标准日常英语中也存在一个"专有名词+an'dem"的构词模式,即便这并不常见。假设这种形式在别的非标准英语日常语中也存在,它很可能已经被用在(早期)殖民地英语中,因而很有可能非洲的语言会一致采用这种形式而放弃冗长的[NP *and company*/*family*]。名词复数的表达形式也强调了底层语对选择的影响，显示了即使是在非洲语言之中，也存在非洲裔美式日常英语的特征和克里奥尔语言系统的特征相互之间为了取得主导地位的竞争。

这里还可以补充其他几个例子，用以显示在非本土说话人中，来源于词源语言的"建筑材料"完全没有必要依照本土原则照字面意思使用。这些非本土形式最终会加以明确，以凸显非洲裔美式英语变体的特征。这里我要再举一个来自格勒语"连动结构"的例子。诚然，诸如 *go/come get* 这样的结构在口头语和非标准英语中十分普遍。但是，这些变体与"*Uh tell um come kyah me home*"(I told him[to]come[and]drive/take me home(我告诉他开车过来带我回家))绝不相似。克瓦语和曼德语中连动结构的常规用法以及班图语中类似结构的更受限制的用法(Mufwene 1988a, 1997d)一定更倾向于采用"go/come get"这种模式而不是其他动
95 词的结合方式。这一过程当然也得益于格勒语中动词屈折形式(verbal inflections)的缺失。大量事实都表明，在非洲人有相对更多的机会接触(欧洲人所说的)英语的情形下，诸如非洲裔美式日常英语(基本上是烟草和棉花大种植园的副产物)，连动结构恰好是基于英语的基本模式(basic English pattern)。这种观点再次强调，如同其他接触所导致的变体一样，外部生态因素在非洲裔美式英语变体的发展过程中所扮演的角色。

3.3.1.4 对格勒语而言，特纳(Turner 1949)引用非洲语言学的证据来反驳早期权威方言学家提出的观点，即非洲裔美式英

语是被社会底层的欧洲裔美国人遗弃的古代殖民地英语。20 世纪 70 年代初期以来,涉及克里奥尔语的讨论大多都提到了底层语假说(substrate hypothesis)。然而,以下文献也值得关注:阿莱恩(Alleyne 1980,1996)、奥尔索普(Allsopp 1977)、德博斯和法拉克拉斯(DeBose&Faraclas 1993)、霍尔姆(Holm 1988,1993)、韦德-刘易斯(Wade-Lewis 1988)和西拉斯·威廉斯(Selase Williams 1993)。

特纳(Turner 1949)的论著最大的价值在于他提出的"格勒语受益于非洲起源语"(原书第 254 页)的结论,以及他观察到的,如果研究者不关注非洲语言的结构,就无法得出有关格勒语或任何其他非洲裔美式英语变体的发生学的定论。[①] 请注意,尽管他在全书所有的篇幅都致力于证实非洲对格勒语的语言学贡献,但他从未声称这种日常语的整个语法系统都来自非洲。是他的后继者们推动了底层语主义(substratism),似乎觉得仅仅用它就可以解释新大陆克里奥尔语的方方面面。他们错误地理解为非洲人及其后裔下定决心要完整无缺地保护他们的非洲语言习惯,并发展出不易为词源语言的使用者所理解的新语言变体。[②] 就像前面的章节所解释的那样,根据不完全复制原则,这些新的日常语言可能仅

① 有趣的是,特纳的书名表明格勒语是英语的一种方言,这不同于一些克里奥尔语研究者的看法,他们坚决认为格勒语是一种独立的语言。

② 其中有一些追随者,例如霍洛韦和瓦斯(Holloway & Vass 1993)通过只把专有名词大写的方式,而且只是在美国的地名和非洲语言的单词的语音的相似中寻找进一步的证据,甚而更进一步缩小了特纳研究的范围。更多关于这一点的评论,请见穆夫温(Mufwene 1994d)。其他学者,例如韦德-刘易斯(Wade-Lewis 1988)并没有对非洲语言整体上对英语语言在词汇上的贡献,和直接使非洲裔美式英语从美式白人日常英语中区分出来的特殊贡献进行清楚的区分。

仅只是非洲人适应词源语言过程中的偶然产物，这种适应发生在非洲人不能够(完全地)融入本土说话者群体的环境时。[①]

对“底层语主义者”(substratists)最为强硬的批评意见集中于，他们未能成功解释导致非洲语言多样性和竞争性的影响是否有原则可寻(Bickerton 1981；Mufwene 1991b)，且很少采用选择原则。采用诸如吉尔曼(Gilman 1986)提出的同一地域特征(areal feature)也无法解释那些已经成为克里奥尔起源争议焦点的语言特征，比如时间指称、连动结构以及名词性数词。直到 20 世纪 90 年代早期，仍然很难找到涉及北美奴隶输入的具体时间和输入形式方面的历史资料(如 Wood 1974；Rawley 1981，1991；Lovejoy 1982，1989)，从而能够证明(即使只是部分地)某些非洲语言或族群语言(特别是克瓦语群体)来说明“底层影响”的合理性(比如
96 Mufwene 1992b)。同样，底层语主义者并没有真正阐释清楚倾向于这种影响的环境类别。通过比较中部非洲因接触产生的语言变体(诸如基图巴语)，有助于清楚说明这个问题。因为基图巴语的形态句法从几个方面与班图语标准分离：尽管它在班图的族裔生态条件中发展而来，且没有与最初的班图语接触(Mufwene 1994b)。基于同样的理由，与美拉尼西亚皮钦语的比较将会有所帮助：比如，它们展示了确定无疑的底层语特征，这些特征使得它们在

① 这样就有空间来揣摩摩根(Morgan 1993)的假设，即有可能有意地发展出一种反向语言，对外界的人隐瞒其意思，从而使外界的人只能从字面上理解相关的言语。然而，这是一种谈话的策略，该策略基于更为基础的结构性特征，并依赖于这种结构进行字面理解。

结构上不同于大西洋克里奥尔语。基辛（Keesing 1988）和科恩（Corne 1999）在阐述底层语的影响时，极为精彩地展示了语言接触中"语言-族裔"生态所扮演的角色。

3.3.2　历史的启发：特征竞争假说

在评论过非洲裔美式英语起源的传统说法之后（通常在新大陆克里奥尔语的环境中），现在我就它的发展提出自己的看法。出于普遍性和（或）对比性的考虑，我将首先集中讨论格勒语以及它所属的水稻种植园的社会经济的生态，有时也会关注甘蔗种植园里的现象。然后我将转而研究发生在烟草和棉花种植园里的非洲裔美式日常英语。当然，我不会忽略上文提及的"黑人大迁徙"所起的作用。

回想一下新大陆种植园的同步发展历程，它们都起步于小型的自耕农场，当时非洲人和欧洲人相处得相当融洽（Wood 1974）。之后，一些自耕农场逐渐发展成大种植园。虽然存在一些例外，但这些地方大体上都花费了30至50年的时间从一个以经营毛皮贸易和小型农场占主导地位的体系过渡到以大种植园为主导的产业体系，种植园主成为奴隶和契约奴的主要雇主。种植园里多数是非洲奴隶，到18世纪中叶达到美国东南部奴隶人口的85％—90％（Coleman 1978）。但是，其余的10％—15％的奴隶人口仍居住在小型农场中或者与皮毛贸易者生活在一起，因而仍保持着与欧洲人经常性的交往。种族隔离制度首先在南卡罗来纳和佐治亚州的沿海大种植园确立起来，那里的非洲人口在初期成为了大多数。①

由于白人和黑人在工作中的相互交往，更重要的是他们拥有相同的、最初由非标准英语变体构成的词源语言，因此它们必然有些许共同的语言特征。随着种族隔离的深入，黑人和白人的语言开始分化。对沿海地区的非洲人而言，词源语言的下层方言化一定是在种植园规模增长最快的时期达到了高峰，特别是在奴隶制
97 度废除之前，以及种植园人口的增长主要依靠输入而不是当地新出生的奴隶之时。如同第 2 章中解释的那样，这也是一个成年人和小孩的死亡率都相当高的时期。新居民蜂拥而至，迅速超越了克里奥尔语人口，这有利于下层方言化。稻田地区和棉花种植园在人口生态方面的差异，解释了为什么格勒语的下层方言化过程比非洲裔美式日常英语开始得更早，而且进行得更深入。非洲裔美式日常英语之所以保留了与其他美国非标准日常语言的相似性，尤其是那些东南部的语言，部分原因在于人口在内陆地区分布的不均衡很难有利于黑人人口的发展。另外还因为，尽管从 17 世纪早期开始，种族歧视在殖民地开始实施，但 1877 年通过的《吉姆·克罗法案》才使种族隔离真正制度化，而在此之前，白人和黑人和平相处了 200 多年。

① 南卡罗来纳在 1720 年(Wood 1974)，即在它建立 50 年之后，成为了英国的直辖殖民地(crown colony)。直到 17 世纪晚期又或许 18 世纪初期，弗吉尼亚才实施带有隔离的生活方式，当时奴隶的人口开始超过总人口的 15%，这比 1619 年第一批奴隶到来的时间晚了很多。(回顾第 2 章的介绍，在 18 世纪末非洲人口最多的时候也只接近 40%。)

从另一方面来说，由于奴隶内部的社会等级分化，他们中的一部分人比其他人更多地保持着与欧洲殖民者更频繁的交往，产生了一系列词汇变异，被称为“(后)(克里奥尔语)连续统一体”。事实上，并非所有的非洲奴隶都居住在种植园里，这也为非洲裔美国人各种各样的言语模式的发展提供了有利条件。南卡罗来纳和佐治亚州沿着海岸线的水稻产区相对集中，为格勒语和非洲裔美式日常英语(AAVE)之间的差异提供了依据(后者是非洲裔美式英语(AAE)的地域性变体)。18 世纪中，非洲人俘虏中大部分是小孩子这一事实(Lovejoy 1989)，也必然降低语言大规模重构的速度。因为孩子们更可能成功地接受当地(内部变异的)的语言变体。因而非洲裔美式英语的发展不是一个始终如一的过程。

人们同时也应该注意非洲奴隶人口中族群语言的构成。有趣的是，水稻种植业初期的大量地域性投入(在 1725—1750 年期间)与从中部非洲输入绝大多数奴隶同步发生，而在中部非洲人们使用的是班图语。这个事实引起了有趣的现象，即与克瓦语特征(而不是班图语特征)所具有的高比例的“结构类似现象”。例如，针对名词复数和时态体系，我们可以重新考虑非洲裔美式英语(和新大陆克里奥尔语)带有普遍性的迂回特征，以及格勒语和它的加勒比海亲属语言中连动结构的显著性。较早盛行的克瓦语可能被认为不相干而被排除在外，因为它们在殖民地发展的自耕农场阶段占统治地位。在这一时期，奴隶们使用的语言变体更接近词源语言(Mufwene 1992b)，同时黑人小孩使用的一定是与他们的白人玩伴相同的殖民地当地语言。因此，我们必须在群体遗传模型之上考虑特征-选择以及引到调节作用的原则。

98 我们提出的方法也得益于如下事实：与大多数班图语言没有接触而发展出来的新的语言变体（诸如基图巴语）的黏着性(agglutinating)更弱，因而它并未反映出班图语式的典型的复杂形态句法(morphosyntax)(Mufwene 1994b)。同样地，美拉尼西亚皮钦语的特征反映出了美拉尼西亚语的影响，但在美拉尼西亚语中，皮钦语的模式在形态上并不丰富。在皮钦语中，数词分级系统少之又少。

就像现实所表明的那样，非洲裔美式英语中底层语的影响貌似最合理的解释就是“底层语的作用在于，决定任何相互接触的语言中哪些特征会被选择进入新的当地语中”。能被追溯到底层语言所特有的特征的比例是有限的，有时被限制在一些词汇-语义的领域内。如同第2章所讨论的，这种影响在不同的语言变体中都不一样，且取决于各种不同的生态因素。

有趣的地方在于，它充分地采用了生物学中**混合遗传(blending inheritance)**模型中的混合这一概念。对动物物种而言，混合遗传意味着后代自然地继承来自父母双方的基因。对其他物种(包含1.1节中所描述的“语言”)而言，我们可以做出如下解释：后代有选择性地从相接触的个体语或共同语中继承了语言变体的特征。该模式认为，从多样化的语言来源中选取特征，并将它们重新组织成一个新的混合系统是不存在任何问题的，只要这种选择符合原则。

但是请注意，以上关于非洲裔美式英语和其他新大陆克里奥尔语发展的过程看似简单明了，但会因为其他因素的存在而变得复杂，这其中就包含移民因素。特别是族群内部的移民，不仅仅对非洲裔美式日常英语的发展，还对从美国北部和西部的内陆城市一直延伸到东南部乡村地区的跨地域的形态句法的同质性都产生了深远的影响（一些学者持此观点）。[1]

3.4　美式白人日常英语的发展：克里奥尔语的视角

如 3.2 中所述，从语言接触的角度考察美式白人日常英语的发展状况，并不能就此说明它们就是克里奥尔语。北美地区殖民地和后殖民地的历史均涉及人口的流动和接触，即使仅仅单独考虑欧洲人后裔的人口内部也是如此。这种情况下提及的克里奥尔语只与如下事实相关：我们已经掌握了较多基于克里奥尔语的接触条件下的语言演化情况。尽管特鲁德吉尔（Trudgill 1986）发表
了自己的观点，但是研究文献还是不断地指出美式白人日常英语 99
是通过内部引发的变化而得到发展；然而，像它的加勒比海克里奥尔亲属语言一样，非洲裔美式英语是从语言接触中发展而来。以上提出的非洲裔美式英语的发生学解释，均没有依赖它们是克里

① 1994 年 11 月我访问了路易斯安那，注意到来自（美国南部）牛轭湖地区的非洲裔美国人的语言听起来与众不同，起码在韵律上有所区别，他们的说话方式有些让人联想起南卡罗来纳海岸或巴哈马群岛的语言。尽管我自己没有完全的把握将他们的言语归为与格勒语类似的语言。甚至在挑选一些词项时，他们的言语也会不同于被称为是典型的非洲裔美式日常英语的语言变体，约翰・麦克沃特（John McWhorter 1994 年 12 月私人交流）和查尔斯・德博斯（Charles DeBose 1995 年 1 月私人交流）证实了这一观察。特罗伊克（Troike 1973）已经建议学者们观察地域性的差异。同时值得注意的是，非洲裔美国人可以根据语言学上的特征而地域性地将非洲裔美式英语的说话人识别出来。

奥尔语这一前提。这些解释的前提仅仅是因为这些语言是接触产生的语言变体(Mufwene 1997a)。受到特鲁德吉尔(Trudgill 1986)的启发,我的建议也是应将美式白人日常英语作为语言接触的现象来讨论,有些时候应该更强调方言的接触而不是语言的接触。我的主要目的就是强调非洲裔美式英语和美式白人日常英语起源的相似点和不同点。

最初推动这种观点的就是美式白人日常英语不同于不列颠英语变体,正如它不同于非洲裔美式英语一样。有趣的是,在东南部的一些地方,包括南卡罗来纳、阿拉巴马以及密西西比,欧洲人和非洲人在差不多同一时期到达这些地区,至少从文字记载来看,和其他地方相比南卡罗来纳情况确实如此。人们经常说美国东南部地区的美式白人日常英语和非洲裔美式英语相差甚微,但是里克福特(Rickford 1985)的研究成果显示,相似性可能仅仅是表面现象,至少在使用格勒语的地区是这样。不同的语法系统成为这些相似的族裔日常语的基础。沃尔弗拉姆(Wolfram 1974)提出内陆地区的语言变体存在相同的情况。

同样,尽管在我以上的观察中,非洲裔美式英语依据地域的不同而有所不同,但一个地区与另一个地区间的差别并不是很大,特别是非洲裔美式日常英语。美式白人日常英语中存在更多的变异,显然,这与不同的定居和接触形式相符合。这使人联想到解释格勒语和非洲裔美式日常英语之间的,或是大西洋克里奥尔语之间的变异的生态差异。采用研究克里奥尔语的方式来研究美式白人日常英语能有助于我们了解它们的结构是如何形成的。此外,通过对美式白人日常英语和克里奥尔语发展方式的比较,也能够进一步揭示在变化的生态因素中语言是如何演化的。尽管这个问题是第 5 章的焦点，我们将在这里提前进行讨论。

我们可以试着从回答“为什么在美国东南部之外，非洲裔美式英语和美式白人日常英语彼此之间差异这么大”开始讨论。个体言语之间的相似性，以及内部变体的相似性，通过说话者之间长期接触逐步形成。非洲裔美国人与欧洲裔美国人之间的交往方式不同于每一个族裔群体的成员（粗略的界定）内部相互交往的方式。种族隔离已经阻止他们发展出完全一致的族裔语言变体。尽管两种情况都经历了语言接触，但它们所涉及的语言种类是不相同的，因而极有可能对这两个群体的日常语带来完全不同的结果。非洲语言对非洲裔美式英语结构的影响可能比其对美式白人日常英语的影响要大得多。

然而，这里还需提出另外几个问题，特别是因为美式白人日常 100

英语已经被普遍看作比非洲裔美式英语重构要少。如果这种观察是准确的，我们应该如何解释美式白人日常英语和不列颠英语方言之间的差异——无论这种差异可能多么微小？为什么没有一种美式白人日常英语可以被视为与某一具体的不列颠日常英语相类似？[①] 为什么德语、荷兰语和法语，这些（早期）殖民时代一些地方所使用的语言，很显然并没有像非洲语言在非洲裔美国人中所造成的影响那样，以同样的方式或者同样的程度对英语产生影响？

值得注意的是，以新荷兰（New Netherland）（包含新泽西和

① 固然，库拉思（Kurath 1928）注意到了一些不列颠英语变体和美式白人日常英语在语音上的相似性。然而，这一方法只局限于极细小的、特殊的语音特征，而没有表明这些语言特征得以融合的系统之间的相似性。我所主张的差异在系统层面上。

纽约的部分地区)为例,它最初是一个荷兰殖民地,后来被卖给了英国人,但这并不必然意味着过去这片殖民地上的荷兰人、德国人和法国人离开了这里(Dillard 1992;Buccini 1995)。正如一些历史学家,包括库尼科夫(Kulikoff 1991a,1991b)和梅纳德(Menard 1991)注意到的,在其他北美殖民地(诸如弗吉尼亚)的早期契约佣工中就有德国人。是否因为德语和英语从类型学上看结构太过相似,以至于德语不能像非洲语言在非洲裔美国人中那样,对一些美式白人日常英语产生显著的影响?或者存在着重要的族裔生态差异,这些差异阻碍了类似影响的产生?[①] 或者,尽管存在显著的影响,但这种影响在通用美式英语中却并不明显,反而在诸如古阿米什的日常英语(Old Amish vernacular English)中有着更加明显的表现?或者这种早期的影响不像稍晚的移民影响那样明显,诸如在意第绪英语(Yiddish English)中所观察到的那样?

还有一个重要的因素不应被忽略。总的来说,居住条件并没有阻碍欧洲大陆的移民与地道的英语变体发生经常性的接触。欧洲人内部的族裔划分对其习得近似地道的英语一样的语言并没有过多的抑制作用,这不同于种族隔离在非洲人和欧洲人两者的后代之间所造成的影响。[②] 另外,西欧的语言在类型学上有一些相

---

① 我并没有暗示说根本不存在来自德语的影响。一些变体已经令人信服地说明了这一点。例如句型结构 *Bring it with* <*Bringe es mit*(Goodman 1993)。问题在于这类结构的影响有多深远,以及它是否能够根据上面所提到的对底层语言影响的重新解释,如同非洲语言标记非洲裔美式英语那样,来区别性地标记一些美式白人英语。

② 这一争论潜在的基本看法是,一个特定的当地语言从其他在地理上相关的语言变体中分离出来的程度,部分地和这种语言与语言规范的说话人在语言社群中融合的程度成反比。部分证据可参见上面提供的非洲裔美式日常英语和格勒语之间差异的生态解释。

似性(Thomason 1983),与它们在新大陆里接触的非洲语言相比较,西欧语言之间的类似之处可能更多。例如,欧洲语言具有重音系统,非洲语言却普遍存在声调。仅此就可以解释美式白人日常英语和非洲裔美式英语在韵律上的差异,尽管格勒语和非洲裔美式日常英语都不是声调语言变体(这与 Sutcliffe & Figueroa 1992 的观点相反)。西欧的语言拥有大体相似的时-态体系以及类似的句法——当非谓语动词出现在语义上的述谓短语之前时,系动词通常用在主句中以形成一个动词短语(例如表语形容词 *Mary is pretty*)。大部分非洲语言没有这些类型学上的特征。而且,有好些非洲语言具有非常复杂的(动词)体的系统。欧洲语言和与英语相接触的非洲语言在类型学上的这些差异,使得不同的特征被选 101
进非洲裔美式英语和美式白人日常英语中,即使这些选择均起源于殖民地的柯因内英语。

同时也要注意,在非洲裔美式英语和克里奥尔语发展的关键时期,殖民地以外出生的非洲人迅速在人口统计的比例中占据优势地位,从而为英语在他们中进行的扩展性重构创造了合适的条件。另一方面,19 世纪中叶欧洲大陆的大规模移民发生得更为平稳,殖民地的白人英语变体可能已经趋于稳定。依据创始人原则,在创始人口的比例没有因为新居民的到来而迅速降低的情况下,任何新到来的群体对当地语言变体施加影响而导致的变化都可以被看作是不重要的。

不过,库尼科夫(Kulikoff 1991a,1991b)和梅纳德(Menard 1991)提出,在 17 世纪切萨皮克(Chesapeake)殖民地的契约佣工中,德国人口不容忽视,而这一时期我们认为可能是创始人口时期。不考虑古阿米什日常英语，在通用美式英语的结构之中我们可以找到来自德语的何种贡献呢？相似的问题对荷兰人和法国人而言也存在，在美国的一些地区，他们各自被看作是当地的创始人口，如新泽西和纽约的荷兰人以及路易斯安那的法国人。在弗吉尼亚、宾夕法尼亚和北卡罗来纳，德语对美式白人日常英语的影响，是否像非洲语言对非洲裔美式英语的影响一样重大，而对荷兰语和法语只做适当的修正？是否创始者人口对美式白人日常英语所做贡献的方式让方言学家和发生学语言学家难以察觉？

我们是否能够不提及创始人口以及他们的影响，就能够回答美式白人日常英语与不列颠英语变体为何不同？在这种情况下，我们中的一些人是否还能够继续假定美国南部的英语（诸如在美国东南部所使用的英语变体），仅仅只是由于非洲人的影响而产生的，即使在至少80％的白人人口的小孩不是由非洲裔美国保姆照顾的情况下？

将南部英语先搁在一边，通常认为美式白人日常英语是殖民时期不列颠群岛英语变体的残余。可以推测，大西洋造就的地理隔离使美国人绝无可能参与影响不列颠英语的语言变化。毫无疑问，存在一些地域性语言变体，它们受不列颠群岛特定地域的影响相当深，例如阿巴拉契亚（Appalachian）英语（Montgomery 1989，1995，1996；Montgomery，Fuller & Paparone 1994）。另外，人们不仅需要确定他们的日常语的总体系统是否与地域整体系统相符合（绝大多数使用者来自于此），也需要解释在诸如纽约、芝加哥、
102 波士顿这样的城市的中心究竟发生了什么。目前对这些问题还没有任何回答。

我们也听说了许多有关爱尔兰英语和“苏格兰-爱尔兰”英语对美式白人日常英语影响的见解,这些见解可以用来说明几种日常语所选取的一些语言特征。但是,何种因素可以解释美式白人日常英语中的地域与地域之间的差异(这些美式白人日常英语被认为受到了相同的族裔群体的影响)?了解到哪些因素青睐于一些(苏格兰-)爱尔兰的语言特征,而将其他的影响拒之门外(并非所有地方都是如此),而相同的族裔变体对所有相关的美式白人日常英语则施加了这些(被拒之门外的)影响——难道会是没有信息价值的吗?

换句话说,美式白人日常英语是否也像非洲裔美式英语和它的加勒比海克里奥尔语亲属语言那样,不是一种语言接触的现象,即与本文开头引述的阿尔杰奥(Algeo 1991)的观察保持一致?蒙哥马利(Montgomery 1995,1996)提出了这个问题。他反驳了殖民地的美式英语都是同质的这一观点,并做出结论:“无论从文献记载还是语言学研究的角度,美国殖民地柯因内语假说都值得商榷。殖民地美式英语在许多方面都不是柯因内语;更确切地说,方言的差异性——尤其是在语体转换方面的体现——才是真正的语言规则(1995:233)。”[①]在这一点上,他是正确的。

殖民历史向我们揭示的种植园和小型农场典型隔离的事实同

① 蒙哥马利(Montgomery)讨论过与语言调整和简化相关的“柯因内语”这一概念(这在 2.2.1 节中曾评论过)。在这种解释下,柯因内语是一种新的语言变体,通过同一种语言的彼此相关联的方言之间的接触过程中,由语言特征的竞争和选择发展而来。蒙哥马利可能认为殖民地的美式英语是一种柯因内语,或者是由多种柯因内语组合而成(正如他在其书的 230 页所指出的那样)。

样使“同质的、跨区域的柯因内语”的说法饱受争议；这两个群体间一定存在社会和语言的对立；如同蒙哥马利也观察到的事实，新移民倾向于迁往有他们的亲属或与他们拥有相同背景的人们定居的地方。但是，小范围的柯因内语一定存在来自各地的，说不同英语方言的人，他们经常相互往来并彼此适应。

我坚持创始人效应，不仅是因为这是美式白人日常英语和非洲裔美式英语发展相关的唯一重要时期，也因为这使得从初始阶段开始的整个历史发展的历程更易于展开研究。我确信19世纪的移民也影响到了美式白人日常英语。问题是它是如何影响的或是在多大程度上有影响？（除了种族隔离和从非洲输入劳工时代终结的影响外，或许国内战争之后的欧洲移民——他们中的大部分是在《吉姆·克罗法案》通过之后到来的——可以有助于解释欧洲人口和非洲裔美国人所用语言的区别。）让这种发生学观点变得更为复杂的是，究竟什么样的影响被施加到诸如路易斯安那和得克萨斯州的英语之上，在那里的法语和西班牙语使用者不得不转而使用殖民地英语——这种语言在美国创立初期就已经明确使用
103 了。这些稍晚的转换是否与17世纪新尼德兰的荷兰语（Dutch）的转换有所不同呢？

正如一开始所说，对这里绝大多数的问题我都没有答案。对非洲裔美式英语的研究，如同对普遍的克里奥尔语发生学的研究一样，已经帮助我厘清了上述美式白人日常英语发展的相关思路。即使没有将它们定义为克里奥尔语，我们也无法否认这样的事实：我们在这里研究的是因接触而产生的语言变体。因此，那些已经帮助我们理解了美式白人英语和新大陆克里奥尔语的发展历程的

相同思考,可以很好地帮助我们理解美式白人日常英语是如何发展的。这里呈现的研究方法,不仅有助于了解清楚具体语言的形成过程,而且清楚地说明了语言物种形成的动力机制——即这里的语言物种指的是那些产生出分布在世界各处的,英语的各种各样后代的语言。

3.5 结语

本章关于美式白人日常英语发展的观点可以总结如下:从殖民时代早期开始,在美国和通常所说的新大陆,英语就已经在新的族裔环境中使用了。这种环境不仅包括英语和其他语言的接触,也包括来自不列颠群岛的方言之间的共存方式。不列颠方言不再具有与其在大都市中相同的地理分布。殖民地生态中对交际的需求,使得语言的特征之间相互竞争从而产生新的殖民地语言变体。例如,根据人口统计,(苏格兰-)爱尔兰语言的人口在美国一些地区所占比例显著,可能增加了它的语言影响力。除了英语语言变体之间结构特征的竞争之外,我们也要考虑到一些非英语语言变体的存在;就美式白人日常英语来说,其他欧洲语言的存在,一定影响到了进入新兴语言变体中的特征的选择。不同语言变体人口统计中表现出的变化,一定会导致被选入新的殖民地语言中的特征,在特定的子系统中存在差异;特征选择中出现的变异一定可以用来解释新兴日常英语之间的差异。事实上,相同的语言接触方式和相同的选择原则被应用于美式白人日常英语和非洲裔美式英语的构建过程。它们之间的差异,部分是由这些日常语的各个子

系统在其发展过程中相竞争的多个特征库所引起的。结合其他的生态因素，可以知道他们实际上是由于相同的**非线性(nonlinear)**方程式赋予不同的“值”而产生了不同的个体语言变体。

当关注语言特征的竞争时，有一点是值得注意的。那些转变为使用英语的说话人，他们都力图使用一种不是自己原来语言的语言，但是这些同一群体的成员们对于其目标语的定义却可能都
104 是模糊不清的。这种对语言转换的意识，作为一个因素，在遇到难以避免的语言冲突时，必然可能降低来自于他们族裔语言的影响。这些语言的竞争所起到的作用，主要在于(即使不是唯一的)它们是如何对不同环境中的不列颠语言变体彼此竞争的特征的选择产生影响的。换句话说，不列颠群岛的方言也在形式和结构上存在竞争，然而大多数经受竞争的语言结构都来自于不列颠群岛之外的语言变体。另外，语言使用者所属的特定的族群也对新兴的日常语施以不同的影响，这取决于他们在一个特殊的殖民地环境中的人口统计上的重要性，以及他们的底层语言在类型学上的相似性。以上这些都包含在生态因素中，正是这些生态因素赋予了竞争中的结构性选项标记性价值(Mufwene 1989c，1991a)。

所有这些中，另一个重要因素是，一个特殊的族群是否为创始者人口的一部分。这会影响到对新兴的英语变体、克里奥尔语和非克里奥尔语可能有所影响的那些条件。当然我们也必须牢记：特殊种类的“族裔内部”交往的情况——例如，群体是否是被隔离——也普遍地影响了语言的重构过程。这种因素决定了族裔语言背景下产生的(显著)影响是否会在一个特定语言中变得普及。因此，对非洲人实行的隔离使非洲语言在非洲裔美式英语形成中所扮演的角色最大化，特别是在18世纪人口迅速更替的潮流中。

另一方面，相同的隔离却减弱了非洲语言对美国白人日常英语的影响，尽管它并没有阻止或多或少相同的词源语言的相似的特征被选进美式白人日常英语的结构中。

美式英语变体发展的一个重要方面就是美国原住民语言对其结构的贡献，本书从阿尔杰奥（Algeo 1991）引述的观点提出了这一点，却没有展开讨论。这仍然是一个“未知的参量”，到目前为止只有一些含糊不清的信息。其中的困惑来自于殖民地发展时期特别是种植园各省的美国原住民的**边缘化（marginalization）**。“边缘化”迫使美国原住民无法成为殖民地自耕农场和种植园的常住居民的一部分，而且也确实没有证据表明，非洲人从美国原住民和欧洲殖民者“顺应性”的接触中获益。

另一方面，一些欧洲殖民者也与美国原住民进行贸易。人们
肯定会提出这样的疑问：一些在与美国原住民不太频繁的贸易接
触环境中发展出的英语皮钦语，是否也影响了非洲裔美式英语和
美式白人日常英语？但是，诸如奇努克人混杂语、美国特拉华州皮 105
钦语英语和摩比联混杂语语言变体的发展都说明，贸易的引导作
用更多地体现在美国原住民语言的重构变体中，而不是体现在欧
洲语言的接触变体中。美国原住民拥有身在家乡的优势，除了要
改改他们自己的语言，他们没有太大的压力去适应外国人。[①] 他
们甚至没有受到压力要去学习新的统治者的语言，或转而使用它，
直到新的社会生态系统开始融入并逐渐破坏了他们自己传统的语
言系统，尽管有着印第安保留地制度。美国原住民居民中的英语

① 目前，我还无法回答为什么在零星接触的相似条件下，在非洲西海岸发展起了英语皮钦语。更好地理解西非和新大陆的贸易生态，也许能为这一问题提供线索。

皮钦语似乎发展稍晚，至多只是与殖民发展同时出现，因此对北美的英语发展没有什么影响。直到 19 世纪末期，似乎才发展起来与非洲裔美式英语具有可比性的语言（Mithun 1992）。但是，有不容否认的证据说明，当时鼓励从美国原住民语言中借用词汇，作为英语适应其新的自然生态和文化生态的一部分。无论如何，这些都仅仅是一些初步的推断，还有待将来进一步研究证实。

4 英语的正统与非正统分支[1] 106

这一章将紧承第3章，在更广阔的背景下继续讨论世界各地英语的情况。我将从以下问题入手：人们在为各种英语命名和分类时，所遵循的标准是什么？我发现：在**“新式英语”(new Englishes)**的归类中，存在着一种社会偏见，即尽管今天的不列颠英语与其他语言变体一样“新”，但“新式英语”这一术语专指由于英国殖民扩张而形成的各种新的英语变体。同样地，我认为，使用不同语言变体的人们在接触中彼此能够理解的程度，并不能作为判断他们所讲的语言是否为不同语言的可靠依据。以下情况尤其需要注意：除了在必要的时候用于确定全世界母语是英语者的人口比例之外，其他情况下英语皮钦语和克里奥尔语都被错误地剥夺了“英语”的身份。关于社会偏见的讨论大都集中在英语是“地道的”(native)还是“非地道的”(non-native)上，其中作为修饰语的“地道的”和“非地道的”是对语言变体的限定，而不是指说话人的身份和能力。我指出，从一开始，语言接触就是英语演化过程中的一个社会生态因素。

大多数关于上述英语分类的讨论，都间接地与规范(norm)的

---

① 特别感谢维克托·弗里德曼(Victor Friedman)和安西娅·格普塔(Anthea Gupta)对这篇文章早期文稿提出的善意的反馈。我本人对所有依然存在的不足之处负责。

确定有关。乔登森(Chaudenson 1992)令人信服地指出,很多克里奥尔语被定义为新语种与其**自主化(autonomization)**有关,即讲该种语言的人们在自己的群体内部制定规范,而不受其他使用词源语言变体的说话人的强行干预。本土化英语(indigenized English)亦如此。这个发现提出了一个悬而未决的问题:迄今为止,是否真如语言学家所说,母语者是**规范制定者(norm-setter)**呢?在穆夫温(Mufwene 1997b)中我已表明,正是常使用这种语言的人——以他们认为规范的方式——建立了属于他们的规范。在英语本土化的过程中,正是那些以英语为第二语言的人建立了规范,而其后代耳濡目染这类语言变体,以不完全复制的形式使这种新规范永久流传下去。这个理论看似同样适用于母语为英语的
107 群体。尽管孩子们也会以不完全复制的原则影响其变体的演化,但他们仍然沿袭了先辈制定的语言规范。毫无疑问,近年来,母语非英语者的人数还没有达到一种临界值从而改变母语英语的演化历程。但在 17 世纪到 19 世纪期间情况并非如此。语言接触在语言规范的发展中,特别是定居殖民地时期,起到了举足轻重的作用。

本章本来是为国际世界英语协会的会议而作,在此之前,我已经写了论文探讨“地道的英语”与“本土化的英语”,以及二者与英语皮钦语和克里奥尔语的区分标准问题。这可以用来解释为什么 4.1 节并没有紧承第 3 章。然而,如前面的章节一样,我已尽力使本章的内容与前述章节没有重复。

4.1 引言

在穆夫温(Mufwene 1994c)中我已指出，新式英语的命名与使用该语言的人的种族身份关系更为密切，而与这些变体的发展过程和结构偏离程度关系并不大。同时与它们彼此之间可理解程度几乎没有任何关联。本章将继续讨论该文章中提到的一些问题。本章的题目对那些如何区分不同语言变体，特别是从语言发展的角度如何进行区分英语的看法是莫大的讽刺。我们在分析“地道的英语”时特意忽略了语言接触的作用，但常常在谈论克里奥尔语及本土化英语时又习惯性地把它挂在嘴边。

题目中所涉及的区分也与我们对于“新式英语”发展的了解程度无关(Mufwene 1994c)。我认为，我们对于那些被称为“非正统后代”或“非婚生子”，也就是克里奥尔语和本土化语言变体的了解，超过了我们对于“正统英语”或“地道的英语”变体的了解。导致这种偏差的原因在于，对于本土化的英语，我们对其偏离地道的英语变体的方式和原因充满好奇，这促使我们去研究造成其独特结构特性的社会生态学因素。而对于那些地道的英语，我们忽视了它与不列颠英语的不同之处，以及其发展过程中语言接触所发挥的作用，而仅仅根据发生语言学(genetic linguistics)提出的单亲起源(single-parent filiation)学说，认为它的发展过程是“正常的”演化过程。这个问题我将在第 5 章中进行讨论。

本章中我的观点同第 3 章一样，即在两种语言变体的发展中， 108
存在着同样的结构重构的过程，同时受到形形色色生态环境的影响，而其中新的方言和语言之间的接触起了重要的作用。我继续假定，虽然对于克里奥尔语是如何产生的还没有定论，但讨论这个问题的过程本身能帮助我们更清楚地认识其他英语变体的发展历程。

从本章标题的分类可以看出，说话者的种族与语言区分之间存在着必然的联系。语言的正统分支基本上是指世界各地欧洲后裔所使用的语言变体，而非正统分支主要是指并非纯欧洲血统的人们所使用的语言变体。不喜欢此种一分为二的分类方法的人们也可以考虑将英语的分支视为一个连续统一体(continuum)。一端是指欧洲后裔所使用的语言，其正统性从未受过质疑；另一端是指皮钦语和克里奥尔语。虽然使用该语言的人声称他们讲的是英语，但却被定义为独立的语言(Mühlhäusler 1985、Mufwene 1988b)。[①] 两端之间是被称为“非地道的”或“本土化英语”的语言变体。[②] 接下来，我将从不同语言变体的命名开始，阐述上述分类的不妥之处。

① 克里斯特尔(Crystal 1995)对于英语皮钦语和克里奥尔语的发生学地位也含糊不清，认为学者们对此看法各异(原书 106、108、344 页)，但是在他的讨论中以及他对全球使用英语的人的计算中，他认为它们都是英语的变体。特纳(Turner 1949)甚至认为这种日常语可能是英语的一种“方言”，他也是最早提出非洲底层语假设(African Substrate Hypothesis)的人。在倾向于否定皮钦语和克里奥尔语是从其词源语言分离而来的独立语言这一点上，克里奥尔语学者或许应该承担最大的责任。

② 有趣的是，类似于**本土化的英语(indigenized English)**这样的术语，不仅仅是指合法性——人们否认这样的语言变体具有合法性(如 Kachru 1992)；同时也用来将具有非欧洲的受过教育的规范语言，从皮钦语语言变体中区分出来，这些皮钦语语言变体显然与受过很少教育或者没有受过教育的人群相关(Mufwene 1994c)。

4.2　带有欺骗性的命名传统

主要由非欧洲后裔所使用的、被贴上“非皮钦语”和“非克里奥尔语”标签的语言变体很大程度上证明了这一点。**非地道的(non-native)**说法使得该语言变体失去了英语正统分支的身份，因为其标准是由非母语者所制定的。事实上，很多孩子，如在印度和尼日利亚，出生于这样的群体中，他们继承了其父母(英语作为其第二语言)制定的标准，显而易见，他们的母语能力体现在维护该标准，而非制定新的标准(Mufwene 1997b)。另一方面，**本土化(indigenized)**反映了试图将这些语言正统化的努力。这一立场与以下的观点一致，即每种方言都有其特质和标准，据此可判断某人是否为该群体的内部成员。在连续统一体的中间位置，其内部也存在着一些语言变体，如非洲裔美式日常英语，他们的地位要么与克里奥尔语(据此 Holm 1988 和 Schneider 1990 称之为**半克里奥尔语(semi-creole)**)相关，要么与非标准英语方言(如 Labov 1972a:36-64，1982；Fasold 1981)扯上关系。

我认为之所以采用这种明显不符合语言学分类的方法来划分英语的分支，主要是因为发生语言学的传统认为语言是单一起源 109
的。因此，讨论母语(mother Language)发展到子语言(daughter language)的过程时，已假定子语言形成之前不受其他语言的介入和干扰。对语言创新或独特的结构特征最典型的解释是，这些均发生于语言的内部。也就是说，语言通常不会受到它接触到的其他语言的影响。比如，托马森和考夫曼(Thomason & Kaufman

1988）认为古英语自身经历了几次独立的变革，这与古挪威语（Old Norse）和诺曼法语（Norman French）的接触没有任何关系。有趣的是，克罗切、泰勒和林格（Kroch, Taylor & Ringe 2000）却持完全相反的观点，他们的看法与本书所持的语言演化的生态学观点相一致。

传统发生语言学在解释新的地道的英语时认为，即便是彼此有关联的、语言内部的方言接触也无关紧要（参见 Trudgill 1986 关于澳大利亚和福克兰群岛，以及 Algeo 1991 关于北美洲的著述）。[①] 因此，日耳曼语系内部语言彼此之间的不同大概是语种模式的偶发事件，无关紧要。与发生学上不同的其他语言所进行的接触（特别是凯尔特语，在其领地上日耳曼人群分散居住）则可以被忽视，因为很显然这些语言并没有影响它们的演化过程。鉴于在传统观念中，原始日耳曼语（Proto-Germanic）自身内部也像原始印欧语系一样多变，它就更加无足轻重（Trubetzkoy 1939）。后来的西日耳曼语，随后由朱特人、盎格鲁人和撒克逊人带到英格兰的语言，都具有这种内部的多变性。后来，这些语言在英格兰相互接触，并产生了古英语，这一点根本无人理会。甚至在英语的创始

① 除了特鲁德吉尔（Trudgill 1986）以外，如今关于方言间接触有一些有趣的研究，强调英格兰新的语言变体的发展（如 Kerswill & Williams 1994；Britain 1997）。但是，关于在新大陆以及其他地区殖民化期间，发生在英格兰的普遍而深入的方言间接触的文献仍然少之又少，而这种接触必定对英语自身在英国的形成造成了影响。这种接触不同于差不多同一时期英语与威尔士语和盖尔语的接触。后者的这类接触同样也产生了新的“地道的”语言变体，例如威尔士语和爱尔兰英语。其他一些有趣的关于北美英语的语言接触的研究，包括卡亨（Kahane 1992）和希思（Heath 1992）。

阶段，在英格兰发生的凯尔特语之间的接触也遭到了忽视。[①] 同理，英语学者似乎忽视了是凯尔特人先居住在英格兰，然后才有朱特人、盎格鲁人和撒克逊人将其占为殖民地，并强行推行他们的语言变体。因此，脱离社会生态因素的，完全源自自身内部的变化便能解释英语方方面面的演化过程这一论点还有待商榷。不幸的是，同样的传统观点致使他们提出从发生语言学角度来看，英语发展过程中的步骤差异——新英语，“地道的”英语与“非地道的”英语——是一种人为的影响。我在下文将讨论这个问题。

4.3 语言的接触是如何被忽视的

还有一些难以忽视的语言现象则被视为特殊情况，例如母语为英语者与那些业已消失但对后来出现的语言的底层语产生了影
响的其他语言使用者之间的接触。从俗拉丁语发展而来的罗曼语 110
便是如此。即便在这些例子中，通常也只有内部产生的语言过程被用来说明母语言演化为子语言的原因。因此，很少有人提及凯

① 日耳曼人对英格兰的殖民方式在某些方面与欧洲人对北美的殖民方式有不少相似的地方。在早期阶段，当地人口被驱赶到了边疆地区，在那里由于生态的改变以及与入侵者之间的战争，他们的人口数量减少了，殖民地的发展没有将他们融合进来。在这种情况下，凯尔特语对英语在英格兰的发展所施加的底层结构性影响微乎其微，至少在古英语的形成过程中是这样的。直到凯尔特人开始接受英语并将其作为日常语言使用后，人们才注意到这种影响，正如在威尔士语和爱尔兰英语这两种语言变体中所看到的那样。苏格兰英语是这种相同种类的语言演变的早期证明。不可否认，原住民美语对北美英语的影响极小，仅仅局限在词汇层面。

尔特语对罗曼语的结构所产生的影响。

被传统观点更加视为特例的是巴尔干半岛的语言。世代以来巴尔干半岛的人们多方面的密切接触是不争的事实,并已成为它们语言结构特征趋同现象的经典解释。① 尽管这类例子越来越多(参见 Gumperz & Wilson 1971 关于印度的例子),接触和趋同却仅用于解释那些说不清道不明的**特殊情况(exceptional)**,而不能用于解释语言的常规现象(Hock & Joseph 1996)。由此,人们可以理解为什么是**语言接触**,而不是(在特定的社会生态因素下)词源语言的潜在扩展性原则(possible extensions of principles)也被用来解释**非典型的(untypical)**、**可能是非自然的(would-be unnatural)**皮钦语和克里奥尔语,并且还可能用来解释本土化的英语。

因此,鉴于英语被认为是欧洲人的后裔所使用,不去讨论它在英格兰是否曾受到英格兰的凯尔特底层语的影响是很正常的。同样,专家很少提出这样的问题:为什么凯尔特语对英语的影响仅限于古英语之后的部分?以及更令人惊讶的是为什么现在凯尔特语对英语的影响的研究要限于17世纪以后的部分(特别是爱尔兰英语以及苏格兰-爱尔兰英语)?具有这种显著影响的其他语言变体也出现在欧洲以外的地方,其创始者包括讲爱尔兰英语以及苏格

① 因为在这些演化中不涉及语言的转换——只有语言系统间的相互影响——因此没有特别的理由将这些语言演化与被鉴别为"克里奥尔化"(creolizations)的语言演化混淆在一起。

兰-爱尔兰英语的人。[①] 根据蒙哥马利(Montgomery 1989)的观点,阿巴拉契亚英语即属于这类受凯尔特语影响的非不列颠英语变体。纽芬兰日常英语(NVE)也是受到这种底层语影响的另一个例子,尽管克拉克(Clarke 1997a)强调了来自西南部英语的一些语法特点,如动词{S}后缀的表惯常。但她并未解释具有相同语法功能的,用于非动词性谓语前的 *be* 的用法(*bees* 是第三人称单数形式)。我推测也许盖尔语(Gaelic)中类似,但并非完全相同的结构影响了纽芬兰日常英语的发展。虽然克拉克注意到在17世纪爱尔兰英语中就已经出现了动词 *do* 表惯常或迂回(periphrastic)(可能为社会精英所采用)的用法,基于生态的标记性考虑(ecology-based markedness consideration)(第2章)可以解释为什么该选项没有被纳入纽芬兰日常英语。在爱尔兰英语和苏格兰-爱尔兰英语的例子中,20世纪80年代以来的研究结果表明,其与底层语的接触是铁定的事实。在那些地区的(苏格兰-)爱尔兰语语法与盖尔语语法的相似之处,使它们不同于其他不列颠
英语的日耳曼变体,同时也使接触成为可能(如果不是唯一的原因 111
的话)造成英语不同发展历程的缘由。但可能还有人会问,为什么尽管受到了盖尔语的影响,但这些新的语言变体仍然被称为地道

① 在某种程度上,这一描述并不准确,因为研究爱尔兰英语的学者提出,在那时它已经发展为一种日常语,在语言形式和族裔身份上区别于(一直到17世纪)大多数社会精英所说的第二语言变体。爱尔兰日常英语的发展看起来与北美英语变体的发展一致(Harris 1991;Hickey 1995)。一些移民到北美的爱尔兰人,极有可能直到他们离开不列颠群岛才慢慢地熟练使用北美英语,尤其是那些在横渡大西洋前从来没有在英国主要的港口城市居住过一段时间的人。因此,至少在一些情况中,一定是盖尔语,而不是(苏格兰-)爱尔兰英语,是过去的文献中所讨论的一些语言特征的实际来源。

的英语？

其主要原因在于使用这些语言变体的群体（几乎）完全是当地人。当然，在语言发展过程的某个阶段也一定经历了一些本土化的过程。如果承认语言接触的作用，有人可能会问为什么不将它们称为克里奥尔语，尤其是那些非标准的语言变体。毕竟，克里奥尔语指的是作为母语的变体，至少语言学中最为传统和最被广泛接受的**克里奥尔语**术语是这样定义的。霍尔（1966）认为它们是地道的，也就是说它们对起源地而言是本土的，只是这一观点没有引起广泛的注意。从这个角度讲，它们类似于苏格兰和爱尔兰英语，以及本土化的英语。同样具有颠覆性的问题是，既然如此，为什么克里奥尔语还被称作独立的语言？既然“克里奥尔化”不是一个结构构建的过程（Mufwene 1986a，2000a），而那些被视为爱尔兰语和苏格兰语的最主要特征是由于语言接触引起的非标准化变体，我们在命名的传统上就应该善意地不把族裔和（或）地理位置视为重要的因素。南非是个有趣的例子，在那里，欧洲后裔（包括南非白人）所讲的英语被认为是地道的，而其他南非人所讲的语言变体就被称为是经本土化的英语，这个现象反映了该国殖民过程中的诸多社会政治因素的影响。

这里有个有趣的例外，就是南非印度式日常英语（South African Indian vernacular English）（简称 SAIE，Mesthrie 1992a）。因为语言不标准，它没有被归入本土化的英语中，而且学校也不教这种语言（见第 1 章）。虽然它的发展条件会使许多学者误认为它是克里奥尔语，但它并不是典型的克里奥尔语。当然，它也不是“地道的”。为什么它不能像爱尔兰和苏格兰日常英语那样被归为

“地道的”？其中的一个原因在于讲这种语言的当地人都不是欧洲血统的人，这也不同于使用英语上层方言的加勒比海地区，在那里使用英语克里奥尔语。从技术层面而言，南非印度式日常英语两头落空，处于尴尬的境地，就英语的形成过程来讲，它不属于这种构想拙劣的分类方法中的任何一种。

同样道理，人们可能会问，是否有一天，类似于印度式、新加坡式和尼日利亚式的英语可能会成为地道的英语呢？但相比威尔士、爱尔兰和苏格兰而言，上述国家由于社会经济和政治生态环境的不同，英语不太可能替代本土化的混合语。难道我们不该接受
这个事实吗？南非印度式日常英语是个特例，主要是因为它是外 112
衍的变体，而且由于南非的印度人中英语的普及，使得他们彼此之间以及他们与非印度人之间——特别是将他们带到那里的英国殖民者——的交流更为广泛。同样有趣的是，被称为“本土化”的语言变体在早期开拓的殖民地中才使用。南非有一部分是定居殖民地，类似于那些克里奥尔语的典型起源地；另一部分是开拓殖民地，特别是受英国统治的那些殖民地。

在英国以外的地方，从前的定居殖民地也使用“地道的”英语，而全球化的经济政策至少使这些日常语的地位岌岌可危，不列颠群岛上的凯尔特语首当其冲。南非印度式日常英语的形成，虽然与新大陆的情况不尽相同，但某种程度上也与这种生态环境有关。有人可能会认为南非印度式日常英语属于“地道的”英语的一种，但据我所知，目前还没有专家这样分类。同样值得注意的是，根据克里奥尔语和本土化英语的文献来看，英语克里奥尔语（English creoles）是日常语，而不一定是地道的英语。如果人们一定要盲目

地坚持遵循这种错误的传统,必须要专门为南非印度式日常英语设定一个特殊的类别!

有些人可能认为“地道的”英语有着严格的规范(norms)并与某种标准(standard)相关联。而具有讽刺意味的是,从某些角度来讲,本土化的英语与标准英语变体的差距和当地非标准英语与标准英语变体的差距是一样的。某种意义上,受过教育的人所使用的本土化的英语反映了当地的标准。实际上,问题在于本土化的英语是否缺少规范。在(Mufwene 1997b)中我指出,就像扩展了的皮钦语一样,本土化的英语确实存在固定的规范,虽然这些规范主要是由非母语者制定和维护的。这些事实证明,标准并非必须由母语者制定,而只需由长期使用该语言的固定人群制定即可(Chaudenson 1992)。规范来源于个体的语言习惯。而这些共有的习惯,包括变异类型,构成了群体的**规范(norms)**。也就是讲话人可预测到的群体中其他成员会使用的表达方式。因此,“地道/非地道”的划分适用于语言变体,而非语言使用者。这种划分对于社会意识形态的意义,远大于其对于语言演化发展的意义,特别是对于由此引发出来的语言物种的形成意义深远。

4.4 英格兰英语的发展历程:底层语影响何时起作用?

在第 3 章中我提到,北美英语变体都是语言接触的副产物。在第 5 章中,我将再次论证,整体而言,语言接触,无论是产生克里
113 奥尔语还是产生以其他方式命名的语言变体,均是语言演化过程

中重要的生态因素。考虑到英语在全世界的传播，我认为地道的英语、本土化英语、英语皮钦语和克里奥尔语都是由相同的自然重构过程发展而来。其间的结构差异来源于生态环境的不同，它们为语言重构这个方程式的变量赋予了不同的值，产生的结果也必然千差万别。我们将重新检验一下那些传统的被人们推定为常态的发生学来源实例（被称作“普通的”或“自然的”），同时证实接触理论也能用于解释这些现象。

我不想再重复一些误导性的假说：例如法语是由俗拉丁语“克里奥尔化”而来，或中世纪英语是由古代英语与法语“克里奥尔化”而来。我支持托马森和考夫曼（Thomason & Kaufman 1988）的观点并用以下事实来反驳古英语的“克里奥尔化”假说：首先，应当是在英国的法语而不是英语可能发生“克里奥尔化”；其次，大多数英语使用者不会转变为法语的使用者（虽然一些与诺曼殖民者打交道的社会精英可能会这样做）；[①]再次，转而使用英语的诺曼人，如果与社会融合得很好，一定能够娴熟地掌握这种语言，而且不比那些住在北美或英国的母语为非英语的人差，而且他们孩子的英语一定可以和英国儿童讲得一样的地道。

当然，从族裔视角而言，罗曼语的发展与克里奥尔语的形成有相似之处，因为凯尔特人尽管未曾离开祖国，后来却使用了法国式的俗拉丁语。然而，在此我根本无意讨论“克里奥尔化”，原因很简单，因为那不是一个语言的重构过程，而只是一个社会现象。这种

① 看起来，法语在英格兰保持着与英语在大多数早期的不列颠开拓殖民地中相同的地位，在那里其被典型地作为第二语言使用，说这种语言的人口的数量很小。

社会现象必须和其他因素联系在一起才能解释那些被称作克里奥尔语的新语言变体的发展过程。而且，我再次重申，产生克里奥尔语的过程在其他语言的发展过程中也同样存在。参见霍克和约瑟夫（Hock & Joseph 1996：15）。

在此基础上，让我们来比较一下俗拉丁语和朱特语、盎格鲁语以及撒克逊语各自的传播过程。俗拉丁语被传播到阿尔卑斯山西部欧洲大陆使用凯尔特语的国家。俗拉丁语是拉丁语日常语的别称，是不同于古典拉丁语的非标准变体，而古典拉丁语与现代欧洲语言的标准变体极为相似。正如形容词“通俗的”（*vulgar*）（来自于拉丁语 *vulgaris*）所表明的那样，它是平民的语言，这种社会分类同样也适用于大多数西日耳曼人，他们在 5 世纪或 6 世纪入侵英格兰，并在后来发展出了古英语。有趣的是，士兵同时参与了殖

114 民化过程和语言的传播过程。俗拉丁语之所以受到凯尔特底层语

的深刻影响，后来发展成为法语、西班牙语和葡萄牙语（主要在西欧，取决于接触发生的地点），当然与殖民统治下的凯尔特人对其适应有关。[①]

上述适应过程和转为使用统治者语言的过程，与克里奥尔语和英语本土化的过程相一致。事实上，托马森和考夫曼

① 从生态学的角度而言，学者们仍然必须解释为什么与英格兰的凯尔特语不同，欧洲大陆上的很大一部分人转变了自己的语言，并对古法语的发展做出了贡献。并没有明显的证据表明，凯尔特语对古英语的发展做出了贡献，英格兰的凯尔特语也没有在日耳曼殖民化前转变成拉丁文。同时在英格兰，罗曼语也没有随着罗马殖民化发展起来。这些差异表明，要么是殖民化的方式和接触环境中交往的活力有所不同，要么就是在殖民传统的延续性上有所不同。在英格兰，日耳曼殖民化永久地取代了罗马殖民化这一事实是很重要的生态因素。在以下以及第 8 章中，我会讨论这些生态因素的方方面面。

(Thomason & Kaufman 1988)已经意识到,在语言变体本土化和克里奥尔化的过程中,语言转换(language shift)举足轻重。既然人们从一开始就觉察出外来力量对英国、法国、西班牙和葡萄牙统治的相似性,下面的问题就油然而生:为什么同样的情况在17世纪后才发生在英格兰,特别是在威尔士和爱尔兰的殖民化过程中才发生?而据历史回顾,英格兰在5世纪时就遭到了入侵。虽然没有讨论过罗曼语的发展过程,克里斯特尔(Crystal 1995)提出了一种假说:朱特人、盎格鲁人和撒克逊人在英格兰定居的方式与欧洲人在北美定居的方式相似,即他们没有与当地人居住在一起,而是将他们赶出了自己的领地或干脆杀死了他们——而在北美,来自于旧大陆疾病的传播比战争导致了更多人的死亡(Crosby 1992)。克里斯特尔发现,日耳曼入侵者将本地的凯尔特人称为"外国人",*Welsh* 就是"外来人"的意思,并且不与他们居住在一起。和美洲大陆的原住民不愿转向使用欧洲语言一样,这些本地的凯尔特人也无意让自己去适应使用英语。几个世纪后,社会经济条件的改变迫使他们别无选择,而当他们真的使用了英语,导致底层语影响的出现。凯尔特人居住于不列颠群岛的边境地区,发展了马铃薯种植,并屈服于英语这种统治者的语言,随之逐渐产生了爱尔兰语和苏格兰-爱尔兰英语这些语言变体(Filppula 1991; Harris 1991)。

北美的英语变体没有受到美洲原住民语的结构性影响,其原因之一是作为当地的少数民族,美洲原住民直到19世纪晚期或20世纪早期才融入美国主流社会,同时受到主流群体巨大社会经济压力的冲击。迄今为止,仍然有美国原住民讲着拗口的英语,而

大多数他们的孩子，更多地被主流文化全面同化，说着地道的美式英语。因此美国原住民对北美英语的影响主要体现在词汇方面（参见 Mithun 1992）。

与某些人的想法相反，传教士寄希望于传授寄宿学校里美洲
原住民的孩子讲英语，从而能在当地原住民中传播英语，但这和他
115 们在非洲和亚洲所做的类似努力一样都以失败而告终。在寄宿学
校之外，美洲原住民使用自己的语言，而非英语，特别是与家人朋
友亲密相处的时候。因此在远离社会经济的场合，英语只是一种
辅助语言（auxiliary language）。而在社会经济场合下，英语是有
用且有效的，熟练使用英语能使他们更具有竞争力。美国经济的
全球化（globalization）及美洲原住民人口的参与等因素获得了成
效，甚至还影响了那些留在保留地的人们。

同样，正如奥德林（Odlin）即将出版的著作所认为的，劳工移民，而不是学校教育（在那里英语课死气沉沉）更有助于英语在爱尔兰的传播和广泛使用。语言适应的随意性决定了学习者所掌握的语言变体的非标准性。这在一定程度上解释了底层语对爱尔兰英语结构的影响程度。这与特定的社会历史条件下，导致克里奥尔语发展的语言转换和适应过程极为相似。

4.5 族裔生态的重要性

正如我在第 5 章和第 6 章中所阐明的那样，生态环境是语言演化和语种形成中不可忽视的重要因素。在欧洲以外的一些地方，在倾向于底层语影响下进一步重构的族裔环境中，非欧洲人适

用性使用英语，最终演化成克里奥尔语。正如第 2 章中所述，当适应该语言的人不仅仅是与原本就讲这种语言的人接触，而更多的情况是在自己的群体内部也使用这种语言的时候，就会产生底层语的影响。还应当记住，克里奥尔语也因其非标准化的词源语言而有别于词源语言本土化的学院派英语。[①] 克里奥尔语自身真正词源语言的独特异质性，增加了其偏离于那些较少被重构的语言变体的程度，尤其增加了与（经常被不公平地进行比较的）标准语言变体（standard varieties）的偏离程度。在语言习得的环境中，更倾向于与从前成年学习者所讲的一些语言模式保持一致（同时也参与底层语模式的竞争）。

相对于母语人口少于母语习得者人口，被统治人口是否与统治人口经常接触，是更为重要的社会生态因素——特别是在原住民未掌握殖民者语言的殖民地中。以非洲裔美式日常英语为例。116
这种语言的创造者相对于欧洲人口来说是少数。为了更加清楚地阐述观点，让我们重点回顾一下第 3 章中的部分内容。非洲裔美式日常英语与北美白人非标准英语有许多共同特征，因为尽管存在着歧视等社会现实，但非洲裔美国人从 17 世纪早期开始，就与使用其他语言的人们进行了长达 200 多年的接触。随着 19 世纪后期**《吉姆·克罗法案》（Jim Crow Laws）**的通过，种族隔离在美国内陆地区得以制度化，这促使了白人语言和黑人语言的分离。不同族裔语言的差异程度与族裔间的交流程度及演化过程中种族隔

① 格普塔（Gupta 1991）表明，在新加坡的特例中，并不是所有起示范作用的语言教师都来自英国。他们中的一大部分人是来自英国其他殖民地的欧亚混血人口（Eurasians）；还有一些人来自别的欧洲国家，也并不都是完全精通英语。

离开始的时间呈负相关。美国社会后民权运动(post-Civil Rights Movements)的持续及种族隔离事实上的存在保留了独特的非洲裔美式日常语和欧洲裔美式日常语,只有在混合居住区的非洲裔美国人的孩子趋同于白人中产阶级的语言特征。

种族隔离作为族裔因素否定了这样的论断,即由于非洲裔美式日常英语失去了一些"克里奥尔语下层方言的特征",因而正在缩小与白人英语的差异。非裔美国人发展并保留了许多其他文化特征这一事实,恰恰支持了这种相反的观点。比如说,他们有着不同的祈祷方式和宗教仪式,不同的音乐和舞蹈风格,不同的饮食习惯,以及不同的服饰喜好,这些都标志着不同的族裔身份。这并不是否定其中某些特征的来源与白人社区的文化特征相通。同时,非裔美国人的一些语言特征和非语言特征,足以将其与白人的传统相区别,是其族裔自发的独有方式。①

仔细研究北美的定居模式就会发现,创始人口在族裔-生态方面的差异也造成了美国白种人(非标准)方言之间的差别。贝林(Bailyn 1986)和费希尔(Fischer 1989)指出,在新英格兰殖民早

---

① 一些方言学家认为,非洲裔美式日常英语和其他一些非标准的英语方言之间的差异更多来自数字统计方面而非结构方面(见下),或许这些差异更显然属于韵律层面。他们可能是正确的。一些学者坚持认为,这些变体之间共有的语言特征的比例与种族隔离(不同于种族歧视!)开始的时间呈逆向发展,很显然种族隔离在烟草和棉花种植园的施行,并没有美国东南部稻米种植区那般严格。然而,方言的差别并不一定表现为数量巨大或者泾渭分明。最重要的是如何对它们做出社会性的诠释,而且这种社会性的诠释影响了(虽然不是决定性的)北美方言地理学(dialectological)的研究方向。当然,方言学家的这些观察并没有质疑本章的基本宗旨,尽管决定语言选择的族裔生态发生了变化,产生新的英语变体的语言重构的过程中的相似性,尤其是语言特征来源上的共同性尤为重要。

期，自耕农社区的人们或多或少地保留了家乡东英格兰的生活方式，过着保守的、经济上独立的家庭生活。最初，他们只在自己建立的农场内部接触，保留了家乡的讲话方式，只有极少的一部分进行了语言重构，转变成一种新的英语变体。这样，我们就明白了为什么新英格兰英语被认为是最接近不列颠英语的美式英语变体。[①]

另一方面，切萨皮克湾(Chesapeake Bay)殖民地地区(弗吉尼 117
亚、特拉华和宾夕法尼亚州)居住的家庭更少，其中大部分是契约奴(50%—75%，Kulikoff 1991b)，方言种类较多。虽然他们中的很大一部分来自伦敦地区(Bailyn 1986)，但伦敦本身就是一个交际场所，来自不列颠群岛各地(包括爱尔兰和苏格兰边境)的无业农民和工匠在这里认识接触。还有部分契约奴来自欧洲大陆，特别是德国。尽管某些语言特征可能追溯到大不列颠的不同地区，但结构特征的竞争和选择却产生了一种不同于新英格兰地区，甚至更不同于英式方言的英语变体。

在类似于阿巴拉契亚山区的地方，创始人口中苏格兰-爱尔兰人占了很大一部分，他们创造了一种属于自己的新变体(Montgomery 1989)。钱伯斯(Chambers 1991)和克拉克(Clarke 1997a，1997b)报道了在加拿大乡村中类似的英语变体，在这些地方有着鲜明的爱尔兰特色。这也可用于解释意大利英语、犹太英

---

① 然而，这一看似可信的情况同样引发了有趣的问题，为什么新英格兰英语依然是个美国现象，而不是一种保守的不列颠方言。对于后期移民方式，以及他们与创始人口(他们很显然降低了创始人口语言方面的影响)之间的社会经济联系的研究，能够为“英语是如何在地球的这一端进行重构的”这一问题提供线索。

语等语言的发展,即存在一种社会融合(integration)的参量,这种参量更倾向于那些偏离更少具有社会标记性的变体。(见 Victor Friedman 1997 年 3 月私人交流,据观察,这种情况后来大多发展为方音的问题。)

在种族隔离实行得越彻底的地方,特征选择的各因素角力变化就越显著。即使词源语言输入情况相差无几,情况也是如此。因此凯尔特语、德语或荷兰语在某些团体里的影响就比在其他地方大。这与分析来自非词源语言的影响所得的结论相一致,即使对词源语言来说,一种语言在选择结构特征时,也存在特殊的偏好。因此,不同语言变体所做的选择会有所不同。当语言变体几乎完全相同的时候,比如非洲裔美式日常英语和美国南部英语,规则运用也会略有差别。例如,*be* 原形和完成式 *done* 在过去分词和过去式中的用法。①

施奈德(Schneider 1989)、波普拉克和塔利亚蒙特(Poplack & Tagliamonte 1991 及以后的著作)以及塔利亚蒙特(Tagliamonte 1996 及以后的著作)等指出,在这个问题上,部分相关研究资料的相似之处比业界认同的还要多得多。在针对产生语言变体的重构过程存在着的很多相似之处的讨论中,以上研究也为此增添了更多的理由。变化是由内因还是由外因引起的,并不能说明重构过程本

---

① 里克福特(Rickford 1998)强调系动词分布模式时也提供了大量有价值的信息,这支持了我对格勒语和加勒比海克里奥尔语中基本模式的类型学相似性所做出的解释。然而,所有这些新的日常语的发展或多或少都同时发生(Mufwene 1999b)。最终,这些所谓的"克里奥尔语特征"可以追溯到那些也影响了非洲裔美式日常英语发展的其他(非皮钦语)来源。克里奥尔语起源语不需要解释其在非洲裔美式日常英语中的出现。

身。它也不能为新式英语中的一些变体被视为是“非婚生子”提供
理性的解释。相反地，本书提出的生态模型有可能解释这些存在的 118
差异，哪怕只是从统计的角度。这些差异之所以重要，是因为它们
反映了不同的社会群体中相互竞争的变体彼此较量的多种方式。

4.6　相互可懂度及英语的语言接触史

最终，我们必须承认在所有的地方“英语的故事”就是语言接触的历史，是它多种多样的语言变体的语言特征相混合和竞争的历史，是选择的历史（这种选择部分取决于英语本身就具备的变量，部分取决于非英语人口先前熟悉的语言系统）。词源语言本质上的变异性是重要的因素。我们在比较克里奥尔语、非洲裔美式日常英语和本土化英语的重构过程时，不能再使用同一套参照系统。对于某些变体而言，词源语言是非标准的；而对于另一些变体来说，它又被视为学院派式标准变体。这些差异本身就会导致不同的结果。

不幸的是，绝大多数文献都无视或忽略社会**生态（ecological）**条件。他们认为，在北美、澳大利亚、南非和阿根廷，虽然英语母语者的后裔在殖民时期相互之间及与其他欧洲人有着密切的接触，但英语几乎没有发生任何改变。新语言变体的特点都无一例外地被视为与不列颠英语有关，而它们的起源语的方言差异却被忽略。当一些欧洲语言正在转变为英语时，英语不同方言之间的接触就被忽略，与欧洲语言的接触也没有引起关注。在一些语言现象中，一些肤浅的解释被用来说明语言发展的不同：比如，在种植园经济

时代,受非洲人口影响,美国南部白人的英语遭到了破坏。

在英语与非欧洲语言进行接触的地方,特别是在克里奥尔语发展起来的甘蔗种植园和稻米种植园中,或是在形成皮钦语的贸易站里,“非自然”或“非常态”的语言发展实在是轻而易举的事情(如 McMahon 1994;Hock & Joseph 1996);或是非典型因素,如儿童(Bickerton 1981 及以后的著作)。非欧洲人适应被重构的词源语言这一事实更让人容易接受这种解释,也让人更容易以新语言变体与其他英语变体彼此难以沟通为由,否定这些新变体。

语言学家很明白,同一种语言的方言之间并不是必须要相互
119 理解,他们似乎也忽略了这一事实,即使用这些不被认同的语言变体的人仍声称自己讲的是英语。当然,如果把语言间的相互理解作为一种比拥有共同的祖先更为重要的标准的话,那么将现代英语变体和英语的克里奥尔化视为同种语言的方言,远比将现代英语和古代英语视为一体而将克里奥尔语排除在外要更有道理。下面这些例子就说明了这一点。通常,理解克里奥尔语和本土化英语要比理解古代英语容易得多。

(1) 特劳戈特(Traugott 1972:72-73)中的一些古英语结构

a. Syle me ænne hafoc.
“Give me a hawk.”
(*Ælfric's Colloquy* 31.132. *ca* 1000 AD)

b. Gaþ þeawlice þonn ge gehyran cyricean bellan
“Go devoutly when you hear of-church bells.”
(*Ælfric's Colloquy* 48.310. *ca* 1000 AD)

c. Hwæðer ge nu secan gold on treouwum.
“Do you now seek gold in trees?”

(King Alfred, *Boethius* 73.24, 880—890AD)

d. þa gefengon hie þara þreora scipa tu

"then they captured two of those three ships"

(*Anglo-Saxon Chronicle* 90.26, 880—890 AD)

(2) 特劳戈特(Traugott 1972:119,144)一些中世纪英语和早期现代英语的结构

a. Weither seistow this in ernest or in pley?

(Chaucer: *Knight's Tale* A. 1125)

b. Whether had you rather lead mine eyes, or eye your master's heels?

(Shakespeare: *Merry Wives of Windsor* III. ii. 3)

c. Sirra, take my word, I charge thee, for this man, or else goodman butterfly, Ile make thee repent it.

(Deloney: *Th. of Reading* 313.18)

d. And in the same manere oure Lord Crist hath woold and suffred that thy three enemys been entred into thyn house...and han ywounded thy doghter.

(Chaucer: *Tale of Melibee* B. 2615)

(3) 穆夫温田野调查所记录的一些格勒语结构(20 世纪 80 年代)①

① 我曾经采用过传统的视觉方言(eye dialect)以确保不夸大格勒语和英语之间的区别。*Ga* 读作[gə],作为将来时态的标记,以使其与同词源的 *go*[go:]相区别。*Da* 和 *duh* 是同音字,读作[də],但功能却不一样:所以,前者可以被视为定冠词,而后者则是"持续体/进行时"的标志。

JR You trow way…trow way wha? En one day, I gone down deh, en talk bout shrimp bin a bite! I bin on dat flat, en I had me line, I done ketch couple a whiting…I say, I ga put up da drop net…when I look up, duh look from yah to your car deh, I see sompin on da damn side da shoulder comin, like a damn log. I watch um, en when I see him gone down…

EL Hm hm!

JR En dat tide bin a comin in… en dat sucker swim close, closer en closer, den I look en I see dat alligator open e damn mouth!

（4）比克顿(Bickerton 1975:42) 记录的下层圭亚那克里奥尔语①

a. wel if di ded kom aal awi sa tek ded rait he

"Well if death comes, all of us will die right here"

b. den yu go kaal fu boot an so yu a go a kriik

"Then you will call for[a]boat and that's how you go up[the]creek"

c. hi sa pe di rent tu

"He will pay the rent too"

d. if ani blak man fi kom in awi villj fi mek eni trobl, dem go nak dis drom

"If any black man should come in[to]our village to

---

① 该文本最初是语音—拼写记录的方式，为加勒比海的学者们所通用。

make trouble, they would beat this drum."

(5) 格普塔(Gupta 1994)记录的下层新加坡英语[①]

a. Whole life tell[people]you not[kiasu], then make so much noise only.

"You are always telling people you are not[obsessed with getting on], and then you make such a fuss."

(p. 8)

b. You put there then how to go up?

"If you put[it]there, then how[can people]go up[the stairs]?" (p. 11)

c. I sit here talk, can hear also.

"I sit here[and]talk, [it](the tape recorder)can pick up[my voice]too." (p. 11)

d. Tomorrow Sunday, lor.

"Tomorrow[is]Sunday." (p. 72)

(6) 奥德林(Odlin 1992)和菲尔普拉(Filppula 1991)记载的爱尔兰英语(Hiberno-English)结构

a. Well, I seen the time you'd buy a farm for... five or six hundred... Seen farms selling and I young lad

b. But when the house is quiet and us alone you never heard such talk that's going on there.

c. He fell and him crossing the bridge.

① 姑且不管格普塔著作中标题暗示的意义，我只从成年说话者中选择语言结构。

"He fell while crossing the bridge."

d. It was all thatched houses was here one time, you know.

e. Father and mother was givin' him hell. 'Twas in harvest time and the weather bad.

(7) 克里斯琴,沃尔弗拉姆和杜布(Christian, Wolfram & Dube 1988)记载的阿巴拉契亚和奥扎克英语(Ozark English)结构

121 a. He just kept a-beggin' and a-cryin-and a-wantin' to come out.

b. That was the prettiest tree that ever he seen.

c. Well, I've just been lucky I never been bit.

d. Kerosene, that's suppose to been the cure for everything.

e. Seem like everybody knowed where I was from.

f. One of the lights had went out.

g. The girls is usually the ones who picks them.

h. I was scared to death after I done stepped on it.

(8) 莱斯利·隆斯黛尔-库珀和迈克尔·特纳(Leslie Lonsdale-Cooper & Michael Turner)记载的阿伦巴亚语(他们曾翻译了赫奇的著作《丁丁历险记:残缺的耳朵》(1975))

a. Owar ya? Ts goota meecha mai'tee.

"How are you? It's good to meet you'matey."

b. Naluk. Djarem membah dabrah nai dul? Tintin zluk

infu rit'h. Kanyah elpim?

"Now look. Do you remember the brown idol? Tintin's looking for it. Can you help him?"

c. Dabrah nai dul? Oi, oi! Slaika toljah. Datrai b'gib dabrah nai dul ta' Walker. Ewuz anaisgi. Buttiz'h felaz tukahr presh usdjuel. Enefda Arumbayas ket chimdai lavis gutsfa gahtah'z. Nomess in'h!

"The brown idol?... It's like I told you. The tribe gave the brown idol to Walker. He was a nice guy. But his fellows took our precious jewel. And if the Arumbayas catch him, they'll have his garters. No messing!"

例 8 是虚构的,可能是唯一经过外来人口的语言适应后变得难以读懂的英语。我八岁的女儿曾经试图翻阅它,虽然她能够看懂一些视觉方言(eye dialect),但却无法认出任何一个英文单词,最终放弃了。这也确实是试图读懂这篇文章时遇到的主要问题,因为创造了这些重构英语的人们,很聪明地分割了这些线性文字,使得我们再也辨别不出单词与单词之间的界限。有趣的是,没有任何一种英语皮钦语或克里奥尔语在音位层面表现出这样的重构。[①]

---

① 这并不是断言这类进程在语言变化中没有发生。例如,*apron* 一词就是从中世纪英语 *napron*(Victor Friedman 私人交流 1997 年 3 月)一词,通过相似的错误切分发展出来的。其中的区别在于,这类语言重构过程十分广泛而深入,以至于能产生像阿伦巴亚语那样的明显的新的语言变体。

以语言**相互可懂度**(**mutual intelligibility**)作为标准,来判断英语是否变成了另一种新的语言,这种做法存在如下问题:它取决于与克里奥尔语,非洲裔美式日常英语,或本土化语言变体进行比较的是哪种地道的英语。如上文所述,非洲裔美式日常英语和克里奥尔语是由非标准英语方言和其他语言的接触发展而来。事实
122 上,从正确的社会历史角度来看,还应当包括殖民地时期苏格兰-爱尔兰契约奴所讲的非母语英语变体的词源语言特征的结构。这些人与奴隶和其他非欧裔的契约奴长期接触。无论如何,有越来越多的证据表明非洲裔美式日常英语和苏格兰-爱尔兰英语有众多相似之处,这一观点由里克福特(Rickford 1986)首次提出,虽然他自己并不支持这一说法。非洲裔美式日常英语和克里奥尔语的相互可懂度不是由语言学家所讲的学院式英语语言变体决定,而是由欧洲后裔在相似条件下发展起来的非标准英语变体决定。因此,非洲裔美式日常英语与美国南部白人英语的非标准变体(如 Wolfram 1974; Schneider 1989 及以前的著作)相比较更为合适,而非洲式新斯科舍英语(African Nova Scotian English)则可与当地白人社区的非标准英语变体做比较(Poplack & Tagliamonte 1991 年及以后著作)。只有当使用这些关系密切的语言变体的人,都听不懂对方在说什么的时候,我们才能断定它们相互之间是不可理解的。毕竟,由欧洲后裔所讲的英语变体并不属于同一类,例如,我们不能保证澳大利亚英语的任何变体与美式英语的任何变体相互之间都能够彼此理解。

如上所述,英语克里奥尔语和本土化英语的一个重要不同点是,后者的词源语言是学校中传授和使用的,有一定标准的非当地

语言变体。该社会群体以外的人也能够听懂大部分，这一点也并不令人吃惊。同时研究表明，讲本土化语言变体的人与母语为非标准化英语的人相互接触时，他们都听不懂对方的语言。讲标准"地道"英语的人和讲非标准地道英语变体的人之间也存在着这样的问题。人们常常忘记了，语言相互之间的可懂度不仅由语言体系结构的相似程度决定，还与说话人之间以及对彼此语言体系的熟悉程度有关（Larry Smith 1992 在这一点上颇有见地）。这种熟悉程度也适用于不同语言的使用者之间。值得提及的另一个重要因素是，是否有了解谈话对方的意愿，在很多文献中这一点归为"对说话人所持的态度"之中。

4.7　强调相互可懂度的代价

虽然相互可懂度是排除一些新式英语变体的有力工具，但不幸的是，在研究其他变体时，它也存在着负面影响。现在我们可以
说我们对皮钦语和克里奥尔语的发展了解得较多，对非洲裔美式 123
日常英语和本土化英语了解得较少，而对地道的英语的发展却知之甚少。我们对新的地道的方言的发展很感兴趣，却对其产生的族裔生态因素研究甚少，只在少数研究中有所涉及。比如说，在开发欧洲以外的殖民地之前，各种英式方言在殖民地的共存方式和它们在不列颠群岛上的存在方式一样吗？新殖民地更倾向于保留从不列颠群岛上带来的各种方言，还是更倾向于发展以新的接触方式进行交际的语言变体之间产生的新方言呢（这些语言变体在故土接触并不多）？哪些社会和地区的方言出现在创始人口中？

这些因素又在何种程度上影响了殖民地英语的命运？新的社会结构是否对起源于特定社会阶级和地域的语言特征的传播有利？多次移民浪潮在何种程度上影响了这些新变体的发展？柯因内语化究竟是怎样产生的呢？它与第2章中提到的克里奥尔语的特征竞争和选择过程是否有所不同？英语接触到的其他欧洲语言，如新荷兰的荷兰语、弗吉尼亚的德语和路易斯安那的法语，是否影响了新式地道的英语的结构？如何影响的？又是在何种特定条件下影响的呢？

是否一直有人向研究新式英语的语言学家询问与生态环境相关的问题？他们可能会问到在产生新式地道的英语的漫长过程，在哪些方面，以及从何种程度上区别于本土化英语的产生过程？比如说，新式地道的英语中是否存在着底层和（或）并层(adstrate)的影响？我猜测，特征竞争和选择存在于所有新变体的发展过程中，受到特定情境下社会生态因素的约束，但这一点还有待进一步证实。我深信不疑，所有的英语新式变体面对新的族裔及其他文化社会生态都能做出适应性的调整，但仍需要做更多的研究才能证明该观点。

4.8 结语

如果将不列颠群岛上的英语视为不同语种的源头，我们就可以认为克里奥尔语是语言混合遗传和多样化增长的最明显的表现，因为它们代表着比原本典型的变异范围中更加明显的偏离。它们各自发展的社会生态因素使其发展成新的子语种，因为它们有了自己的语言规范，社会也更加独立自主(Chaudenson 1992)。124
随着占主导地位的非欧洲说话人的互相适应，以及在各自的习语中筛选和淘汰语言结构特征，并越来越靠近彼此的系统，克里奥尔语确立了自己的规则。尽管如此，共同体系从来不是整体划一的。(克里奥尔语连续统一体的文献说明了这一点，见 Singler 1997 和 Winford 1997a。)

许多同样的过程发生在其他非克里奥尔化的殖民地英语变体中(Trudgill 1986)。这解释了新式地道英语与当时和现在的英国所讲的变体不同的原因。当然，过去不列颠群岛上流行的英语(直至 17 世纪)自身也经历了改变，鉴于重大的人口流动和殖民时期产生的接触，这也难以避免。但是，这个重构的过程强调了一个事实：方言和习语特征参与了新的竞争，在不同的社会生态因素条件下产生了不同的结果。具有挑战性的是如何解释这些新式语言变体的发展过程，尤其是产生这些语言变体的人所遵循的选择原则。

变异是语言内部的重要社会生态因素。当外在条件改变时，它可能会引导语言(变体)的结构朝新的方向发展。在新的条件下，可能会有新的变体产生，比如英语皮钦语、克里奥尔语、本土化的英语和新式地道英语。正如第 1 章中简略提到的，外部社会生态因素之一是英语接触到的其他语言的各种结构。这种接触不仅会在正在变化着的体系中加入外来元素，还决定了方言和习语中的哪种变化能够被筛选进入新的变体。即使没有欧洲之外的因素，殖民地大都市语言变体之间新的接触形式和由此引发的特征竞争也是正在演化的语言的两个内因。新的地道英语和其他变体发展的重要区别在于互相竞争的结构特征的性质和规模大小，以及是否存在可决定最终特征的外来因素。这些只是影响语言发展的社会生态因素中的几个例子。

在学界继续推行某些新式英语是早期英语的正统分支而另一些是非正统分支的观点是有害的。虽然具体的变化不尽相同，但
125 其产生过程都是相似的。尽管有些看起来与传统英语或当代英语更为相似，但其实所有的新式英语都是自然发展而来的，都是正统的分支。事实上，有着相同起源的同一种类内部的各语言变体之间也存在变异。

在语言变化和语种形成的过程中，语言社群内部以及语言之间的接触，比传统发生语言学家以前认为的作用更大。无论是语言内部还是语言之间的接触，像生物演化一样，变异都是重要的体系内部的生态因素。一旦认同变异的存在，那么作为变化的具体实施者，个体使用者的作用怎么强调都不过分。他们在接触中携带了自身的个体语，在互相适应中使语言得以重构。地道的英语和本土化英语以及克里奥尔语的发展原理是一样的。

5 克里奥尔语发展的研究对发生语言学的影响 126

把发生学上相关联的语言变体确认为是同一种语言的方言抑或独立的语言，有点类似于将某类人口认定为相同或是不同的种族。这是以某些社会偏见为基础，很少有人会公开而明确地讨论这些社会偏见，即使有人提出，也常常被予以否定。人们提出了各种各样难以操作的科学标准来进行划分，而这种划分至少应该被再次检验。比起一些质疑生态演化分支图对发生语言学的影响的有意思的课题，生态演化分支图对发生语言学的影响要大得多。

例如在演化理论中，**混合遗传(blending inheritance)**已经被公认为一种正常的且典型的语言现象。它与社会交往相关，并说明后代从父母彼此结合的基因库中继承特征。出于某些原因，发生语言学家一直执着于这样的设想，认为语言是以一种无性的模式完全传递的，而不是由每一位新的使用者一点一滴重构起来的。语言混合被看作是尚可接受的偏离，而不是语言传递的默认方向。对语言纯粹形式的某种期待，使得19世纪以来的语言学家一直把克里奥尔语和皮钦语看作是非正常的、不规则的、不自然的，与其词源语言也没有发生学上的联系。这种假想又与其他的一些假想相关，如：语言是一个有机体，是一种孕育了个体使用者的社会体制;如果哪里出了错,个体使用者就被认为改变了语言。这些错误的假设,妨碍了我们正确地理解第1章所提出的有关共同语的事实,也就是,共同语是个体语的集合,由于个体使用者为了达到成功交际的目的互相适应,共同语发展出一定程度的同质性。这种彼此适应是引起语言演化的因素之一。语言更多的是通过横向传递而不是纵向传递,没有理由认为动物物种的基因制约条件同样适用于语言。甚至就动物物种而言,生物学上也将混合遗传看作是一种默认现象。

127 生物学家的了解远远不止于动物物种。很早以来他们就认识到,就有些物种而言,基因是从父(母)亲传给后代的,动物就是这样;而对其他物种而言,基因则是横向传递的,包括大量参与者自身各个基因的构成,经过漫长的时间最终形成物种。对自然物种而言,异质性(heterogeneity)和**混杂性(hybridity)**是其正常特征。

发生语言学家也并非完全不承认外部因素对某种语言的演化轨迹的影响。**底层/底层语(substrate/substratum)**以及**表层/表层语(superstrate/superstratum)**这样的术语清楚地说明了这些影响被认为是语言历史的一部分,尽管是偏离于常规和正常的发展之外的一部分。可惜的是,没有任何一种语言演化完全不受到外部因素的影响。如何去做出划分也没有清晰的界定:一方面,有些语言受到外部的影响,但仍然产生了有规律的和正常的语言演化;另一方面,有的语言并非如此。如第4章所言,我们不确定克里奥尔语和非克里奥尔日常语的划分在结构上是否有效。这种划分整体上并不能帮助我们全面深入地了解语言演化。下面我将解释其中的原因。

5.1 前言

雨果·舒哈尔德(Hugo Schuchardt)对19世纪后期的一些语言假说提出了质疑,包括:(1)克里奥尔语是畸变的语言,不值得发生语言学家的过多关注;(2)因为是语言接触的产物,它们不适用于谱系树(Stammbaum)模型,即每门语言或语族只有一个亲源,因此它们不应该被列入语言的发生学类别。

迄今为止,只有第一种假说基本上被摒弃了。比如,学界很多人都同意克里奥尔语是自然的语言。从20世纪70年代开始,这些日常语成为一个研究领域,人们以此来证实各种假说,如标记性(Mufwene 1991a)、二语习得(Andersen 1983)或儿童语言(DeGraff 1999b)。

发生语言学在研究克里奥尔语发展的过程中存在着一些前后矛盾的地方。例如,与哈吉格(Hagège 1993)一样,霍克和约瑟夫(Hock & Joseph 1996:15)无疑在克里奥尔语的形成方面确定了"放之四海而皆准的原则"。但是,他们也提出,这些日常语言并非其词源语言的普通方言(原书第444页),主要理由在于相比于其词源语言,克里奥尔语的"特殊的(语言接触的)历史起源,以及(它们)复杂的结构差异"(原书第442页)。

这些说法当然与拒绝把克里奥尔语看作是独立语言的论调相一 128
致(见第4章)。造成这种矛盾情况的一个重要原因是发生语言学普遍认同**谱系树**模型。在此模型中,在语言正常地形成其方言或子语言的过程中,接触不发挥重要作用。因此,阿巴拉契亚英语是英语的方言，因为在其发展中，接触没有发挥作用；而格勒语是独立的语言，因为它是在英语和非洲语言接触条件下发展形成的。

如果克里奥尔语的起源真是如此特殊的话，我们就需要真正去了解它们究竟有多特殊。然而，正如我下面谈到的，我们的观点不应基于那些过于简单化的假说，尽管它们充斥文牍，尤其是什么**儿语假说(baby talk)**、**外来语言(foreigner talk)**、底层语影响的唯一性或主导性、语言生物程序、不完全二语习得，或表层语影响的唯一性或强势性之类的设想。诚然，克里奥尔语发展的生态环境，和那些非克里奥尔语言“正常”变化的生态有所不同。而在另一方面，有些研究强调这两种生态的相似性（例如 Fisiak 1995；Posner 1996)，认为克里奥尔语可能并没有在如此“不正常”“不典型”或“不自然”的情况下发展。因此我们应该自问：(1)语言的外部接触会比语言的内在变化导致语言演化更加“不自然”吗？(2)在语言演化中内因和外因之间的界线何在（Labov 1994)？我与詹姆斯·米尔罗伊(James Milroy 1992）都认为研究者如果不去理解语言变化的社会生态因素，就无法对历史语言学做出充分的研究。

对舒哈尔德的第二个质疑，语言学在这方面似乎没有大的改变。例如，尽管赞成“混合语言”(mixed languages)的存在，托马森和考夫曼(Thomason & Kaufman 1988)坚持认为这些语言“根本不能从语言发生学的角度进行分类”(原书第 3 页)。他们提出“(除了界限相对不明晰的语言现象)通常人们能够将发生学上并非同源的混合语与源自共同的发生学谱系的语言区分开来”(原书第 3 页)。他们还间接地反对了叶尔姆斯列夫(Hjelmslev 1938)的结论，即所有语言在某种程度上都是混合语，传统的语言发生学分类更多的是基于共同的词汇而非共同的语法。[①] 他们也否定了文莱奇(Weinreich 1953)的观点,后者主张克里奥尔语与其词源语言在发生学上同属一类。他们认为“如果有发生学上的关联,就说明语言的各方面都存在系统的相似性,这是由于正常的传递所致:语言是整体传递的”(原书第 11 页)。与此同时,“在正常的传递中,一门语言不可能有多个祖先”(原书第 11 页)。问题在于,他们用以维 129
护自己立场的理由,基本上就是在发生语言学中已经用到的方法。

托马森和考夫曼的传统看法值得商榷。并没有明确的标准来找出某一个临界点,过了这个临界点,来自其他语言的影响就使得所产生的变体无法从发生学的角度得以分类。托马森(Thomason 1997)提出,此模型适用于原型的语言现象,但她并没有涉及原型案例所代表的类别的大小问题,也没有回答将传统案例当作原型案例的理据何在。托马森和考夫曼本来可以充分利用语言混合的证据来质疑业已存在的谱系树传统。例如,罗曼语言(见下)的证据还是支持了语言接触是其语种生成的关键因素。

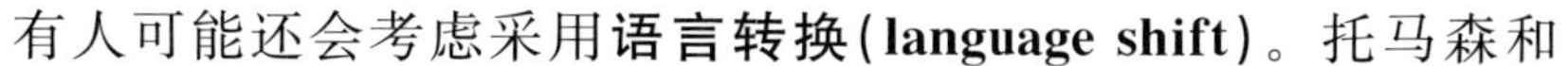

有人可能还会考虑采用**语言转换(language shift)**。托马森和

① 根据叶尔姆斯列夫(未被托马森和考夫曼引用),并不是在语法结构方面拥有很多类型学共性把印欧语言归并在一起,其之所以成为一个语系,主要在于他们的词汇。波斯纳(Posner 1996)认为,甚至是罗曼语,这个“经过充分验证的‘母亲’(原始日耳曼语或**原型语言(proto-language)**)的唯一扩展的‘家庭’”(原书第 11 页),词汇还是语言的最普遍的共有联系(原书第 35 页)。语法上的相似性很难将它们与其他欧洲语言区别开来,起码在它们的标准变体层面上(标准变体减少了内部之间的不同),同时也可以让人们将一些特立独行的罗曼语言(例如法语)排除出中心“罗曼语俱乐部”,以此对抗那些包括在欧洲之外使用的语言变体的“扩展的家族”。一旦人们开始考察这些情况,毫无疑问就会发现在这些情况中语言接触都起着重要的作用(同见 Martin Harris 1988)。

考夫曼认为语言转换是克里奥尔语发展的重要因素。遗憾的是“转换”是一个族裔概念,意思是改变为并不常见的交际系统。“转换”不是指某个个体语言结构上的变化,尽管由于语言接触,“转换”常常导致言语个体语言结构的变化。今天,很多欧洲之外的欧洲语言使用者,如北美的大部分欧洲语言使用者,其父辈就是使用从其他语言那里“转换”而来的语言。如果我们将“转换”和语言接触作为正规的标准来探讨语言变体之间的发生关系的话,我们也会同样有理由把北美英语变体看作是非发生学的发展,除非能够提供某种衡量机制来测量因接触而引发的重构的程度,而这种重构并不影响基因的属性。下面我要说的是这样的标准不具操作性。

有人可能还会辩解说,发生学分类用的是比较法。遗憾的是,比较法本身尚未用于克里奥尔语及其非标准的殖民地词源语言。托马森和考夫曼的立场基于对克里奥尔语的结构及其词源语言的标准变体的结构进行的常规的、随意的比较。但是,词汇的证据指向的恰恰是克里奥尔语的殖民地非标准词源语言。至于语法证据,除非有人不公正地指望在克里奥尔语的案例中存在母语到子语的完全复制,否则克里奥尔语与其词源语言的联系无可否认。唯一的问题就是词源语言方言的多样性,每种克里奥尔语与这些方言都有某种程度的联系。但是,相应的问题就是,克里奥尔语是否代表了反常的案例,或者发生语言学所赖以发展研究方法的语料是否有漏洞,也就是那些高度局限的文本,还有那些未必能够代
130 表一般使用者正常话语的“规范化”的变体。克里奥尔语提供了这样一个机会,发生语言学家得以重新审视那些不再确凿的证据。

5.2 克里奥尔语的发展中值得注意的一些事实

下面我会讨论有关克里奥尔语发展中的一些常见的假说，在前文中这些假说可能并未阐述清楚。这里概括地简述一下这些假说对了解本章大有裨益。

5.2.1 克里奥尔语并不比其他语言发展得更快

有文献宣称或暗示，比起“非混合”语言而言，克里奥尔语发展得更快。但如果考察像爱尔兰英语（尤其是爱尔兰北部和乡下）之类的变体的发展，这种观点很难站得住脚。根据希基（Hickey 1995）的观点，和大多数大西洋克里奥尔语一样，爱尔兰英语是在17至19世纪发展而来的。如果把注意力集中到北美，这种克里奥尔语快速发展的依据会误导我们，让我们不禁产生疑惑，北美英语和法语日常语是否也应该被认定为克里奥尔语。这些语言和相关的克里奥尔语，比如格勒语和路易斯安那法语克里奥尔语，是在相同的时间发展起来的。所有这些语言都是由于语言和（或）方言的接触而逐步地、同时地发展起来的。

上述观点的核心问题是一个老生常谈的话题，例如，既然罗曼语用了1000年的时间发展成现在的样子，我们就应该等700年再来判断现在的这些克里奥尔语在类似过去1000年来罗曼语所处的族裔条件下发展后，其结构“看上去”会是什么样子。此外，俗拉丁语改变为古罗曼语变体所花的时间和非标准英语、法语和葡萄

牙语改变为相应的克里奥尔语以及其他的欧洲以外日常语所花的时间理应相差无几。由于不停变化中的族裔生态，罗曼语后期的结构变化是正常的演化发展。这种变化的族裔生态包括与法兰克人(法语)或与阿拉伯人(西班牙语)的接触，尽管从凯尔特语到罗曼语言的漫长的转变中还存在底层语的影响。我们可以由此推测，在相同的历史条件下，克里奥尔语可能同样会需要长达千年的演化时间。否则，在发展持续时间方面的相关比较就应该有所限
131 制，只去比较俗拉丁语用了多长的时间发展为古罗曼语变体，以及欧洲语言用了多长的时间发展为相关的克里奥尔语。所以，克里奥尔语并非发展得更快。

5.2.2 克里奥尔语并非由儿童创造

一直有人坚持认为克里奥尔语是由儿童创造的，认为是儿童将其作为母语习得，因而扩展了其父母相对贫乏的皮钦语。在第2章中我已经谈到，克里奥尔语不可能是由儿童创造的。如果是由儿童创造的，那么其结构上就应该是一个发育不良的体系(Mufwene 1999a)。很多克里奥尔语底层语的转移，就足以反驳克里奥尔语发展中儿童的主导地位。除此之外，克里奥尔语发展所在地区的社会经济历史也可以反驳这种母语化假说。事实上，欧洲语言的殖民地非标准变体进入克里奥尔语进行重构的媒介应该是成人(Chaudenson 1979 及以后著作；Sankoff 1979；Thomason 1980；Lefebvre 1986；Mufwene 1986b；Holm 1988；及 Singler 1992)。我们不禁会问，这样的生态因素是否不同于诸如罗曼语言(Posner 1996)和英格兰标准英语(Lüdtke 1995)发展中的具有代表性的因素。在

所有这类案例中，统治者主要是和成人打交道，这些成年人看到适应这些新的语言有利可图。在适应过程中，由于自身语言产生的影响，导致了这些新的语言的重构。

5.2.3 克里奥尔语并非源于标准变体

为了说明克里奥尔语在多大程度上与其欧洲源语存在分歧，以致被视为独立的语言，语言学家常常将其与这些语言的标准变体进行比较。遗憾的是，根据相关地区的社会经济历史，克里奥尔语的词源语言是非标准的殖民地日常语（见第 2 章）。这些地区的居住的历史也表明词源语言不完全集中或者稳定（据 Le Page & Tabouret-Keller 1985），因为当时它们自身还处在以新方言的形式形成的过程中。但是这种分散并不意味着缺少习得的目标（参考 Baker 1997；Thomason 1997）。社会经济历史表明，契约奴来自欧洲的某些地区，而不是不同殖民地的主要城市，他们的语言是不地道的。例如，非洲裔美式日常英语和格勒语的一些特征与爱尔兰英语相关，这说明了盖尔语的影响（因为当时爱尔兰英语的非
标准变体自身也在演化）。就像在近代的欧洲开拓殖民地里，与非 132
欧洲人用欧洲词源语言交际的那些欧洲人是否使用的是其母语，并没有什么影响。在交际的尝试中，新的日常语的诞生只是偶然发生的。

这些情况表明，发展克里奥尔语的那些使用者在语言创造性方面与儿童并无不同，在有时相互冲突的语言输入中习得语言，儿童也不得不做出选择。受到不同生态因素的制约，儿童同样也不完全地习得语言。比起成人，他们有如下优势：（1）他们并不使用

其他语言，不会干扰目标语的结构。(2)他们的语言发展与认知成熟同步进行，因此，他们所关注的目标语的内容数量有限，特定阶段也只习得其中的一些内容。(3) 他们没有成人那样的压力，非得策略性地发展出某些结构来交流各种思想——有些思想是相当复杂的——而成人必须在很短的时间内做到。根据哈吉格(Hagège 1993)的观点，在成人努力地使用另一种语言时，语言的差别更多地引发再创造，而不是继承。

5.2.4 克里奥尔语及类似语言的一些特征源于底层语

假设扩展的皮钦语和克里奥尔语实质上并没有什么不同(Todd 1984; Mühlhäusler 1986; Romaine 1988; Féral 1991; Mufwene 1997a)，有明确的例子表明，克里奥尔语的结构特征可以追溯到其底层语系统。最明确的例子来自美拉尼西亚皮钦语，见桑科夫和布朗(Sankoff & Brown 1976)、法拉克拉斯(Faraclas 1988b)、基辛(Keesing 1988)、桑科夫(Sankoff 1993)以及西格尔(Siegel 1998)。例如，这些皮钦语在其名词的数的体系中发展了双数词范畴，带自由标志 *pela* (<英语的 *fellow*)的极度简化的数字分类体系，介词中包含/排斥的区分，及物动词后置标志 *im* (<英语的 *him*)，以及选择使用源自指示词 *here* 的一种形式来连接关系从句。和大西洋克里奥尔语不同，基于多数的底层语模型，它们选择了不同的信息焦点策略和不同的时间指示的迂回标志，如，*stop* 表进行，*pinis* 表完成。这些美拉尼西亚混合变体也说明了克里奥尔语中的结构特征很少还保留与词源语言相同的形式，

如数字分类子体系。博尔茨基（Boretzky 1993）指出，这甚至在非克里奥尔语言的演化中也实属正常。

在大西洋克里奥尔语中，伯比斯荷兰语可能表现出比例最高 133
的底层语影响，特别是诸如**后置词（postpositions）**之类的语法词素（Robertson 1993；Kouwenberg 1994）。伯比斯荷兰语主要是由东部的伊鸠人和荷兰人的接触演化而来，具有相对同质的底层语。其次也许就是萨拉马卡语了，存在如 *taánga yési* “stubbornness”（lit. “strong ears”）及 *háti boónu* “anger”（lit. “heart burn”；Alleyne 1980）这样的短语。没有例子说明这一发展不同于非克里奥尔语言的演化，尽管选自底层语的选项和结构，在非克里奥尔语言的例子中被称作借用（borrowing）。

5.2.5　词源语言在克里奥尔语的结构特征选择中并非唯一但十分重要的作用

和词汇一样，克里奥尔语的绝大部分结构特征（尤其是在大西洋和印度洋）都可以追溯到其词源语言，这在讨论底层语时就已经涉及。时间指示标记、名词界定标记、关系标记等都可以从词源语言的某种非标准变体那里找到根源。

我们所关心的问题不是某些特征来自哪里，而是哪些生态因素决定了其选择，以及为了适合新的体系，它们在多大程度上做了修正。我们可能还会问，如果那些特定的形式不适合词源语言的一些结构条件，它们是否还会入选？比如，如果在一些英语方言里 *does* 不具备惯常（HABITUAL）标志的功能，圭亚那克里奥尔语中 *dos*（格勒语的[dəz]）是否还会被选作惯常标志？如果词源语言

中的 *going to* 或 *gonna* 不具有将来的含义，*go*（格勒语的[gə]）是否会被选作将来标志？同样都是重构的例子，怎样区分进入克里奥尔语体系所做的选择，以及进入美拉尼西亚皮钦语所做的选择，而后者的语言功能受到底层语的影响？克里奥尔语的结构中真的存在无中生有的创新吗？以上所有的例子都是在特定的生态条件下发生的正常的系统适应，因而是正常的语言变化吗？同样地，是否有一个合适的生态的理由——与词源语言有关的——来解释为什么法式大西洋克里奥尔语和英语不同，没有从法语的动词 *dire* 发展出补语化成分（complementizer）（Frajzyngier 1984）？为什么斯拉南语（Sranan）中没有 *taki*“say/speak”的功能（Plag 1993）？（最后两个问题参见 Mufwene 1996a。）

在第 2 章已经提出，我们没有理由否认非标准词源语言向克
134 里奥尔语的发展是连续的、无间断的。但是，重构多多少少意味着
220 将相互竞争的体系拆开，从接触环境中产生的特征库里选择“建筑材料”来发展新的体系。这个过程并不是人们有意而为之，但正是由于人们长期心照不宣地这样做，日积月累产生了新的方言。如相关二语习得的研究所证实的，语言特征的传递不可能是完全复制。因此，入选克里奥尔语的特征与其原型不可能完全相同。在克里奥尔语系统的逐步形成中，这些特征常常加以调整，以与其他的发展相一致。第 2 章还提到，“建筑材料”可来自相接触的任何语言或方言。这种发展的情形与语言系统并非整体统一的事实是一致的（Mufwene 1992a；Labov 1998）。

5.2.6 克里奥尔语的发展无需特殊理论来阐释

我设想标记性的赋值是相对于使用或习得某种特定语言变体的具体的生态来确定的。和其他的语言使用者一样，发展克里奥尔语的那些人会选择那些对他们而言无标记的结构选项进入新的方言。这也充分说明词源语言是在特定的生态中自然地演化成克里奥尔语言的。克里奥尔语的发展不需要特殊理论进行阐释。

我常用“融合性”(congruence)，或托马森(Thomason 1983)所用的术语“趋同性”(convergence)，来解释为特征库中相互竞争的选项赋以标记值的因素。在语言接触的背景中，对于“融合性”，也就是产生新的语言结构的若干独立过程的协同作用，我们没有什么可借用的解释。在此将着重阐述。连动结构(SVCs)是一个贴切的例子，因为其几乎完全受到底层语的影响。我们可以仔细研究英语中的 *go/come fishing* 及其法语译文 *aller/venir pêcher* 之类的结构。在克里奥尔语的发展中，仅是因为动词屈折形式的消失就可能产生 *go/come fish* 和 *va/vin pêche* 这样的连动结构。这一点又成为催化剂，允许其他连动结构的自然发展，在这些连动结构中，描述“方式”的谓语可以位于动作动词之前，如“run go/come”(尽管其词序和英语的 *go/come running* (意为“run to / from”)以及法语的 *aller/venir en courant* 不同)；或者“take”用作中心动词，如“*take* knife *cut* meat”或者“give”用作连动结构，如“*buy* hat *give* me”。

221

现在，与“融合性”联系在一起以后，生态的作用变得重要起

来。语言接触环境中底层语言的持续存在确实有利于连动结构被选入克里奥尔语言系统。它很大程度上决定着在特定的克里奥尔语中哪些类型的连动结构将被发展起来。因此有趣的是,不是所有的克里奥尔语,也不是所有的序列语言(serializing language)都具有与格连动结构(dative serial constructions)(如"give"),也不是所有语言把表连动的"say"语法化为补语成分。我们很想知道,在怎样特定的生态条件下,这样的语言才有可能发展,而在怎样的条件下又被排除。我们依然对非洲裔美式日常英语怀有好奇,它在来自格勒语的那些不同的语言生态条件下发展起来,但并不比美洲白人非标准英语日常语具有更多的类似于连动结构这样的语言特征。

5.2.7 克里奥尔语和其他日常语一样都历经竞争-选择过程

以上阐述强调了在语言演化中存在竞争时,选择的作用。在克里奥尔语的发展和在其他语言变化的例子中,选择所起的作用相同。因此,2.2.6 节中就克里奥尔语发展所做出的竞争-选择的阐释,与特鲁德吉尔(Trudgill 1986)对澳大利亚英语和北美方言英语变体所做的阐释只有细节上的差异。两者都提出了标记性(markedness),用来说明世界上没有哪个语言的使用人群面临选择时会选择有标记——因而更不受青睐的选项。两者都认为,尽管存在扩展性创新,但新体系还是会从使用者已有的选项中进行选择。

5.2.8 创始人原则阐释了克里奥尔语结构形成的主要原因

以上阐述中,创始人原则(第 2 章)的作用十分重要。根据创始人原则,克里奥尔语体系的特征主要取决于**创始阶段(founding period)**相互竞争的变体。所谓创始阶段就是殖民地早期阶段,尤其是有语言接触的阶段,接触导致重构,产生了克里奥尔语。要理解克里奥尔语结构特征的来源,我们不仅需要关注西尔温(Sylvain 1936)和特纳(Turner 1949)对底层语言结构选项的分析,还需要了解贝内特(Bennett 1908, 1909)、克拉普(Krapp 1924)、库拉思(Kurath 1928)、约翰逊(Johnson 1930)、西尔温(Sylvain 1936)、麦克戴维和麦克戴维(McDavid & McDavid 1951)、乔登森(Chaudenson 1973 及以后著作)、德埃洛伊雅(D'Eloia 1973)、施奈德(Schneider 1983,1989)、里克福特(Rickford 136
1986)等人对欧洲契约奴和自耕农所使用的非标准日常语的研究,殖民地的非欧洲劳工与自耕农之间的交往十分频繁。

5.3 生态和语言演化

一旦厘清了来龙去脉,霍克和约瑟夫(Hock & Joseph 1996: 15)的论断就更加有说服力。他们认为克里奥尔语是按照"放之四海而皆准的原则"发展的。这对重新审视非克里奥尔语变体发展的各个方面大有裨益。比如,欧洲裔美式日常语(European-American vernacular)的演化与其大城市亲属语言的发展有所不同。通常的解释是这些新大陆语言变体没有参与后来的巨大变革,而正是这些变革影响了其欧洲的亲属语言。

尽管不能说上述的诠释完全错误,但这些解释也过于夸大了前欧洲语言变体的保守性。众所周知,这些日常语的特征起源于不同的大城市方言。来源不同的选项存在竞争和(并非唯一的)选择(Trudgill 1986)。人口的流动以及由此产生的接触,无疑是新大陆殖民时期对不列颠英语进行重构的重要原因。但是,在相同的殖民地条件下,相同的大城市方言的接触应该产生相同的语言结果。贝林(Bailyn 1986)、费希尔(Fischer 1989)、库尼科夫(Kulikoff 1991a,1991b)及其他历史学家的研究都曾指出过这类接触。但由于其语言结果并不相同,我们就会设想,因为接触的具体生态互不相同,相同的重构方式会产生不同的语言结果。

在克里奥尔语发展的社会历史场景中,生态包括了下列从第2章中总结出来的因素:参与接触的人口以及彼此间所占比例是多少?使用何种语言变体及其结构类型特征是什么?词源语言中有多少不同的种类,具体提供了哪些词汇和结构的选项参与竞争?(这个与结构相关的问题同样适用于底层语,因为底层语提供的系列选项可用于解释为什么有些结构选项入选了克里奥尔体系。)在族群和(或)社会阶层中,其成员之间跨群体的交际模式是怎样的?在殖民化的不同阶段,上述的因素呈现出怎样的差异?

137 其他相关因素还包括各殖民地之间"初始条件的差异、随机事件、时间间隔(time lags)、在不同时间尺度上的进程和空间细分"(Brown 1995:15-16)。因此,就算所有输入的结构因素相同,代数变量的不同也会造成各克里奥尔语的差异。例如,我们知道在大规模种植园产业开始得早的地区，下层方言化的变体也产生得早，和其他殖民地的下层方言变体也更加不同。第 2 章也曾讨论缺少以西班牙语为基础的克里奥尔语，例如在古巴，西班牙人直到 19 世纪才开始经营甘蔗种植园，在长达 150 年的自耕农场阶段，他们与奴隶生活在一起并教他们标准西班牙语。向种植园经济转变的时期，不仅没有快速的人口置换，也没有大规模的劳动人口增加。

第 2 章中还提到，早期欧洲人口和非欧洲人口的比例不均衡也解释了各殖民地底层方言的差异，如牙买加和巴巴多斯不同的克里奥尔语发展。词源语言的早期撤离或者其使用者人口的减少，造成了如苏里南和加勒比海的英语克里奥尔语的差异。种植园产业的种类——弗吉尼亚是烟草，南卡罗来纳是稻米，加勒比海是甘蔗——以及种族隔离的时间，都造成了各殖民地之间的差异。

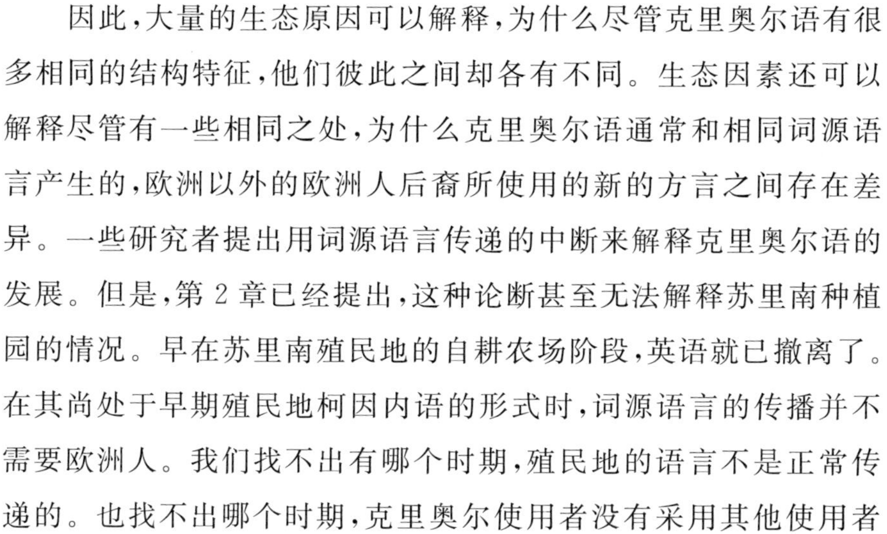

因此，大量的生态原因可以解释，为什么尽管克里奥尔语有很多相同的结构特征，他们彼此之间却各有不同。生态因素还可以解释尽管有一些相同之处，为什么克里奥尔语通常和相同词源语言产生的，欧洲以外的欧洲人后裔所使用的新的方言之间存在差异。一些研究者提出用词源语言传递的中断来解释克里奥尔语的发展。但是，第 2 章已经提出，这种论断甚至无法解释苏里南种植园的情况。早在苏里南殖民地的自耕农场阶段，英语就已撤离了。在其尚处于早期殖民地柯因内语的形式时，词源语言的传播并不需要欧洲人。我们找不出有哪个时期，殖民地的语言不是正常传递的。也找不出哪个时期，克里奥尔使用者没有采用其他使用者在正常的、非学院式的语言传递环境中使用的策略。当然，他们的学习目标不是大城市的语言，也没有必要过多关注大城市的语言。但这仍然是一个学习目标。产生克里奥尔语的生态因素和选择性重构，与那些导致“正常”(normal)语言变化的因素和重构是一样的。在几乎所有的语言演化中，个体语之间的接触是一个关键的因素。

138

5.4 “克里奥尔化”是一个社会过程

我在这里总结穆夫温(Mufwene 2000a)所提出的论点的核心。根据前面的论述，语言学文献中所称的**克里奥尔化(creolization)**并不等同于任何特殊的结构过程及其组合。我们完全可以肯定地说这是一个社会过程，在这个过程中，与特定的社会群体——尤其是在殖民环境外缘的非欧洲人后裔——相关的日常语，被几乎同时发展的(主要是欧洲人后裔所使用的)殖民地语言变体剥夺了发展的权利。在语言学家对“克里奥尔语起源”感兴趣之前，在殖民地时期及以后都存在这种社会过程。克里奥尔研究者就因简单地陷入一些社会偏见而影响了自身的研究，他们不仅仅试图去推行**克里奥尔语**之类的术语，还试图推行原就以失败而告终的**克里奥尔化**。

语言学家所设想的克里奥尔语的不同发展阶段——从行话(jargon)或皮钦语到克里奥尔语——和史实并不一致(Mufwene 1997a)。正如第1章所谈到的，比较务实的、粗略的概括就是皮钦语产生于贸易殖民地，而克里奥尔语产生于定居殖民地。[①] 对**克里奥尔化**的一个相对让人满意的解释——如果必须证实这个过程的话——它应该是基于创始人口的族裔/种族关系，17 世纪到 19 世纪特定的殖民地日常语不同于其他殖民地变体的社会标识。对诸如**下层方言化**——一个可适用于任何与当地上层方言有极大差异的共同变体的、更加中性的术语——之类的术语的解释，只是以结构的证据来证实这个社会过程。但是，并不存在所有克里奥尔语共同的下层方言。每一种下层化的变体都是相对于其上层方言而言的。在过去的几个世纪里，克里奥尔语只出现在（亚）热带的欧洲殖民地里，因而尽管从社会历史的角度它们形成了一个特殊的语言团体，也在**家族相似模型（family resemblance model）**上有一些共同特征，但克里奥尔语仍远远谈不上是语言的一类普遍结构类型。确切地说，同样的社会和语言发展也发生在其他地方、其他时间，但其结果却不叫作**克里奥尔语**。因此，其他地方的发展被我们看作是在不同的生态条件下，从一种状态到另一种状态的简单的语言演化。[②]

---

① 普遍性甚至也应用到了美拉尼西亚皮钦语中。根据基辛（Keesing 1988），使用这些变体的创始人口发明了能出海的捕鲸船。这些船连带他们自己都被卖到了种植园。在那里他们发展了托克皮辛语、比斯拉玛语等类似的语言。

② 正如一种语言变体能够获得法语或德语的特征，用高卢化或者日耳曼语化的模式来谈及克里奥尔化，并获得克里奥尔语特征是很有吸引力的。然而，这不同于一些学者对中世纪/现代英语或者罗曼语言的形成的解释，他们认为那也是克里奥尔化过程。他们曾经不适当地采用这一术语来指称大部分从屈折型语言向分析型/迂回型语言的演化，好像这些过程是克里奥尔语独自所特有的。这在汉语、泰语和克瓦语中也得到了证实，但这些语言的克里奥尔语身份值得怀疑。在这些语言中，语言的这种策略经常更加有规律，而且更加统一（Mufwene 1986b）。此外，在正确的视角下追溯历史，我们会看到克里奥尔语主要是从其欧洲词源语言处选择特征，当然底层语言的帮助作用也不可小视。将它们在欧洲语言中的发展视为克里奥尔化是不合时宜的。

如上所观察到的，欧洲之外的欧洲人后裔使用的(前)殖民地方言与其大城市亲属语言存在差异，这说明它们也是接触条件下重构的结果。只是其中的一些生态条件有所不同。如在英国的北
139 美殖民地，一部分契约奴来自欧洲大陆，大部分契约奴来自不列颠群岛，尤其是爱尔兰，他们都不是英语的母语使用者。因此，即使北美殖民地里没有非洲人，美国南部白人日常语仍然会与其大城市亲属语言有所不同。例如，尽管(在殖民地创始阶段)和非洲语言使用者的接触有限，阿巴拉契亚和新英格兰英语日常语还是反映了多种重构。特鲁德吉尔(Trudgill 1986)也强调了澳大利亚和福克兰群岛的英语发展中重构所起到的作用。

我们现在应该做的是着重关注社会历史对发生语言学的启示。我在这里竭力清楚地阐述罗曼(Romaine 1982) 所提出的**“社会历史语言学”(sociohistorical linguistics)**的概念。在下一节，我大体上赞成**“均变原则”(Uniformatarian Principle)**——拉波夫(Labov 1994) 勉强采纳的——所指出的，产生克里奥尔语的过程与产生其他语言的新变体的过程基本相同。我会回溯历史，强调接触在英语和法语演化中的作用。

5.5 接触在英语和法语历史上的作用

毫无疑问，按照一些罗曼语研究者的说法，罗曼语是从俗拉丁语发展而来，是由罗曼帝国大陆上的凯尔特人的人口逐渐转换，一路发展到 20 世纪。令人惊奇的是，尽管“底层语言成分”(substratum)的概念是由罗曼语研究者提出的，但我们几乎找不到

有关凯尔特语言对罗曼语发展存在贡献的明确证据，甚至在19世纪80年代少数错误地试图将俗拉丁语的**高卢化**(**Gallicization**)和**伊比利亚化**(**Iberianization**)看作是**克里奥尔化**的尝试中也找不到。同样，由于过于依赖内因的变化来解释语言物种形成的过程，法兰克语(Frankish)和阿拉伯语的影响一点也没有被提到，然而事实上，它们对法语区别于葡萄牙语和西班牙语起到重要作用。(参见 Green 1988；Harris 1988；及 Posner 1996 的新观点。)

相关的社会历史表明，接触可能是导致变化的催化剂，该变化影响了非标准的拉丁日常语，而凯尔特人口以放弃自己的本土语言为代价，逐渐转换为非标准的拉丁日常语。甚至在意大利，拉丁语也由于其使用者中大多数非罗曼人口的语言适应而有所改变。在重构过程中，接触又一次成为了催化剂，尽管拉丁语和其他意大
利语言之间的相同之处使得这一过程不如在意大利之外的地区广 140
泛。因而比起伊比利亚和高卢的罗曼语言，意大利语和拉丁语更加接近。

欧洲部分的社会历史说明了外因在拉丁语向其支系的变化中所起的核心作用。这就要求我们进一步调查语言变化的生态。于是，我们需要了解为什么整个法国的语言没有在同一时间里高卢化，或者为什么不止一种法语方言是从俗拉丁语发展而来的。所有这些因素都是偶然的吗？或者在高卢人转向拉丁语的社会生态中，是否有更多值得注意的地方？无视底层语的影响是没有道理的，尤其是当我们认识到底层语言决定了语言重构方向的时候。

如5.2.1节谈到的，俗拉丁语发展到罗曼语言所用的时间并不比词源语言发展到克里奥尔语更长。即使如此，**发展速度**

(**speed of development**)的不同是否就反映了不同的重构？既然词源语言改变的生态条件不同——对罗曼语言而言是内在的，而对克里奥尔语而言是外在的[①]——那么生态的差异是否引起了重构过程本质上的差异，而不是结果及其所采用的具体过程的差异？

忽略生态环境的作用，尤其是语言和方言接触的生态的作用，在英语的研究中也同样十分明显。历史告诉我们为什么直到17世纪，凯尔特语才对不列颠英语变体产生影响，也就是爱尔兰英语(Filppula 1991；John Harris 1991；Odlin 1992；Hickey 1995；Kallen 1997)。盎格鲁人、朱特人和撒克逊人对英格兰的殖民统治大体上和欧洲人对北美洲的殖民类似：驱逐当地人，几乎不与之交往，几个世纪来一直没有让他们转向使用英语。两种情况中，都是英语使用者在当地出现的后期，当地人才逐步开始以殖民者的语言作为自己的日常语的——尤其是开始于城市环境——因而带来新的结构或一些他们所喜欢的选择项，这些选择项可能在其他语言变体中并不受欢迎。[②]

很少有人解释为什么古英语不同于盎格鲁人、朱特人及撒克逊人所带来的语言，以及有哪些不同之处。(见 Hogg 1992，尤其是他的前言中有颇为有趣的论点。)是否可以假设这些语言自身内

---

① 乔登森(Chaudenson 1979 以及以后的研究)所做的区分，强调了下述事实：在家乡，凯尔特人并不像新大陆或者印度洋地区的非洲人那样，笼罩在一种转向新的日常语的压力之下。因此，语言变换的进行自然地采取了一种不同的速度。由于底层人口语言学意义上的更多同质性，底层语的影响可能更大。

② 这些观察关注的是现今可以识别的、更加明显的语法现象。凯尔特语的影响显然可以追溯到中世纪英语的时代(Tristram 1997, 2000；Haspelmath 1998；Vennemann 2000)。然而，值得注意的是，古英语的发展没有反映出来自凯尔特语的深远影响。

在的接触产生了被认为是“古英语”的一系列新的变体，由于不同环境的“混合配方”的不同，这些古英语存在地区和社会的差异？这个过程是否不同于开始于17世纪，不仅发生在不列颠群岛，还发生在诸如北美洲、澳大利亚和新西兰的英国殖民地，由早期方言 141
接触而导致的英语重构？古斯堪的纳维亚语对古英语的影响能否被忽略，至少在决定选择重构方向的生态因素方面？（有关这个方面参见 Kroch，Taylor & Ringe 2000。）当盎格鲁-诺曼统治者对后来形成的标准英语似乎起到催化剂的作用的时候，诺曼法语的作用能否被忽略（Lüdtke 1995）？英语变体中已有的（一些）同样的趋势，使得在分享古斯堪的纳维亚语和（或）法语的参项方面，接触是否并没有起到催化作用？我们是否可以肯定，WH 关系词以及疑问词移位在标准英语中本来就很普通，并没有受到法语（和拉丁语）的影响？为什么它们没有出现在非标准的方言和克里奥尔语之中？下面我会谈到这些问题的各方面，来强调接触在语言演化中的作用。

5.6　语言作为物种：变化的意义

这小节的内容将是第6章的核心。我们有充足的理由支持第1章所提到的观点：将语言比作生物体并不能充分洞察语言的演化。语言作为社会共有财富，是由相似的个体语扩展适应（extrapolate）而成，就如同物种是个体扩展适应而成的一样，这些个体能够成功复制自身或至少具有这样的趋势。在彼此适应和（或）扩展现有的形式或结构时，个体使用者促进了变化。这些变化由于相接触的个体不同而有所不同。如我在第 2 章里提到的，我们可以说接触开始于个体语层次，是所有演化过程的核心。因为接触决定了个体使用者所引发的某一变化是否会扩展到整个社会。[①] 还有，一旦认识到语言物种类似于寄生（parasitic）物种和**拉马克（Lamarckian）**物种，混合遗传变得举足轻重。这是因为在语言物种的生命历程中，其特征组合不断地变化，特征更多地是横向传递，而不是纵向传递，多种来源的影响是正常情况，而不是特例。混合遗传使我们重新分析使用谱系树（坚持认为传统上每个语族的子语言只有一个祖语）的传统是否真的适合语言物种形成的复杂过程。

只有由诺曼人及其英国同伴彼此适应的那部分英语，才在接触过程中直接地受到了诺曼法语的影响（Lüdtke 1995）。其他的英语方言只是受到这种新变体的间接影响，而且程度也不一样。出于同样的原因，我们也可以认为只有一些英语变体，就是那些在殖民环境中由非欧洲人所适应的变体，会被重构以形成克里奥尔语。同样，只有那些输出到定居殖民地的英语变体，才会变化为像
142 美式英语或澳大利亚英语之类的新变体。出于同样的原因，只有那些输出到新大陆部分的非洲语言才消亡了，而那些留在非洲的

① 人们可能会说，那些变化通常都太微小了，因此它们对于一个语言的演化所施加的影响十分有限。实际上，如果变化不以这种方式进行，它们在共同语中就会几乎没有什么连续性。语言中创新形式与守恒形式的交错保证了语言的连续性。同时，当变化在一个社群中流行的时候，它们的作用与混沌理论（chaos theory）中吸引因子（attractors）的效应相似，这种作用在这些变化被相同的而且越来越多的语言使用者再现时得到增强，直到一个随机的事件停止、稳定、减弱或者逆转这一过程。凯勒（Keller 1994）关于语言中影响变化的“看不见的手”的讨论对此有着十分详尽的解释。

语言并没有消亡。语言演化方面的区别性视角(differentiating perspective)有利于把语言看作物种观点的发展,这是将语言看作生物体的研究所不能企及的。

5.7 一些结语

将接触作为生态因素排除于发生语言学之外的传统,和欧洲社会的历史不相一致。由于历史上有大量的人口迁徙和领土征服,因而存在大量的人口接触。就英国殖民地而言,向欧洲之外的移民实际上是欧洲内部移民的扩展(Bailyn 1986)。很自然地我们就会想到,至少有一些影响欧洲之外的语言演化的相同的因素,也会影响欧洲内部语言的变化。忽略这些相似之处——除了像巴尔干一样非常显著的例子之外——是受到"双重标准"原则的影响。这就等同于在理解变化的生态之前,拒绝从根源入手得出结论,也不管创新是来自某个团体的内部还是外部。甚而言之,就是缺乏兴趣去探究产生变化本身的原因,就仿佛变化不需要任何缘由一样。

这时候,我们要问自己,是否能够完全将此归咎于那些宣称英语和法语是由克里奥尔化发展而来的人。如上所述,我不赞成他们的观点是因为克里奥尔化不是一个结构过程——没有特别的克里奥尔语的重构过程。一些新的日常语之所以被叫作克里奥尔语,是由于某个时期——尤其是 17 到 19 世纪——特殊的社会历史原因,以及特殊的地理环境,尤其是位于热带地区的欧洲定居殖民地。我们真的没有别的理由在别的地方寻找克里奥尔语。

然而，我们不能随意否认观察到的情况，即在语言演化中，方言或语言的接触在选择某些重构路径时起到的催化作用。因此从接触环境中词源语言的重构的角度，认为英语和罗曼语言的发展多多少少类似于克里奥尔语的观点并非完全错误。也就是说它们都是在词源语言的外在和内在结构特征相互竞争的生态中发展起来的，其竞争是通过那些企图说同一种语言，但在使用过程中改变了这种语言的人口实现的。那些发展出新的变体的人们知道自己
143 想要使用什么语言，尽管他们可能意识不到自己产生的语言变体或学到的语言变体存在偏差，尤其是学习目标不太明确的时候。

如果下列生态条件表明克里奥尔语不能和其他语言相区别，为什么克里奥尔语就不能从发生学的角度给予分类？(1)接触在英语和罗曼语言的发展中所起的作用和对克里奥尔语的作用相似；(2)不存在克里奥尔语特殊的重构过程；(3)克里奥尔语词汇的90%以上来自词源语言；(4)其大量的结构特征可追溯到词源语言的非标准变体；(5)其母语使用者认为自己使用的是词源语言的方言；(6)历史语言学家所认同的对应性(correspondence)并非对所有语族都同样有说服力(如标准法语，见 Posner 1996)。难道问题不在于克里奥尔语与其词源语言的发生学关系如何，而在于发生语言学对发生学中亲缘关系是如何理解的吗？有没有特别的理由，一定要将发生学的亲缘关系建立在一门语言或语族只有一个祖语来源的设想之上？

因为着重于语言的传播和语种的形成，我们把语言比作河流，当河流进入三角洲，被分隔成若干支流，这些支流的颜色和泥沙含量彼此都不一样。在研究其语种形成情况时，难道我们可以不考虑水流流经的地表状况吗？答案显然是不能，这说明底层土壤，也

就是语言的接触在考察语言变化时是不能被忽略的。我们再来设想一条河流的水与另一条河流融合在一起，共同形成了一条航道，我们难道可以说其中的某一条河单独地造就了这条共同航道吗？同样的否定答案也强调了语言演化中接触的作用。

把语言看作包含了“个体语”的语种，情况就更为复杂，个体使用者的行为会影响语种的命运。在接触环境中，由于特征的竞争和选择而形成的新的语种是互相接触的单个或多个语种转化的结果。转化结果中部分的特征是以前的语种所没有的，部分是以前语种边缘特征的增强，还有部分以前的特征消亡了。因此，新的语种很显然受到与其他语种接触的影响，哪怕其他语种只是帮助它增强了原有特征，或者是丧失了原本并不显著的特征。

以上说明，我们所研究的实际上是在特定的生态条件下变化的程度问题。相同的语言在不同的生态条件下重构产生的差异更 144
多地存在于方程的产出(outputs of the equation)，而不是方程的性质(the nature of the equation)。迄今为止是否将语言按照发生学进行分类的决定，看上去依赖的是重构的程度，其首先就不幸地建立在错误的对比上，并且对结构界线的认证缺少明确的辨析。可以肯定的是，这些增强发生学联系的变异——取决于来自源发语的特征的比例——不应被忽略。和发生语言学仍在采用的19世纪的分类学传统相反，我们可以通过修正发生学联系的表征来记录变异。但是，有些后代因为与公认的上辈不太相像，就被否认其合理的继承事实，这时候问题就又出现了。相应地，社会上也有很多孩子，因为看上去和父母长得不够相像，其父母就能不承认是自己的孩子！

145

6 语言的接触、演化以及消亡——生态学的影响

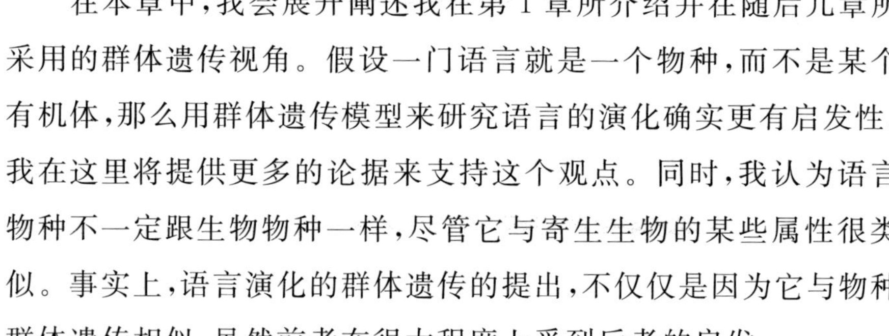

在本章中，我会展开阐述我在第 1 章所介绍并在随后几章所采用的群体遗传视角。假设一门语言就是一个物种，而不是某个有机体，那么用群体遗传模型来研究语言的演化确实更有启发性。我在这里将提供更多的论据来支持这个观点。同时，我认为语言物种不一定跟生物物种一样，尽管它与寄生生物的某些属性很类似。事实上，语言演化的群体遗传的提出，不仅仅是因为它与物种群体遗传相似，虽然前者在很大程度上受到后者的启发。

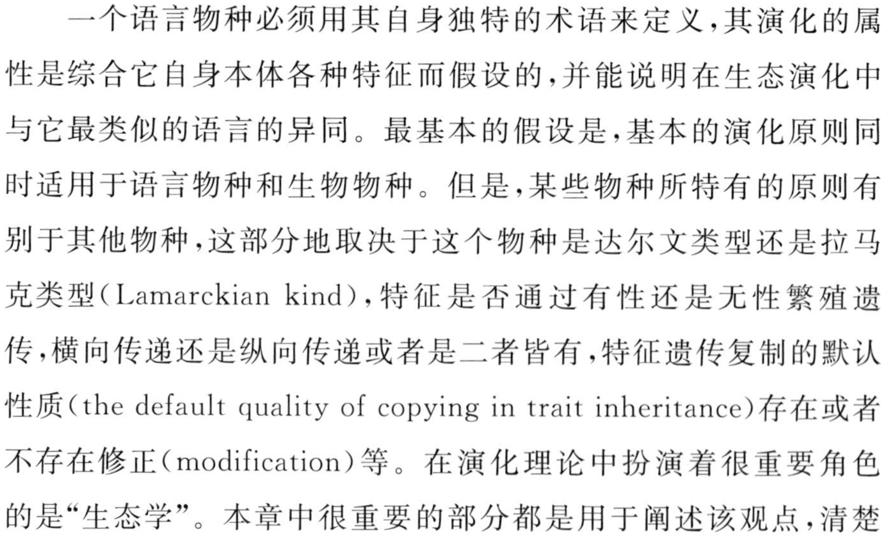

一个语言物种必须用其自身独特的术语来定义，其演化的属性是综合它自身本体各种特征而假设的，并能说明在生态演化中与它最类似的语言的异同。最基本的假设是，基本的演化原则同时适用于语言物种和生物物种。但是，某些物种所特有的原则有别于其他物种，这部分地取决于这个物种是达尔文类型还是拉马克类型（Lamarckian kind），特征是否通过有性还是无性繁殖遗传，横向传递还是纵向传递或者是二者皆有，特征遗传复制的默认性质（the default quality of copying in trait inheritance）存在或者不存在修正（modification）等。在演化理论中扮演着很重要角色的是“生态学”。本章中很重要的部分都是用于阐述该观点，清楚

地说明它如何引起及(或)决定语言的演化。

6.1　引言

在这里采用的**“演化”(evolution)**观点跟第1章中所介绍的一样,就是“一段时间中一门语言(变体)发生的长期变化”。从结构的角度来说,这些变化在于发音、表达事物(形态句法上、词法上)、意义编码的不同方式。它们可以或多或少归因于结构的复杂性。146
语言的演化也可以是带语用性质的,比如说由于社会的因素而限制了某些表达的用法。以上阐述的一切都将导致某种语言演化成别的变体,不论是方言也好、另一门语言也好。从族裔的角度来说,这些变化可能体现在一门语言活跃性的减弱,以及(或)对其身份的混淆,或者是它的**消亡(death)**。并不是所有的语言都会经历这样的改变,即便经历了这样的改变,它们也不一定遵循相同的演化方式。为了说明这些多样化演化方式的相同和不同,我们有必要了解各种发展过程中的各种**生态环境(ecologies)**。

约翰娜·尼科尔斯(Johanna Nichols 1994:276-277)对各种演化做了区分,包括“递增的渐进复杂性变化”(progressive change toward increasing complexity)和“达尔文的演化论,即现存变异种类通过自然选择产生的变化”。她说:“没有证据表明形态句法的结构是属于渐进式的演化。”渐进式的演化涉及“递增的复杂性,结构和功能的合理化以及相对于环境越来越强的独立性”。她辩称:

> 人类语言自然选择的例子几乎不存在……唯一自然

> 选择的例子是在残存区域(residual zone)的接近于标准轮廓的情况。残存区域,从定义上来说,涉及语言接触和语言多元化,标准轮廓的众多特征,诸如更加复杂的形态句法、附着词素(cliticization)或者是首标记模式(head-marking pattern)的增加、对宾格序列的走向,以及SOV语序。当说话者从多种语言的所有语法形式中做出选择时,这些特征就表现明显。这种演化在每个单独的残存区域中产生了针对某些特征的标准统计轮廓,但是没有理由认为它在普遍的层面上对语言有所影响。
>
> 达尔文演化论的一个次级理论是物种形成说,一个群落不同于另一个群落,最终发展成一个新的物种。在任何其他的类型学著作中,没有找到任何关于物种形成说的证据。虽然语言学物种与生物概念上的物种是不相似的,但从非正式的角度我们可以说,语言和语言谱系就像生物个体或是有血缘关系的群体一样,相互之间存在联系,而不是物种中的一个属类。(原书第276-277页)

接下来我将说明尽管不同于动物物种,语言语种与生物物种还是有着明显的相似性。语言的演化通过**自然选择(natural selection)**推进,而自然选择发生在互相竞争的不同的个体语中(尽管大多数情况下差异性不大)。接触无处不在,从个体语开始,这些不同个体语的共存促进了自然选择。关于语言演化的语种形成学说有大量的例证,在第2章到第5章讨论的新的语言变体的发展时提到了这些例证。

我要重申一下，演化是没有目的的或者说是没有特定的目标 147
的。也不应该把它说成是一种进步(Gould 1993:323)，虽然我们经常用适应变化的生态环境这样的字眼来描述它。语言学系统可能向更复杂的结构演化，同样也可能向更简单的结构演化，正如这些系统可能只是被**重构(restructured)**，却没有变得更复杂或更简单。我们还没有完全弄清楚它们为什么会发生改变，但是很明显，说话者并不是把这些系统原封不动地口口相传。说话者之间相互适应(这种行为在共同语层面不会产生变化)，通过适应性扩展产生新的变体从而满足不同的交际需求。这种适应性并不一定会改进系统，而且一开始也并不明显。因此，语言的演化并非事先策划好的，至少不是以最自然的形式进行的。

(从相互竞争中产生的)自然选择在语言演化中扮演着重要的角色，受到生态的支配。通常情况下一系列综合的因素维系着变异(在任何演化过程中的一个核心因素)，但是有时这些因素更青睐某些变异胜过于其他，还经常使那些更有优势的变异适应于其他变化。一门语言的演化通过个体使用者以及他们的言语行为和个体语得以推动，同时在各种个体语共存的情况下，由生态作用于变异。这些个体语，就像我们提到过的，是相似而不是完全相同。有一个很重要的问题我无法在本章回答，但是我想引起大家的注意，那就是关于**个体选择(individual selections)**和**群体选择(group selections)**的共存问题。虽然两者的关系就像个体语和共同语之间的关系一样密切，但是产生共存的问题的方式不太一样，就是说，什么时候，通过什么方式个体选择可以引起群体选择？换句话说，就是什么时候，通过什么方式，个体语变化会引起一种语言的变化？

如果把语言假想成物种，那么区分这两种选择就至关重要。这种研究方法让我们更容易意识到如果没有个体选择，群体选择就不会发生。但是这两种选择并不总是一致的。这种情形强调了这样一些事实：一门活着的语言中存在竞争；言语个体相互交际时不断地进行**协商(negotiations)**；语言使用者做出结构性和非结构性选择，以及一次又一次选择的叠加如何决定了一门语言的演化轨迹。在我们对演化论和上面提到的问题有更清楚的了解之前，把以下这些问题解释得比第1章更加清楚会对我们有所帮助：为什么一门语言要被看作是一个物种，它的生态环境是由什么组成的，以及为什么用物竞天择的模型来分析语言的演化过程——就像生物的演化过程一样。

148 6.2 作为物种的语言

从19世纪开始，语言就被赋予了生命。这不仅仅是因为语言学有谈论语言消亡的传统——与现存的语言形成对照——还因为把某些语言看成是衰落的或是濒临灭亡的(通常心照不宣地认为与那些兴盛的语言相反)是一件很平常的事。我们用生物学中的**有机体(organism)**来类比那些生机勃勃的语言。令人惊讶的是，新兴的变异社会语言学研究并没有置疑这个假设，可能是因为它主要强调的是不同变体之间的比较(比如非洲裔美式日常英语、克里奥尔语、非标准的方言和标准方言)，而不是不同个体语之间的比较。在任何一种语言变体中,后者通常被认为是相同的,而不是相似的。对这个假设最有力的证明是,某种语言的或是言语共同体的成员间能互相交流是因为他们所说的变体拥有共同的语言体系。

我们需要对这类观点提出质疑。首先,使用者不必为了交际而使用同一个系统。他们所需要的只是熟悉彼此的系统以及能够了解彼此系统所表达的意思,或多或少就像是我们了解计算机和文字处理器中的运算法则。有人可能会问,那么对于一种体系拥有一种共同语的假设是不是也应该被否决。答案是否定的,虽然**系统性(systematicity)**并不是共同语的要求。在共同语的典型变异中,我们可能会发现个体语比共同语更有系统性。个体需要系统,个体语也需要系统,这样才能与个体行为保持一致。它们可以被转化为共同系统,但是这并不是必要的。

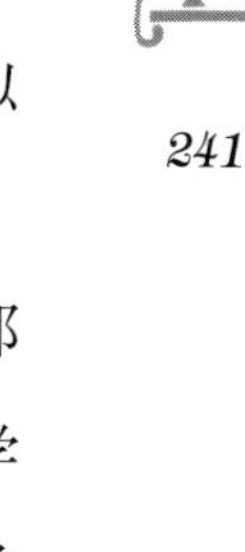

如果个体语不相同,而共同语的系统性又可以不如个体语那般系统,那么在同一个社群的成员是如何顺利地交际呢?语言学过去回避了下面的问题:为什么在某些与言语行为相关因素无关的情况下,同一个社群(甚至是同一个家庭或同一个网络)的成员不能彼此成功地交流?这些观察和以下将要提到的理由支持了语言是一个物种而不是一个有机体的观点。有几个很好的理由支持了这个观点。

第一,把语言比作一种有机体,并没有涵盖语言内部的变异因素。这种说法使人们可能更难接受语言的内部变异是促成语言内

在变化的动因。倘若发音、概念的表达和意义的编码等方面均没
149 有变异，那么变化的唯一原因便来自外部，这与发生语言学所支持的观点恰恰相反。事实上，令人感到奇怪的是，在受到遗传分类学(cladistics)影响的分支学科(subfield)里，语言内部的变异在语言形成中的重要性，不像生物物种的内部变异在生物演化中那般明显。后者中大部分的内容都是以变异为假设前提。[①]

第二，把语言比作一种有机体，很难说明一门语言局部的或差异性的变化，一些使用者可能参与这种变化，而另一些则不会，或者是用不同的方式参与。英格兰和北美英语从 17 世纪就向不同的方向变化这个例子可以说明这个现象，现在这两个地方的言语表达也各不相同。解释这种差异性演化的有机体概念与物种的概念大同小异。

第三，有机体这个比喻无法说明一门语言的长期变化过程中不同的变异速度，不仅仅是一些使用者比另一些使用者变化快，一些方言比另一些方言变化也快得多。这种情况与生物中的**级差繁殖(differential reproduction)**相类似，可以用法语中的 *aller* 的用法和英语中的(*be*)*going to*＞($be_{contracted}$)*gon*(*na*)这一表示将来时

① 这一观点并不表示所有的变异导致变化朝着一致的方向发展。如果一个物种的生态没有发生变化，其大多数的变异将保持稳定。事实上，一些变异并没有受到生态变化的影响，至少影响并不剧烈。例如，英语中可变化的关系从句策略并没有强烈地受到法语中关系句模式的影响，而且并不是所有的方言都通过这种方式受到了法语的影响。大多数非标准的英语方言并不把 *who* 和 *which* 当作关系代词来用，其中有一些方言甚至不用 *whose*。因此，在变化的生态中，当变化发生或者不能发生时，了解到在生态变化中什么有利于或不利于特定的变异模式很有必要。

的助动词的统计变量(statistical variation)来加以证明。[①] 囊括了这些事实的有机体的概念在本质上和物种的概念没有区别。

第四,同种语言可能在某个地区兴盛而在另一个地区没落或消亡(Hoeningswald 1989)。传播到新大陆的几种移民语言便如此,这些语言在它们的故乡还继续使用。只有有机体的概念等同于物种的概念时,才能包含一种语言从产生到消亡所经历的不同阶段。

第五,语言和方言的界限模糊不清;不容置疑的是,有机体作为个体的界限模糊不清(见 Jerry Sadock 1998 年 5 月私人交流)。与有机体最相近的类比是个体语。就像我们谈论某个物种的时候需要涉及不止一个的有机体,一门语言是由多种个体语扩展而来,这些个体语受相似的结构性和实用性原则支配,或者源自相同的祖先。

① 还有一些情况是,在特定人口中包含着一种现象(无论那是否真的算是一种改变),而这种现象不会(强烈地)影响到这一群体中的其他一些成员。作为会话标记的 *like* 便是如此。*Like* 可以用来引出一段解释性的话(虽然有可能是不准确的),尤其是用来标记换了说话者的改变或是叙述中观点的改变。看起来,这一用法与特定的年龄段(年轻人)相关,随着年龄的增长就会停止使用。而作为有机体的语言这一比喻却不能反映这样的事实,尤其是当所有使用者并不是在同一时间或以同一速率告别一个年龄段(age-groups)时,这甚至使我们很难有效地使用"代际"(generation)这一概念。一个语言社群的成员并非同天、同月或同年出生。一个语言社群的生命依赖于不同的个体生命的不均衡且经常变化的不稳定发展。

我认为用物种，而不是有机体来类比语言更为恰当。[①] 我也同意语言演化的媒介是个体使用者，这点和哈吉格(Hagège 1993)、凯勒(Keller 1994)、适应理论(accommodation theory)的研究者(如 Giles & Smith 1979)以及网络理论(network theory)的支持者(Milroy & Milroy 1985;James Milroy 1992)的看法一致。影响演化的变异在个体语内部开始发生，在达到下一个更高级的层面，即跨方言及(或)跨语言的差异产生之前发生。过去认为接
150 触开始于方言或语言层面，而实际上在个体语层面就已经开始了。由于方言或语言接触的场所是说话者个体的头脑，个体语接触和方言或语言接触的区别更多是定量的而非定性的。我假设同种方言中的个体语比同种语言中的方言的相似程度更大，也许这种假设没有根据。无论如何，在群体遗传中，由选择引起的变化在个体层面上就开始发生，这些个体在相互交往中，促使他们的不同特征

① 在这里我之所以强调“物种”这一概念，而非“人口”，是因为没有必要为将不同的个人聚集在一起形成群体提供所谓的理由。我们只需要为将它们聚合为一个物种提供正确的理由，例如，如果个体都来自于相同的祖先，并(或)拥有共同的基因(O'Hara 1994)。自称或被别人称作是说同一种语言的人们的情况与此类似。他们不需要彼此理解，只需要他们能够在自己的个体语或方言中显示出一些发生学的和(或)结构性的联系。就语言而言，情况更为复杂，因为有的本土居民可能基于意识形态的原因声称或否认这样的联系，例如巴尔干语言中的情况，那里语言的疆界一次又一次地被重新界定(Friedman 1996)。然而，基于学术目的的分类，以上的解释是站得住脚的。这也是为什么我没有采取生物学家一般的立场，即是否一个物种的成员，取决于该物种的成员杂交繁殖和再生相似的成员的潜在能力。在语言中，能成功地相互交流的使用者，有时会否认他们所说的是同一种语言。

互相竞争。[①] 如果拉波夫(Labov 1998)的观察结论是对的,即个体语之间的变异没有我认为的那么多,那么这种情况就是说话者在特定的交际网络(communicative networks)或言语共同体中相互适应的不同方式和不同程度的结果。

关于一个言语共同体中变化传播的速度究竟有多快,有一点告诫是适宜的:比在一个由基因纵向代代相传,而且在整个过程中几乎没有修正的物种要快很多。然而,语言学的特征通常是横向传播,跟寄生生物特征的传播方式差不多,是通过说话者与同一个交际网络的成员或者同一个言语共同体的成员交往进行传播。语言的传播方式默认为带有修正性,不论这种修正有多不起眼。每代之间相互独立的横向性以及多倍性传播让新特征的快速扩散成为可能。如果这类修正过的特征传播导致了重构,比如北美白人英语变体的元音转移(Labov 1994,Bailey & Thomas 1998),这个过程就不需要等上几代人才能实现。但代际与代际之间的变异仍然发生在不同的个体语中。[②]

和物种一样,语言是一个集合体,是被假设为拥有相同的祖先和相同的结构特征的个体语的扩展。就像一个生物物种被定义为其成员可以交配并且生育出同类的后代,一门语言可以被定义为

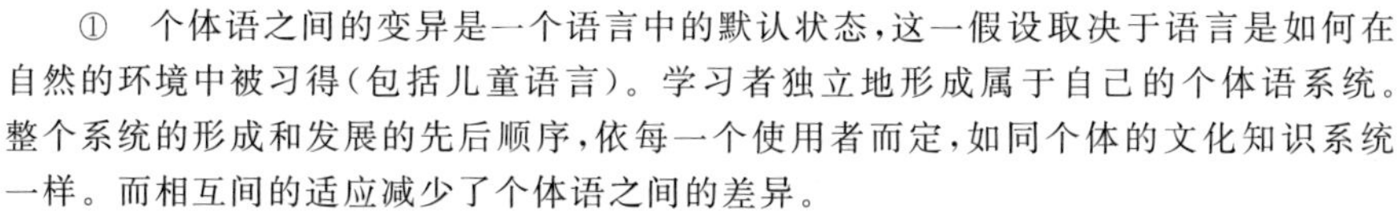

① 个体语之间的变异是一个语言中的默认状态,这一假设取决于语言是如何在自然的环境中被习得(包括儿童语言)。学习者独立地形成属于自己的个体语系统。整个系统的形成和发展的先后顺序,依每一个使用者而定,如同个体的文化知识系统一样。而相互间的适应减少了个体语之间的差异。

② 与语言学中的变异理论一致的是,有人假设在一个言语社区中的这种可变性,与处于变化中的物种的成员间有利的或不利的基因分布相对应。唯一的不同在于,在一个物种中,一些基因的选择性优势主要取决于其纵向传输,需要经过很多代才能使不利的基因成为潜在的基因,同时在物种层面上的变化十分明显。

"使其宿主(使用者)能互相接触并且互相理解的个体语的总和"(Robert Perlman 1999 年 11 月私人交流)。这个观点假设交际等同于生物学中的**杂交繁殖(interbreeding)**或语言传递的方式。语言物种中的成员关系建立在家族相似性模型上。然而,变异在某个范围内才被认为是正常的,超出了这个范围,其成员就会被认为是不地道、不流利地说某种语言。从这个角度来说,演化由某个物种在可认可范围内的变异所构成。[①]

151 接下来的问题是:(1)为什么语言的界限不能更为随机?(2)为什么同一种语言的使用者中没有产生更多的变异?第二个问题的答案取决于个体语接触的作用,在哪个层面上不同的使用者互相适应,以致于使他们的系统越来越相似。正如在第 1 章和第 2 章所提到的,接触有一个基本的形式,即发生于互相接触的个体语之间。这是一个基本的要素,解释了勒佩奇和塔布勒特-凯勒(Le Page & Tabouret-Keller 1985)提出的**聚焦(focusing)**概念,即相同言语共同体的成员彼此之间的相似程度比非成员高。[②] 适

---

① 罗伯特·珀尔曼(Robert Perlman)观察到"家族相似性"(family resemblance)模式在生物学中存在问题,因为在杂交繁衍能力(常见的演化)之外,就没有一种不变的本质特性来决定一种物种的成员的身份(1999 年 11 月私人交流)。事实上,除了克里奥尔语言学中通过结构性特征来定义克里奥尔语的没有价值的尝试之外,语言没有通过任何一个语言特征来定义过。在这里引用家族相似性,只是为了强调按照相似性和相异性,在一种方言或语言的个人习语间所获得的关系类型,而这随着决定拿来进行比较的每一对语言的不同而各自不同。

② 在人口发生学中与这一过程相对应的是**稳定性选择**,"显型(phenotype)的平均值,比对这一平均值的偏离具有更大的适应性"(Robert Perlman 1999 年 11 月私人交流)。通过这种过程,一些变异体由生态环境挑选了出来。例如,人类出生时通常的重量稳定在 7 英镑左右,因为高过或低于这个平均重量,婴儿的死亡率就会增大。偏离平均值体重的婴儿能够存活下来的可能性降低,并且生育这种婴儿的统计上的可能性也较少。在人口群体中,这一事件的总体结果就是"婴儿最低死亡率范围之内,婴儿出生体重的集中分布"。

应性使某些特征比其他被淘汰的竞争特征更有优势。① 在某些情况下，一个网络会使用另一个网络的典型特征，尽管这两个网络的大部分成员没有互相交往。游走于这样的网络之间，个体使用者类似于生态学中的“被地理隔离的个体”（Hanski 1996），这些个体是语言传播的媒介。当他们从一个群体向另一个群体传播语言的特征时——就像传播细菌一样——就充当了变化最初始的媒介。

如果个体之间没有交往，没有让各自的语言特征相互竞争并通过放弃自己的一些特征、接受新特征或修正自己的系统来相互适应，那么聚焦或改变就不会发生。一点儿一点儿地，语言特征就在一个群体中传播开来，影响到整个语种或者是语种的大部分，接着经常是导致系统或多或少地重组。当交际网络之间几乎没有接触，甚至在相似的语言特征库中做出不同选择的时候，语种就分别产生出各种独立的亚语种（被称为方言或是独立语言）。②

在某些情况下，目前尚不清楚不同的特征是从一个语言系统中挑选出来的还是添加进去的。两种语言变体之间的差异可能取

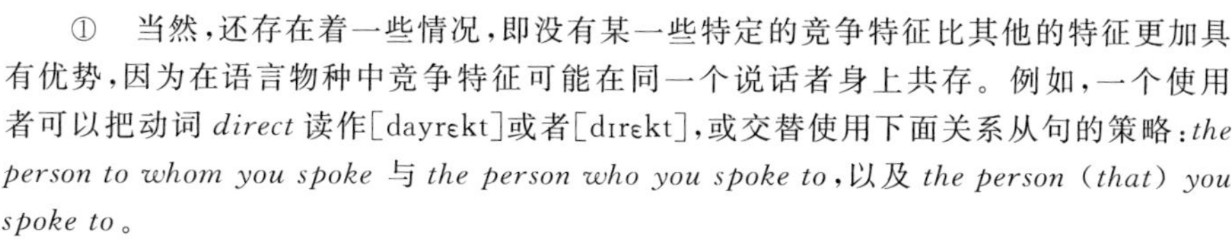

① 当然，还存在着一些情况，即没有某一些特定的竞争特征比其他的特征更加具有优势，因为在语言物种中竞争特征可能在同一个说话者身上共存。例如，一个使用者可以把动词 *direct* 读作[dayrɛkt]或者[dɪrɛkt]，或交替使用下面关系从句的策略：*the person to whom you spoke* 与 *the person who you spoke to*，以及 *the person* (*that*) *you spoke to*。

② 罗伯特·珀尔曼（Robert Perlman 1999 年 11 月私人交流）在生物学中也同样观察到了如下的情况：同类寄生物种的两个变种（甚至不同的寄生物种）侵占到个体宿主上，为这些寄生物种之间的基因重组或基因流动创造了机会。这些过程被认为对抵抗细菌性损害的扩散起到很大作用。很多人身上携带的是正常的、非病原的菌群，它们会抵制抗生素。这些寄生生物提供了耐抗生素基因的宿主，它们可以被转换为新的、对抗生素敏感的生物体，这些生物体可以侵入并移植到相同的个体上。

决于相互竞争的变异及(或)它们所处环境因素的权重。比如说，非洲裔美式日常英语和其他非标准美式日常英语之间的区别，有时候就是用这种方式加以解释。同样地，新“母语英语”(native English)之间产生的不同是带有差异的语言特征进行选择的结果(见第3章)。相似的解释同样适用于不同地区和不同社会的方言的发展，基于最频繁相互交往的个体是谁，以及在一个交际网络中哪些特征在相互竞争。

我认为语言更像是寄生、共生物种(parasitic, symbiotic
152 kind)，而不是动物。寄生物种是一个很好的类比，主要是因为语言不可能脱离于使用者而存在，正如寄生物种不可能脱离于**宿主(host)**而生存。借用布朗(Brown 1995:191)的话来说，语言的生命“与其宿主的分布紧密相关，因为宿主提供了其生存和繁衍所必需的重要环境条件”。许多影响语言的生态因素不是指其说话者的生理特征，而是附着于它的其他寄生系统特征，例如文化因素——附带了地位、性别和权力等因素——以及其他方面的语言变体。

还有一些其他的理由来支持语言与寄生物种的相似性。如下所示：

(1) 如果一门语言的使用者被成批屠杀，那么这种语言也将消失。

(2) 如果一门语言的使用者无法使这种语言兴盛，比如说，他们移居到新的环境，并且必须使用当地的日常语，那么这种语言就会衰落甚至消亡。

(3) 一门语言是兴盛还是衰落，很大程度上取决于其使用者的社会习惯。比如说,在一个多种语言共存的群体中,某种语言是否有社会经济优势或劣势(类似于避免选择某个特定寄生物的宿主,或是选择对这种寄生物种的交互繁殖更有抵抗力的宿主)。

(4) 寄生物种能够影响其宿主的行为,并且使生物自己适应其宿主的行为反应(Thompson 1994:123)。

(5) 具有不同生命历程的寄生物及其宿主喜欢不同模式的地理特征等。

(6) 寄生物种比其宿主更容易具体化,从而分化成不同的亚物种(Thompson 1994:132),就像方言的语种形成一样。在这种情况下,独立方言的发展与不同种族或生态群体的发展没有必然的联系。

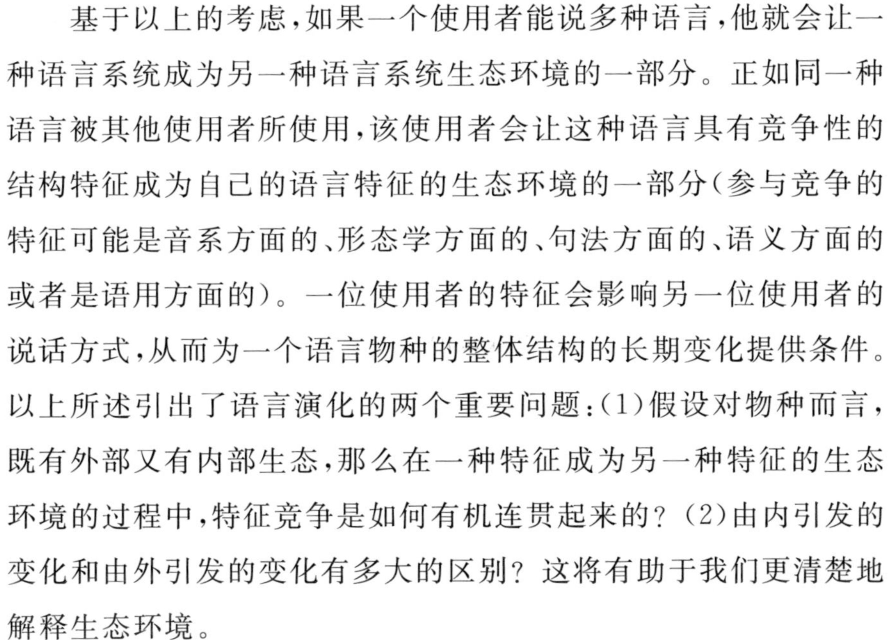

基于以上的考虑,如果一个使用者能说多种语言,他就会让一种语言系统成为另一种语言系统生态环境的一部分。正如同一种语言被其他使用者所使用,该使用者会让这种语言具有竞争性的结构特征成为自己的语言特征的生态环境的一部分(参与竞争的特征可能是音系方面的、形态学方面的、句法方面的、语义方面的或者是语用方面的)。一位使用者的特征会影响另一位使用者的说话方式,从而为一个语言物种的整体结构的长期变化提供条件。
以上所述引出了语言演化的两个重要问题:(1)假设对物种而言, 153
既有外部又有内部生态,那么在一种特征成为另一种特征的生态环境的过程中,特征竞争是如何有机连贯起来的?(2)由内引发的变化和由外引发的变化有多大的区别?这将有助于我们更清楚地解释生态环境。

6.3 语言的生态环境

生态学被用于解释语言演化已经有些时日了,但是尽管交际民族志学得到了发展,而生态学的运用却没有预期的那么频繁。最早的使用者有沃格林、沃格林和舒茨(Voegelin, Voegelin & Schutz 1967)以及豪根(Haugen 1971),他们用生态表示使用一种语言的社会环境,比如说,在某个特定的政体中,其社会经济条件是否接受或不接受某种语言。这也是米尔霍斯勒(Mühlhäusler 1996)对生态学的理解,他把生态学运用于美拉尼西亚的各种语言之间以及这些语言和其他入侵的欧洲语言的共存问题上。[①] 跟他们一样,我也对族裔环境是如何影响一门语言这个问题很感兴趣;具体地说,它如何引发或者影响了语言的重构。但是我又受到**宏观生态学(macroecology)**用法的影响。宏观生态学是生物学的一个分支,该学科认为**生态学**涵盖了许多因素,包括物种内部和外部的因素,及其对演化的影响,具体包括“人口数量、居住环境要求和基因变异”(Brown 1995:5),以及“初始条件的差异、随机事件、时间间隔、在不同时间尺度上的进程和空间细分”(Brown 1995:

① 迪克森(Dixon 1997)、梅兹瑞和梅兹瑞(Mazrui & Mazrui 1998)的观点也可以用这种方式来解释,尽管他们几乎很少使用**生态**这一术语。曼海姆(Manheim 1991:31)也引用了生态一词,将其描述为“将语言学差异合理放置在社会视野里的方式”,除此之外还包括了“语言和方言的差异被引导及使用的方式”。在本文中我主要着重于生态的变异的方面,这种变异直接影响到竞争和选择。

15-16)。[①]

为了不太抽象，比较务实的做法是探讨案例，来分析这些案例是如何运用生态来合理地解释语言演化的。我会从殖民历史和北美的几种语言的发展中选取一些案例。我会经常超越地理和语言划分的界限，把北美语言的演化和其他地方的语言演化进行比较。我用**殖民化（colonization）**这个词来表示任何一个群体自愿地从一个地方迁移到另一个地方并且在移民地拥有自主权的情况。这些情况证明了我对英语早期阶段的研究是合理的，这一阶段始于盎格鲁人、朱特人和撒克逊人在英格兰的殖民。我在探讨殖民现象的时候，也会涉及在一个殖民地区影响日常语言或由第三方人口引进的语言的各种结构的和族裔的发展。

6.3.1　物种外部生态的阐释：族裔的视角

154

新大陆语言接触方面的文献重点放在欧洲殖民者的语言经非洲人的后裔使用后发生了怎样的变化，以及它们在多大程度上受到了非洲语言的影响上。相比较而言，更多的文献是关于非洲幸存下来的文化，而不是非洲幸存下来的语言。相对于拥有大量文献记载的海地伏都教（Voodoo）、新大陆一些地方的桑戈崇拜（Shango cults），以及巴西的欧里沙宗教仪式（Orisa rites）来说，沃纳-刘易斯（Warner-Lewis 1996）对特立尼达的约鲁巴语（Yoruba）的探讨是一个例外。值得肯定的是，已经有一些出版物提到过以

① 受篇章的限制，我不能讨论所有这些因素，有些因素在本书第 2 章，以及其他学者关于克里奥尔语发展的相关文献中均有讨论。在这里我所关注的那些因素只是其中的一部分，它们对我讨论的一些语言演化的论题有所影响。

非洲语言为基础的秘密语言，但是没有提到作为日常语幸存下来的非洲语言。主要的原因可能在于，在种植园中幸存下来的非洲语言的证据难以寻觅。

美洲的殖民社会经济环境并不易于使来自非洲的语言幸存下来，部分原因在于种植园人口在族裔和语种上过于混杂，以致很多非洲人无法和任何其他人说自己非洲当地的语言。因此，这些语言就逐渐衰落了，如今对于生活在北美的非洲人来说这也是司空见惯的事情。在某些种植园，即便有一些非洲人用非洲的语言彼此交流，不论是当作日常语还是通用语，这些语言都要和每个种植园或者政权中的源自欧洲的当地日常语相竞争。尤其是，当与占统治地位的政治和(或)社会经济系统相关的时候，殖民地语言变体就获得了选择权上的优势，每个人都必须适应这种语言。这种情况不仅仅发生在非洲语言上，还发生在欧洲各个国家的移民带来的语言上。

物种和生态在很多方面都是很好的类比。一方面，进入新大陆的非洲语言中，只有部分在与当地语言的竞争中受到了负面的影响。那些语言在相关的殖民地上已消亡，但在它们的故土上却依然存在。欧洲语言的情况就更为有趣。他们在新大陆的某些地方消亡了，在欧洲却没有消亡，而且并不是在所有的殖民地上都消亡。比如说，法语在缅因(Maine)消亡了却没有在魁北克消亡，而在路易斯安那却**濒临消亡(endangered)**。一直到20世纪早期，荷兰语都在新荷兰(新泽西和纽约)作为一种新的、殖民的但是并没有在很大程度上重构的语言保留了下来(Buccini 1995)，然而在维京群岛却被大规模重构，成为尼格尔荷兰语，在圭亚那成为伯比斯荷兰语，并且成为非洲人(后代)的日常语。一种基于荷兰语的克里奥尔语(作为荷兰语)在苏里南共和国兴盛起来，那里的荷兰统治者和非荷兰精英阶层都把它作为官方语言，而不是作为日常语。

这些例子也说明了选择是怎样通过个体进行的。非洲和欧洲 155
语言的消亡并不是同时发生在所有的使用者中。某些使用者比另一些使用者使用这些语言的时间更长。非洲语言以宗教仪式或秘密语言的形式在一些社群里保留了下来，这说明在一段时间内这些语言仍在代代相传。然而从群体遗传的观点看来，能够担当相关语种繁衍的媒介或者宿主的个体越来越少，渐渐地，这些语言就已在相应的地域内消亡。

特立尼达岛的约鲁巴语和路易斯安那的法语让我们注意到生态环境的一个重要方面，它决定了一种语言是否能在一个新环境中兴盛起来。约鲁巴语在特立尼达岛一直被保留到 20 世纪中期，它是在废除奴隶制度后由契约奴带来的，事实上这些人都来自尼日利亚的同一个地区，居住在说克里奥尔语社群的边缘地带。约鲁巴语逐渐的消亡从反面印证了在更大的克里奥尔语社群里使用者之间的相互融合。在美国的法语的情况是，1803 年的路易斯安那交易使法国殖民者感到愤怒(这些殖民者后来反而变为被殖民者)。欧洲人后裔中说法语的人和说英语的人的融合是一个渐进的过程。如今法语在路易斯安那的**濒危(endangerment)**也是融合过程的一个反证。在这个文化全球化的时代，越多的人群融合到掌控社会经济系统的另一群人当中，他们就越容易失去自己的语言变体。

新大陆殖民的社会经济历史说明，融合是造成在美洲的非洲语言的大面积消失和欧洲语言区域性消失的重要因素。种植园并不是一夜之间发展起来，而是由小型的农场逐渐推进的，那里的奴隶在自耕农场中逐渐相互融合——虽然他们受到歧视。（另外，虽然种植园经常超越农业经济，但是并没有取代它。）由于务实，非洲人使用当地的殖民语言，他们的孩子把这些殖民语言当作母语，而且是唯一的日常语来学习。①

到了殖民地实施种族隔离的时候，说克里奥尔语的人以及后来的季节性奴隶成为文化同化和语言传播的媒介。每一批新来的奴隶都是以与他们交往的当地人的语言为习得目标。这些奴隶对当地语言的适应，并把这种语言当作交际的最基本工具，也导致了
156 非洲语言在新大陆的衰落，在任何一种底层语的影响中都可以看见其衰亡的轨迹。因此，非洲语言的消失可以简单地理解为部分非洲的奴隶为了在新的生态环境中生存，务实地适应现实，转为使用殖民地的语言，这样他们才能尽可能地发挥自己在群体中的作用。

殖民历史也说明美洲原住民的语言以两种方式在不同的时期濒临灭绝。在殖民化早期，美洲原住民被驱散，他们没有和殖民者居住在一起，只是有一些贸易往来和交流。由于原住民与欧洲殖民者只保持着很零散的贸易关系，所以他们经常使用的是经过重构的自己的当地语言，这些语言的濒临灭绝的主要原因是使用者

① 这一发展趋势至今依然可以在非洲的城市中心观察到，那里的大多数小孩子对说该城市中的通用语表现出更大的兴趣（或发现它更为实用），这种通用语成为了他们的本土日常语。这是使非洲一些本土语言处于濒危状态的部分原因（见第 7 章）。

数目的减少。这种减少归因于反抗侵入者的战争、旧世界带来的疾病(Crosby 1992),以及他们搬迁到新的比较恶劣的环境中所遭遇的困难(Patricia Nichols 1993)。这个趋势至今还在拉丁美洲延续,原住民在那里的居住环境在这个变幻莫测的世界中岌岌可危,最终被现代工业摧毁(例如采伐森林)。在所有的这些历史中,我们可以看到语言的寄生特性,其命运非常依赖于宿主的命运。

第二种濒临灭亡的情况发生于美洲原住民融入更庞大的美国人口时期,而这些美国人已经采用英语或法语作为自己的日常语或者通用语。从 19 世纪末期开始,美洲原住民面临着很大的压力,必须使用欧洲语言从而使自己能够和占有统治地位的人群竞争工作。原本美国原住民语言可以在保留区兴盛起来,但是这些语言缺乏社会经济活力来维持社群自治,无法使他们摆脱北美社会主流生活的诱惑或者帮助他们从学习英语或法语的压力中得到解脱。社会经济融合使资本主义社会经济系统受益,却以美洲原住民传统生活方式的消逝为代价。任何人力的干涉都无法挽救原住民语言,除非能够重新创造出一个社会经济生态环境,以保证这些语言有选择优势,或者让它们与欧洲语言拥有相同的竞争力。理想的生态环境包括从根本上能让使用者靠这种语言遗产生存下来,并且能以新的生活方式繁荣昌盛。

在拉丁美洲,原住民与欧洲人的融合开始得更早,这体现在种
族的西班牙化。一面倒的社会经济系统的重构有利于欧洲的文化 157
和语言元素的发展。使这些原住民的语言保留、兴盛起来的唯一
机会就是那些没有与之通婚的美洲原住民,这与非欧洲人在文化

上被同化同时发生。因此，在殖民化的初期，美洲原住民语言就流失了大量的使用者，与此同时，转而选择西班牙语和葡萄牙语作为自己母语的人却在增多，他们几乎没有从祖先的语言中看到什么有利之处。[①] 在语言的传播和保留方面确实有族裔的因素，必须用使用者的成本和收益来进行解释。

6.3.2 物种内部生态的阐释

这一部分假设语言是一个**复杂适应系统**（**complex adaptive systems，CASs**）。在宏观生态学中语言与 CASs 拥有下列共同的属性（Brown 1995：14）：

（1）它们都是由很多不同的相互联系的部分组成——有些语言学家主张说这类系统是模块化的。

（2）这些组成部分相互之间关系是非线性的，存在于不同的时间和空间范围内——因此，例如音系成分可能经历了一些变化，而句法成分却没有变化，又或者是语义成分比句法成分更容易受另一种语言的影响。

（3）它们能自行产生复杂的结构和言语行为——简单地讲，即便只考虑音系、形态和句法子系统的复杂性，来解释他们是相互如何关联而产生话语的，也十分准确。

（4）一些较小的单元与生俱来的特征让系统更好地适应环境的变化——这吸引了历史语言学的传统关注，其中也应该包括诸

---

① 欧洲殖民者的介入而导致的这一语言损耗的过程，部分地促成了一些美洲原住民语言，例如盖丘亚语（Quechua），作为通用语出现（Calvet 1987，1998）。米尔霍斯勒（Mühlhäusler 1996）讨论了在美拉尼西亚类似的欧洲语言介入后产生的后果。

如克里奥尔语这样的新语言变体的发展。

(5) 因为变化的方向和强度受到先前的条件的影响，所以现在的系统中总保留着历史的遗迹（见第 2 章）。比如说，美式英语变体很大程度上反映了最早的殖民者的语言，包括航海员和不说英语的人对殖民社会最早的无产者们的影响（Dillard 1985）。

从结构的视角来看，语言演化以**重构（restructuring）**为标记（第 2 章）。这可能包括一门语言中音位对立的重新分布，这发生在某些音位丢失的时候，比如在一些新的英语变体中/æ，ə，ʌ，θ， 158
ð/的消失；或者是引进新的语音，例如美式英语里的闪音（*writer* 和 *rider* 中间的[D]）。这也可能包括引入从句的新方式，比如说 sɛ<*say*，取代了 *that*，在大西洋克里奥尔英语中引导宾语从句而不是关系从句。这个变化还有可能包括具有相同语法功能的标记性选项的不同方式，比如说，在某种特定的英语变体中，究竟是用 *going to*/*gonna*/*gon*/*ga*（在格勒英语中读[gə]），还是用 *will* 来作为表达将来时的主要标志。

当这些变化同时发生时，一门语言就可能被重构为新的变体，一些使用者可能会怀疑这个新的变体是否属于他们原来的语言。克里奥尔语就是这样一个典型的例子，一些语言学家喜欢把它看作是独立的语言。对语言系统重组有决定性影响的部分生态环境，存在于受影响的语言自身。就像我在前一部分中提到的那样，我会在接下来的章节中引入一些具体的新语言变体的例子，这些语言变体通过重构发展起来，反映了语言内部生态的重要作用。

从特鲁德吉尔(Trudgill 1986)的论述开始,就有观点认为即便非洲人和欧洲大陆人没有在新大陆出现,北美的英语变体也会不同于英国的英语变体。证明这个结论的重要的间接证据就是澳大利亚、新西兰和福克兰岛的英语的语音都不一样,这部分反映出在这些殖民地的语言特征库成分的区别,在这些特征库里语言特征彼此竞争。即便是相同的特征被引入这些地区,它们的表现力也与其竞争特征密切相关,有些时候因特征库的不同竞争特征的表现也有所不同。这导致了不同的变体在不同的地区被选择和(或)占据统治地位。

在西欧国家对美洲、非洲和亚洲的殖民期间,不列颠群岛上的英语也发生了变化。由于在17世纪以前,英语在各个地区都不一样,都市人口的更替产生了新的地方性和区域性语言,这些语言不同于在殖民地发展起来的语言。事实上,这个逐步发展的进程至今仍然在继续。因此人们移民到不同殖民地的时间的差异,部分导致了新语言变体在地域上的差异,比如说澳大利亚英语和美式英语的不同。如果不考虑英语由于与其他语言接触而受到的影响的话,它们部分地反映了被带往殖民地的语言变体之间的差异。澳大利亚比北美晚150年成为殖民地这一事实具有重要的意义,这必须被看作是英语在这些地区演化中的语种内部生态因素之一。

159 但是,大都市里语言区域性和社会性的变化以另一种方式影响着殖民地语言的演化。在殖民地,不同的混合方式产生了不同的重构结果。当我们把北美部分殖民者区域性的英语源头和相应地区的方言相关联,我们就会发现以上所说的就是我们观察的结果。最初北美的各个英国殖民地的定居方式不尽相同(Bailyn 1986;Fischer 1989)。例如,新英格兰的大部分殖民者是清教徒农民,来自东英格兰的家庭。他们以家庭为单位经营农场,雇佣有限的契约奴或农奴。他们延续着都市里的交往方式。尽管受到与他们相接触的其他语言(如法语)和方言(如航海英语<maritime English>)的影响,新英格兰的英语通常被认为与英式英语最为接近。这即是英语在殖民地中的内部生态环境相较于在都市的内部生态环境变化甚微的情况。因此殖民地的语言变体较其他语言的变化并不明显。

从另一方面来说,切萨皮克(Chesapeake)地区(特别是弗吉尼亚和马里兰州)是被来自不列颠群岛上不同地方和不同社会经济阶层进行殖民统治。有钱人大多是英国贵族的后裔,以家庭为单位移民至此,这些家庭大部分来自英格兰南部城市,特别是伦敦地区(Fischer 1989)。到17世纪中期,有多达75%的殖民者(Kulikoff 1986)只身来到殖民地,不仅仅来自英格兰南部(伦敦和布里斯托尔),还来自英格兰北部(包括利物浦),还有很多人来自爱尔兰和苏格兰(Fischer 1989)。很多从爱尔兰来的人说的英语并不地道,因为当时爱尔兰和现在非洲和亚洲旧属英国殖民地所使用的英语很接近(见第1章和第4章)。

使用英语的殖民者的这种内部多样性为重构提供了基础。几种变体以新颖的方式相互竞争,选择的结果与在都市里选择的结果并不总是一致——这些都市是语言最初接触的重要环境。新英格兰选择的结果也不相同,那里的人口混合程度不高,大部分是口音相似的**创始殖民者(founder colonists)**。

阿巴拉契亚山区多为苏格兰-爱尔兰人，他们也是举家迁移，并带来了盖尔语的影响。他们的英语被认为与爱尔兰未受教育的人使用的英语相似，且和北美的英语同时发展（第 4 章）。所有的这些事实表明，殖民地语言内部生态环境的差异，很大程度上取决于在它适应新的外部生态环境时，是如何被重构的。

160 6.3.3 另一种物种外部生态的阐释：结构的视角

如上所述，殖民地语言的部分外部生态环境是由它们接触到的其他语言构成的。当殖民地语言为非欧洲裔的成年人和不使用这些语言的欧洲人所适应时，后者的语言为殖民地语言的结构提供了可选项。在非洲裔人口中，部分语言系统一致性情况下的这类重构，有用 *say* 来引导的宾语从句或者在非动词谓语前省略系动词（第 1、2、5 章）。*say* 通常都用在英语口语中，表引用，这也是一个很重要的生态因素。而省略掉的缩略形式的系动词显然不是很重要，比如说 *he's shy/gone*（就像 NP's＋名词结构中的所有格标志以及一般现在时第三人称单数的动词标志）。虽然系动词在限定性从句中能表示时态，而世界上有好些语言在类似的结构中都没有用到系动词，因此系动词没有实际语义这个事实可能是一个很重要的因素。

殖民地新的语言使用者之前说的语言，倾向采用与词源语言共有的形式。在语言接触中，只要这种形式在不断积累的特征库里代表了一个可行的选择，那么也不需要在底层或者词源语言占有数量上的优势。在某些社群里，第二语言的使用者要么占大多数，要么处于融合群体的社会边缘，这时候他们先前使用的语言就会倾向于选择与其他社群的选择有差异的变体。正是这种生态环境的不同，在一开始导致了欧洲人和非欧洲人后裔所使用的语言的分化，这一情况在北美特别突出。

就像在第2章中解释的那样，这样的选择伴随着一些修正。拿 *say* 作为补足语来说，虽然非标准英语让用 *say* 来引导的引述性宾语从句成为了一个选项，但它在非洲裔美式日常英语和大西洋克里奥尔英语中却更加广泛地被用作主从连词（subordinator）。再有，在大西洋克里奥尔语中，这种说法还用于间接引语，通常与非引述动词连用，比如说在格勒英语中，*Uh hear say Robert gone* 就是"I heard that Robert is gone/has left"。在非洲裔美式日常英语中，*say* 还被讲述者作为语篇的标记，提醒听者在一连串引用后，说话的还是同一个人（Mufwene 1996a）。这些由词源语言中原有的形式扩展而来的用法是底层语影响所选择材料的证据。这也是重构过程的一部分。

前面提到的族裔生态，确实影响了外部结构生态的作用，它或 161
多或少决定了能够使一种语言影响目标语言的重构的条件。还有一个例子可以说明族裔生态是如何起作用的。值得一提的是英语和其他语言接触时与英语的几种方言互相接触的时候发生的重构过程相差无几。在大多数情况下，非洲人后代所说的英语是被词源语言中赋以不同权重的参项重构而成。

比如说，英语有不止一种表示所有格的结构，如 *the cover of the book*、*the book cover* 和 *the book's cover*。后面两种说法在语义上有所不同，但是对于在殖民地上的不以英语为母语的人来说，这个区别并不明显。鉴于一些西非语言只是按语序来表示所有格，也就如同 *book cover*，大西洋克里奥尔英语里基本都采用这种形式也就不足为奇。由于非洲裔美式日常英语是在 19 世纪末期才在实施种族隔离的社会历史条件下发展起来的，这种语言的使用者是少数族裔，“名词词组＋名词所有格”的结构与**撒克逊所有格(Saxon-genitive)**结构可以交替使用，如 *the book's cover*。在相关的底层语言中，相同的所有格结构同时适用于名词性和代词性的所有格名词，比如说，在一些克里奥尔语中以 *me/we book* 来表示“my/our book”。顺便提一下，在英语的一些非标准的方言中，*me book* 也是常见用法。因此，发生在克里奥尔语中的部分现象属于普遍化(generalization)，尽管还没有令人信服的理由让人只接受这种单一的解释，但是它承认了多种因素共同的影响，这从生态学角度看上去更具合理性。

因此，至少在一些情况下，如今克里奥尔英语与其他英语变体在结构上的不同是基于英语自身的发展。不同的选择取决于接触的环境，这种环境是外部结构生态环境所偏好，而又未被其他环境选中的选项。在某些情况下，这些选项显然是会被普遍推广，用作新用途，或者是经过调整与已有的语法系统的其他方面保持一致。这些进程在语言的变化中司空见惯。

在北美的非克里奥尔英语变体的发展中，这样的外部生态结构的影响也有据可寻，比如说，在结构 *Mary bought a card to bring/take with* 中的 *bring/take/come/go with* 结构，可能是受到
162 了德语(Goodman 1993)和斯堪的纳维亚半岛语言的影响。另一个例子是特鲁德吉尔(Trudgill 1986)关于英语中不定式和动名词宾语短语可以相互替换的讨论，比如(*It was*) *nice <u>to see</u>/<u>seeing</u>*

you。特鲁德吉尔观察到不定式在北美的运用比在英国要普遍。据他观察，与英格兰相比，这些变化可能反映了欧洲大陆语言的影响：这些语言大多数没有动名词，因此在类似的句法环境中采用不定式结构。自从北美的殖民地建立以来，许多欧洲的殖民者都来自欧洲大陆，这一事实很好地支持了以上的解释。美国独立战争后，这些移民成为了主要的人口。

在北美，殖民地（或居住地）的种族隔离对非母语使用者的新日常语的额外影响，在非洲人的后裔身上并非独一无二。19 世纪末期到 20 世纪初期，在欧洲裔美国人中产生了一些有趣的族裔性语言变体，比如说意第绪（Yiddish）和意大利英语。最近，一部名为《法戈》（*Fargo*）的电影就描述了美国中西部斯堪的纳维亚移民语言的演化。

在第 2 章提到的物竞天择的法则中，广为流传的语言是在适应了新的使用者以及交际的环境，即变化着的生态环境的一部分后，才赢得了胜利，它们为此付出了巨大的代价。这再次印证了把语言比作寄生物种的观点，它们的演化取决于在影响或者消灭其他与之交锋的语种的同时，如何适应它们的新宿主。个体选择是如何转化为群体选择的，这是语言学家需要解释的一部分问题。我们必须考虑诸如适应等过程，主要集中在勒佩奇和塔布勒特-凯勒（Le Page & Tabouret-Keller 1985）的观点以及族裔视角上，比如交际网络等。

我坚定地认为，在语言演化中，任何群体和任何时候，物竞天择的过程都适用于语言的变化。语言是有渗透性的，而传统上区分出的语言内部和外部的变化原因之间似乎并无关联。主要的原因在于不完全的复制，这种复制在个体之间的交际行为中可以被观察到。当这种复制日积月累从而引起共同语系统中的变化时，特别是在一段没有什么显著变化的时期之后，我们就可以说，语言系统的平衡已经被打破了，虽然事实上演化是渐进展开的。[①] 再来看重构，无论相互竞争的语言特征是相同的语言变体所固有的，还是来自几种不同的语言变体；无论相互接触和竞争的语言变体是应该算作同一门语言，还是各自属于不同的语言变体，其中过程上的区别都不是很明显(见第5章)。

163

6.4 结语：历史是如何重演的

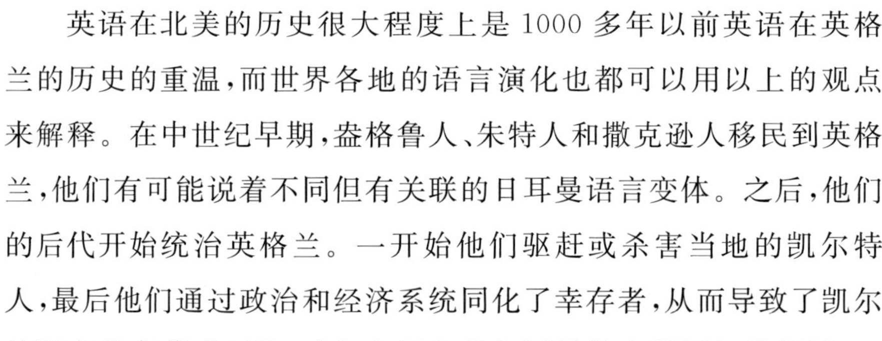

英语在北美的历史很大程度上是1000多年以前英语在英格兰的历史的重温，而世界各地的语言演化也都可以用以上的观点来解释。在中世纪早期，盎格鲁人、朱特人和撒克逊人移民到英格兰，他们有可能说着不同但有关联的日耳曼语言变体。之后，他们的后代开始统治英格兰。一开始他们驱赶或杀害当地的凯尔特人，最后他们通过政治和经济系统同化了幸存者，从而导致了凯尔特语言的衰落或灭绝，威尔士语和盖尔语就是众所周知的例子。

直到17世纪，都还只有极少的爱尔兰人——大部分是城市中

① 同样地受到了演化生物学，尤其是斯蒂芬·杰伊·古尔德(Steven Jay Gould 1993)的观点的启发，迪克森(Dixon 1997：73-84，139-141)采用了间断平衡理论(punctuated equilibrium)来解释语言的变化，并称一些显著的变化是在很短的时间内发生的，而不是历史语言学家告诉我们的那么长。与他自己的观点相反，该理论说明在一个新的生态中，克里奥尔语是一个特定的语言即物种间断平衡发展的常态。

心人口——把英语当作日常语。作为一种殖民语言，不同族裔使用英语的方式类似于现在的英语在旧属英国的开拓殖民地的使用，如尼日利亚、肯尼亚和印度。虽然语言融合的进程在威尔士开始得比较早，古英语（当时仅限于是英格兰的日常语）的发展很大程度上需要通过侵略者（殖民者）之间的互相适应和接触来解释，虽然这种解释并不是唯一的解释。对于后来古英语一路变化到早期现代英语的解释，主要是英语和古斯堪的纳维亚语（Kroch, Taylor & Ringe 2000）、拉丁语以及诺曼法语（Lüdtke 1995）的接触。我们必须记住，外部环境的影响只在于决定正在演化的语言中的哪些选项受到了其他语言的青睐。为什么那些本土语言和紧随英语而至的外来语言在英格兰消亡，或者为什么它们没有导致英语的灭亡而只是影响了其结构的解释，只能在英语的外部生态环境中去寻找。一个相关的问题是：英语和与之相接触的语言之间形成的是哪一种族裔**共生（symbiosis）**类型？[①] 另一方面，英语的内部生态环境应该能解释为什么法语对学院式英语变体的影响比对非标准变体的影响更为显著。

英语使凯尔特语濒临灭亡这个事实给我们提供了很多信息，

① 古斯堪的纳维亚语和诺曼法语在英格兰的消亡再一次说明了存在着如下情形，一个语种的某一部分在特定的生态下会不受欢迎，而该语种的其余部分却被另一生态很好地接受。古斯堪的纳维亚语发展成为了挪威语和丹麦语，而中世纪法语的大陆变体发展成了今天法国国内外均使用的法语变体。在对这一现象进行解释时，权力可能不是重要的因素，因为古斯堪的纳维亚语和诺曼法语在英格兰是有权人使用的语言，这与在美洲和印度洋地区消亡的非洲语言不同。在英语的案例中，融合到人口统计学上占主导地位的人口中可能是更为可信的解释。

我们从族裔历史可以知道，政治力量不足以成为语言濒危的重要因素。只要这些语言的使用者没有被日耳曼统治者同化，语言就能被保留下来，就像没有被侵略者杀害的美国原住民能够把他们的语言一直保留到 20 世纪初期。在这两个例子中，原住人口均被边缘化，而大部分只是在他们自己的群体中彼此交流，继续沿用自
164 己的语言。始于 17 世纪的渐进的社会经济融合使爱尔兰人与其统治者的平等接触日渐增多。在这一过程中，越来越多的爱尔兰人转而使用英语——正如美国原住民所经历的渐进的社会经济**去边缘化（demarginalization）**运动，已经成为其原住民语言濒临灭绝的催化剂。当然，这些融合过程中的生态结构自有其不同之处，但在这里我们无需刨根问底。

关于美洲原住民英语变体有一件很重要的事情不容忽视（Mithun 1992），那就是与加勒比海地区的非洲裔美式日常英语或加勒比海英语克里奥尔语的发展相比，无论是时间、地点和生态环境都不相同。吸收了非洲黑奴的全球化经济体系融合过程——虽然不同于欧洲移民的过程——一直到北美历史发展进程中较晚的阶段才影响到美洲原住民语言。

尽管被边缘化的同时在一定程度上也被不断融合（一直到 19 世纪晚期《吉姆·克罗法案》颁布），但北美英国（前）殖民地上的非洲人彼此之间仍然需要用英语进行交际，因为周围的环境对他们而言是外部因素。因此，在被隔离的生活群体中使用英语作为他们交流的日常语，使他们自身的一些与众不同的语言方式得到更

大的发展。[①] 在那些自己集聚在一起生活的移民的群体中，类似的语言发展也曾发生过，更新的例子是西班牙移民的语言。[②]

另一方面，至少在殖民主义时期，美洲原住民相互交流的时候很少用英语，而与殖民者或其他移民交流时更多地使用英语。在20世纪，他们的语言陷入濒危的境地主要是由于他们相应地融入或依赖美国主流的社会经济生态，而从上一代传承到下一代的过程当中，他们的语言逐渐被侵蚀。与其他族群一样，在与占支配地位的文化此消彼长的融合中英语被重构。

语言融合也从反面论证了为什么非洲裔美式日常英语和格勒语作为独特的语言变体依然散发着蓬勃生命力，并极有可能继续延续数代人。整体而言，欧洲人和非洲裔美国人的群体形成了各

① 就融合而言，很明显有更多现象值得去解释。与美国南方白人语言变体和非洲裔美式日常英语相类似一样，加勒比海的白人所说的话与加勒比海的黑人类似，而且在加勒比海地区内，阶层和阶层之间语言可能的相似性比那些在美国已经得到证实的更多。很明显，它们的社会殖民生态并非一致，这有助于更加充分地说明它们之间是怎样彼此不同。难道在加勒比海地区种族隔离制度化的方式与种族隔离在北美制度化的方式不同？或者种族融合和隔离是以相反的顺序进行的，如同伯林（Berlin 1998）对一些殖民地（比如，说法语的路易斯安那相对于说英语的北美）的研究所揭示的那样？又或者在加勒比海地区的社会融合比在北美的社会融合更为切实，即使它们是在大概相同的时间实现的？值得注意的是在加勒比海地区，彼此相邻的人们之间的隔离更多的是因为经济地位的不同而不是基于族裔的不同，尽管从不同的社会经济阶层中某些肤色的流行仍然可以很强烈地感觉到人种颜色的界线。

② 在北美，社会融合和种族隔离从来都息息相关。甚至在最初的欧洲定居者之间就已经存在着一些种族隔离，比如有的社群几乎完全排斥德国人。这解释了除宾夕法尼亚州的荷兰语以及先前提到的其他当地语言以外，还有（古）阿米什日常英语（Amish vernacular English）的发展。主要的区别在于，在欧洲人口的后裔间，种族隔离已经减少。在类似的人口彼此融合的地区，有着自身种族烙印的语言变体正在消失。奥克拉科克岛英语的濒危情况便是如此（Wolfram & Schilling Estes 1995），这与格勒语的情况形成了鲜明的对比（Mufwene 1994a）。在奥克拉科克岛，白人岛民与数量众多的白人移入者融合。而在南卡罗来纳的岛屿上，格勒语使用者的经历并非如此。

自独立的庞大的交际网络，在这个庞大的网络中，群体中间的成员不必彼此适应，但如果他们希望参加对方的社会或经济活动，他们就必须去学习对方的语言变体。这一趋势在白人中产阶级英语发展中十分典型，非洲裔美国人必须学习他们的语言。同时，他们还承受着族裔忠诚的压力，必须在自己的生活群体中保持非洲裔美国人的特点。在非洲裔美国人中，尤其是在其下层阶级中，经常被嘲弄"说话得体"，或"听起来像个白人"。

165 有必要说明单单是生态因素不能阐明所有的事情。仅仅是缺少融合或融合不够也不能完全解释为什么非洲裔美式日常英语比格勒语在北美更接近非标准的白人英语变体。再一次重申第 2 章所阐述的一些内容：格勒语得以发展的殖民环境是非洲人占绝大多数的南卡罗来纳州和佐治亚海岸的稻米产地，即与加勒比海地区甘蔗种植园的情形相似，在那里相似的英语克里奥尔语也得到了发展。在南卡罗来纳州殖民地建立的 50 年期间，严格的种族隔离被制度化，从而开始了非洲裔美国人和欧洲裔美国人言语习惯的早期分化。另一方面，非洲裔美式日常英语在大陆腹地的烟草和棉花种植园以及更小的农场中形成，在那些地方非洲人口只占少数。尽管对他们的歧视从来没有间断过，但直到 1875 年后才对他们实行严格的隔离。尽管这加速了非洲裔美式英语和欧洲裔美式英语的分化，但前 250 年所共同经历的社会经济的历程，以这两个群体彼此之间经常性的相互作用为标志，说明这两类人群语言的大量相似之处，这些相似之处不仅仅是因为共享词源语言（Mufwene 1999b，1999c）那么简单。

我们应该注意到，在非洲裔美式日常英语和格勒语的发展

过程中，有一种语言现象不同于不列颠爱尔兰岛上居住的凯尔特人和美洲原住民对英语的适应。起初，这些人口被英国人边缘化，接着逐渐的融合使得他们转用英语并发展了新的语言变体。非洲人先被融合，但在使用英语后却被边缘化。以格勒语为例，其较大的语言分化主要缘于在人口快速置换的条件下，奴隶被大量输入，日益减少的使用英语殖民地变体的当地人成为奴隶们的语言模仿对象。这些条件促使了这些日常语的下层方言化。

只要其使用者一直受到保留地外的普通美国人的影响，美洲原住民所使用的本土化了的英语变体就会丧失其生命力。爱尔兰英语和苏格兰英语能够蓬勃发展是因为这两种语言是在他们自己的家乡使用，其使用者占当地人口的大多数，并用这种语言作为彼此间的交际工具。尽管美洲原住民也身处自己的家乡，但社会经济生态已经很大程度上发生了变化，其外界的压力看起来已经从语言上剥夺了他们的权利。

再回到欧洲裔美式英语变体的发展上来，这一过程在英国本土有更多的伴随结果。根据贝林（Bailyn 1986），在 17 世纪和 18 世纪英国移民前往欧洲以外的殖民地，是不列颠岛屿上的人口迁移运动的外部扩展。为了寻找工作，人们迁移到不列颠岛屿的不 166
同地方，从而导致了英语的重构，尤其是在城市中心如伦敦、利物浦和布里斯托尔，更多北方的人口迁移至此，同时从这里有大批的殖民者外迁到别的地方。

事实上，17 世纪和 18 世纪英国所发生的人口迁移同样说明，为什么英语会发展出当代的诸多不同方言。很明显，即使不与其他语言相互接触，英语自身也会发生变化。从那时开始，在英国形成了不止一种的方言，其中有一些可能比其他的更保守。这同样也说明，欧洲外的英语变体与不列颠英语变体也不相同。在不同的接触场所中，无论是实际上相接触和竞争的英语变体，还是其活力，都不可能保持一致。最近关于人口迁移的报道，比如在克斯韦尔和威廉斯（Kerswill & Williams 1994）和布里顿（Britain 1997）关于不列颠新方言的发展的报告中，也可以找到支持我的立场的新证据。

总的来说，关于语言演化的种种问题（比如为什么一种特定的语言会发生重构，重构的具体方式是什么？或者，为什么一种特定的语言曾经（或即将）濒临灭绝？）的答案都可以在该语言所处的生态中去寻找，既包括内在生态，也包括外在生态，既有结构性的也有非结构性的。除了社会学原因之外，这样的考虑打破了区分由内引发的变化和由外引发的语言变化的重要性。语言系统具有渗透性；没有哪一种结构过程的差异可以断然地只与外在生态因素或者内在生态因素相联系。将语言看作是物种，使得我们可以强调一个人口群体中的变异；可以突显一个言语社群的平衡被打断时，操纵竞争和选择过程的因素；同时还可以特别关注那些个体使用者的语言行为，因为是他们决定了如何选择。因此，当我们可以对诸如适应（accommodation）、交际网络（networks of communication）和聚焦（focusing）等概念诠释得更充分时，我们就可以更好地理解语言演化。

7 非洲古今人口迁移及其对语言学地貌的影响 167

以下是本书最为核心的两个主题：(1)语言演化不仅包括一种语言结构的变化，还可能包括该语言后代变体(offspring varieties)的语种形成过程，同时还会涉及其活力，即它是否繁荣、消亡或濒于灭亡；(2)一些决定演化轨迹的外部生态条件，也会从(1)提到的任一角度影响语言的活力。本章以非洲为例，讨论了外部生态在语言传播和形成过程中以及在语言活力发展中的不同作用。随后，我将回顾在第1章中提到的开拓殖民地和定居殖民地的区别，并重点强调它们对于语言的社会活力产生怎样不同的影响；我将指出，在一些政权国家，如南非，虽然两种方式相互重叠，但仍然可以分别区分开这两种方式影响语言的不同结局。

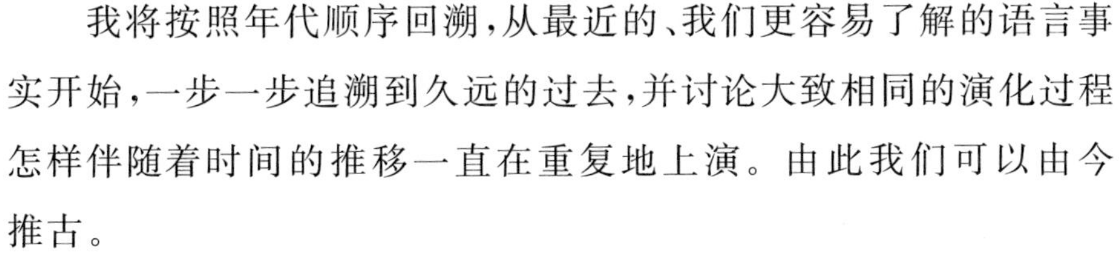

我将按照年代顺序回溯，从最近的、我们更容易了解的语言事实开始，一步一步追溯到久远的过去，并讨论大致相同的演化过程怎样伴随着时间的推移一直在重复地上演。由此我们可以由今推古。

7.1 前言

7.1.1 语言接触的多种结果

非洲地理语言学家因研究一系列语言接触现象而著称。最显而易见的是，在某个地区中，一些原本更为本土的语言，如俾格米语（Pygmies）和克瓦桑语（Khoisans），随着班图语的传入而灭绝。非洲中部和南部极少的几种语言残存了下来，但它们的结构也因受到了现今的邻居——班图语的影响而发生了改变。

168 另一方面，一些班图语很明显受到了这些底层语言的影响。证据就是非洲南端语言音位系统中的吸气音（如科萨语（Xhosa）和祖鲁语（Zulu））。虽然方式并不完全相同，欧洲殖民地语言（无可争议的是非洲整体语言的附加物），在与本土语言的接触中也受到了影响。在一些情况下，它们发展成皮钦语和克里奥尔语；在另一些情况下，它们经历了本土化，成为了**非洲法语**、**非洲英语**等。这些发展与北非的阿拉伯日常语形成鲜明对比，在那里，大多数更本土的非闪族语被取代或磨蚀。

也有入侵者丧失自己语言的例子，比如图西人（Tutsis）。大约 400 到 700 年前，他们迁徙到卢旺达和布隆迪，现在他们讲基隆迪语（Kirundi）和基亚卢旺达语（Kinyarwanda），而不是祖辈所使用的尼罗河流域的语言。另一个尼罗河流域的民族却并非如此，东非的马塞人保留了自己的语言。在这一章中，我勾勒了一幅大的社会生态学背景，用来解释语言演化的诸多方向。

7.1.2 本章对现存文献的补充

大量关于非洲语言接触的文献重点都在论述皮钦语和克里奥尔语的发展和结构特征，即尼日利亚和喀麦隆皮钦英语、克瑞尔语(Krio)、卡萨曼奇伊斯语(Casamançais)、几内亚比绍奎尔语(Guinea Bissau Kryol)、维迪安奎勒湾语(Cape Verdian Crioulo)、圣多美语(São Tomense)、普林西比语(Principense)、安哥拉尔语(Angolar)以及印度洋法语克里奥尔语。还有一些业已出版的著作涉及接触产生的语言变体，如林加拉语(Lingala)、(刚果—)基图巴语，桑戈语和法纳卡罗语(Fanakalo)，它们的来源更接近本土语言；基努比语(Kinubi)亦如此，它源于阿拉伯语。其他文献指出了一些结构重构较少且更为本土的城市变体的地位，如本巴镇语(Town Bemba)、沙巴斯瓦希里语、宋亥语(Songhay)和沃洛夫语(Wolof)。

同样令人印象深刻的是关于南非荷兰语的论著，特别是关于它是否为克里奥尔语，以及荷兰语和非洲语言的接触是否在南非荷兰语从欧洲荷兰语分离出来的过程中起到了作用？很多关于语码混合和语码转换的论著出版，特别是当讲话者还声称自己讲的是传统非洲语言。现在，语言竞争和语言濒危的研究越来越多，近期梅兹瑞和梅兹瑞(Mazrui & Mazrui 1998)的著述就很有意思。

在本章中，我将解释非洲现代语言学地貌(linguistic landscape)是如何形成的。有趣的是，上述现象的研究都集中在
殖民地(colonial)和**后殖民地(post-colonial)**时期，相比之下，明显 169
地忽略了**前殖民地时期(precolonial)**。有几个例外分别来自于纳

斯(Nurse 1997),纳斯和斯皮尔(Nurse & Spear 1985),纳斯和希尼布斯(Nurse & Hinnebusch 1993),以及梅兹瑞和梅兹瑞(Mazrui & Mazrui 1998)的论著。其中前三项研究都追溯到公元9世纪,认为海岸斯瓦希里语既不是来源于阿拉伯语,也不是来源于克里奥尔语。梅兹瑞比较了阿拉伯语和欧洲语言各自对非洲语的渗透,得出结论,认为阿拉伯语可能被认为是本土语言,因为它作为非洲语言学地貌的一部分,存在的时间更为悠久,而且众多非闪族语非洲人把它当作日常语或通用语使用。欧洲语言仍然是外来语,社会精英使用它们却并不能让他们自己拥有欧洲人的身份。但是,在北非,**阿拉伯的族裔归属(Arabic ethnicity)**更多地依赖于与伊斯兰的**同化(assimilation)**程度和阿拉伯语作为日常语的使用情况,而并非依赖于族裔本身。

很难对这些现象给出一个"统一"(unified)的解释。我认为社会生态学研究方法可能会帮助我们更充分地认识这些多样化的演化过程,并给出一个合情合理的解释。它们并非偶然的发展过程。

7.1.3 在社会生态学中引入时间维度

我想从**社会历史(sociohistorical)**角度,讨论大约2500年的非洲历史,并引入主题:人口迁移及其对非洲语言地貌的影响。我想要指出,与现在或较近的历史中发生的相似的语言现象,早在非洲远古时期就发生过。这块大陆为我们提供了足够多的信息,去推测语言接触宏观影响所产生的语言类型,并得以探索:(1)占人口大多数的人群何时适应新语言,以及这些使用者何时不再对其产生影响;(2)新语言的传播何时会威胁到其他语言,何时不会;(3)何时新语言在文字上只是附加物而不是替代品，以及（4）社会威望和语言的传播是否是齐头并进的，或者是否威望以外的其他因素影响了另一群体对该语言的适应。

7.1.4　源于克里奥尔语的方法

在比较不同的语言和语言群体时，一方面，我没有区分皮钦语和克里奥尔语；另一方面，也没有区分它们和其他语言。我重申第5章的一个观点，传统文献给出的分类不可行，因为这不利于普通语言学通过研究克里奥尔语的发展而获得语言演化上的启示。其
中的一个获益与社会生态因素相关，如相互接触的群体是否相互 170
融合，以及他们相互交际的模式如何。

我从最近的接触开始，逐步追溯到过去，回到班图语传播的起始阶段。我引用了考古学和社会历史学的文献，特别是麦克伊维迪（McEvedy 1980）和纽曼（Newman 1995）的观点，来重构相关社会生态的各个方面。

7.2　欧洲殖民的语言学影响

7.2.1　非洲的皮钦语和克里奥尔语

欧洲与非洲的接触所导致的语言学影响并不是一概相同的。仍然有很多现象，需要根据接触的时间、涉及的语言变体、被强制为和（或）被作为学习目标的通用语的语言种类，以及相互作用的模式来进行不同的解释。同时还需要考虑殖民地的类型，即贸易

殖民地、定居殖民地还是开拓殖民地(见第 1 章)。

定居殖民地如圣多美、佛得角、留尼汪和毛里求斯,所产生的克里奥尔语的语言变体,与加勒比海的情况类似。这些语言变体取代了被奴役的人口从不同语言背景中带来的各种语言。[①] 第 1 章中提到的**克里奥尔语(creole)**,从历史学角度来讲,在开拓殖民地中并没有产生。与它们演化过程最接近的是尼日利亚和喀麦隆皮钦英语,因为它们结构上与克里奥尔语一样复杂,而且它们对于某些使用者来说也是日常语,所以被称为**扩展的皮钦语(expanded pidgins)**。它们是最先在贸易殖民地上发展起来的通用语,后来出现在 19 世纪晚期产生的开拓殖民地,如尼日利亚、喀麦隆和其他的非洲国家。

在欧洲开拓殖民地上产生了两种与词源语言结构不同的新语言变体:(1)受欧洲词源语言(本土化变体)影响的和(2)受非洲本土词源语言(如桑戈语、基图巴语和林加拉语)影响的。两种情况下,语言发展的媒介都是非洲人。但是,族裔生态条件的不同导致了不同语言类型的产生,包括对词源语言本身的选择。两种情况都涉及非洲劳工的迁移。这一点将在下文中介绍。在此,我的重点在于皮钦语和克里奥尔语。

171 上述基于殖民地类型对皮钦语和克里奥尔语进行分类的重要原因,在于欧洲殖民者和非洲人接触的类型。定居殖民地中两者的接触在开始时十分密切。随着欧洲人口数量的增加和非欧洲人

---

① 很显然其中有些岛屿,例如毛里求斯,圣多美和普林西比尚无人居住。在这种情况下,这些岛屿自身的部分变化要依赖于有人居住,并将自己转变成为“竞技场”,输入的语言可以彼此互相竞争以取得优势地位。

口比例的增大，导致了种族隔离。多元化语言环境使得非洲人采用了统治者的语言作为自己的日常语。在这种适应过程中发生了结构重构。[①] 贸易殖民地的显著特征是欧洲贸易商和非洲同行的偶发接触。在这种情况下使用欧洲语言就很有限，偶尔的接触导致了“破碎语言”(broken languages)的形成，它反映出词源语言的语言成分使用率很低。

如第2章中所述，克里奥尔语和皮钦语与其词源语言的标准变体的差别程度，一部分取决于它们的词源语言的非标准性质，另一部分取决于使用词源语言的当地使用者和(或)欧洲人与非洲人的社会接触类型。在它们发展的关键时期，绝大部分语言接触最常发生在非洲人内部，以及原住民或者能流利地讲当地话的人越来越少的环境中。克里奥尔语和皮钦语的形成还在于那个时代的独特性，当时在接触中欧洲人根本没有试图去学习非洲语言，相反是非洲人担负起要去适应他们的责任，并接受欧洲语言作为通用语。语言的传输通常没有一个全面而持续的模式，在一些模式中，使用者讲着与欧洲语言极为相似的变体；在另一些模式中，语言变

① 克瑞尔语(Krio)的情况更为复杂。就目前所知，它产生于现今的塞拉利昂，这一点是毫无疑问的。然而，除了其根本的源头英语词源语言之外，其他有过贡献的要素也并不绝对都来自非洲。其中一些是由18世纪晚期获得自由又从英格兰被卖回非洲的奴隶带来的，有的是在19世纪早期从牙买加和美国带来的；他们说克里奥尔语或者其他被重构过的英语变体。另外一些有贡献的影响来自于运输奴隶的船上的**“重被俘获者”(recaptives)**先前所使用的语言，他们也被重新安置在塞拉利昂的部分地区。到了18世纪，经过重构的英语的一些形式(如皮钦语、克里奥尔语或者其他形式)也在沿“几内亚海湾”地区使用(Hancock 1986a)，但是休伯(Huber 1990)怀疑，作为贸易语言，其重要性不及葡萄牙语皮钦语。随之，复杂的语言接触，解释了产生今天的克瑞尔语的语言重构过程(Corcoran 1998)。

体有着各种各样不同的方式和程度的变异。这样的族裔背景有利于词源语言结构的重构。

7.2.2 新的“地道”欧洲日常语

非洲之外的地方，欧洲语言变体自身之间的接触也会产生新的重构了的殖民地变体。最显著的是南非荷兰语(Afrikaans)，它为南非语言增加了多样性。另一个值得关注的例子是南非英语(SAE)，是欧洲人后裔所讲的所谓“地道”变体，与南非黑人的本土化变体和南非印度英语相对立[①]。与美洲和澳大利亚情形相似，南非荷兰语和南非英语在欧洲殖民者居住地发展起来，这些欧洲殖民者并未放弃自己的语言。它们大部分是新社区产生过程中的副产品，这些新社区靠近于同一地域内更为本土的群体(他们自身也重新组建发展为新社区)。更为本土的非洲语言在产生南非荷
172 兰语之类语言重构的过程中的作用，与其使用者同非洲本地人的融合程度呈负相关。

我们需要进一步了解**前种族隔离时期(pre-apartheid)**荷兰人在南非定居的历史，才能全面地评价南非语言(不一定是班图语)在南非荷兰语发展中所起到的作用。相关文献在这一点上存在争议(Roberge 1994)。同样地，我们必须从语言学角度去理解在南非的英国殖民统治的社会历史生态，同时考虑到当时英语的多样性，讲英语者和荷兰殖民者相互交际的方式，以及欧洲后裔与更多

---

① 下面，我重新讨论非欧洲人后裔所采用的，欧洲语言的新的非皮钦-克里奥尔语变体。**南非英语**这一术语或许可以扩展用来指称津巴布韦和纳米比亚的白人定居者所使用的类似的英语变体。

的当地非洲人的相互交际。到19世纪末，荷兰殖民者决定自称为**荷裔南非人(Afrikaners)**，以区别于英国殖民者，同时也与非洲本地人保持距离，这一点为我们提供了丰富的信息。从它们的发展过程中我们得知，这些新式的日常语是欧洲人口迁入非洲，进而在殖民地进行全新方式的接触后产生的。有一种观点认为，讲这些新语言变体的都是非洲人，但他们没有与周围融合，用梅兹瑞和梅兹瑞(Mazrui & Mazrui 1998)的话来说就是**地方自治主义者(communalist)**。这一点将在下文进行解释。

7.2.3　本土化的欧洲语言变体

与上述语言变体产生相关的是欧洲语言的学院派变体的产生。它们是众多非洲本土人口中一小部分语言接触的产物，即受到影响的只是极少数受过良好学校教育，有机会将殖民语言作为通用语使用，并将其作为获得地位和权利的工具的人口。起初，语言用来培训殖民体系的**从属人员(auxiliaries)**，部分目的是使他们成为当地人与欧洲人接触的媒介。值得注意的是，只有极少部分讲这种语言的人将它们作为日常语！绝大部分人将它们作为通用语，在比传统非洲更新奇的交际场合使用，比如学校和白领工作环境。不管是作为日常语还是通用语，这些欧洲语言的变体都经过了本土化——或称为“非洲化”——而且它们成为了越来越多欧洲语言本土化研究的焦点。(限于篇幅，可参考Schmied 1991；Kachru 1992；Manessy 1994；Bambgose et al. 1995；Klerk 1996和Calvet 1992。)在非洲工业化生态中，它们成为极少数人的语言技能的一部分，而在传统功能上它们也没有替代更为本土化的非洲语言。

173 换句话说，本土化的欧洲通用语在非洲的地位是**附加性的(additive)**，而不是**替代性的(replacive)**。它们实现了新的交际功能，而与更本土的非洲语言却不存在竞争。如果有竞争的话，则存在于各种来自欧洲的语言之间(Mazrui & Mazrui 1998)。比如说，在一些讲法语的国家，如卢旺达，法语的地位正受到英语的威胁。在有些政权国家，如坦桑尼亚，英语的地位可能会受到斯瓦希里语的威胁，因为斯瓦希里语已被接受，并实现了原来的殖民统治者使用的语言所能达到的交际功能。但是，这种情况下，更现实的做法是把这种威胁转换为与英语分享一些功能，而不是取代英语。因为虽然坦桑尼亚的邻国也讲斯瓦希里语，但英语仍然有很高的声望，并保持着国际语言的地位。

因此，当我们讨论非洲的语言濒危情况时，这些来自欧洲的通用语与其克里奥尔语/皮钦语亲属语言不同，它们的存在并不以其他的语言消亡为代价。这些社会精英使用的通用语只是殖民化的副产品，同时捎带着具有族裔功能。也正是从这些功能我们可以解释为什么非洲分为基本的英语区、法语区、葡萄牙语区等(见地图 2)。第一，这种划分忽略了阿拉伯语的多重身份，在北非，它既是日常语又是通用语，而在非洲西部和东部的大部分地区，它是一种宗教语言。第二，这种分类没有考虑到一些其他情况，如非洲的法语区，又划分为很多子区域，在那里斯瓦希里语、林加拉语、基图巴语、桑戈语、曼德语和沃洛夫语等，是非精英人群使用的通用语。事实上，它们的使用者远远多于使用欧洲殖民者语言的人。第三，这种分类忽略了一个事实：斯瓦希里语，还有几个其他的主要本土语言，也是国际上使用的语言之一。在坦桑尼亚、肯尼亚、乌干达、

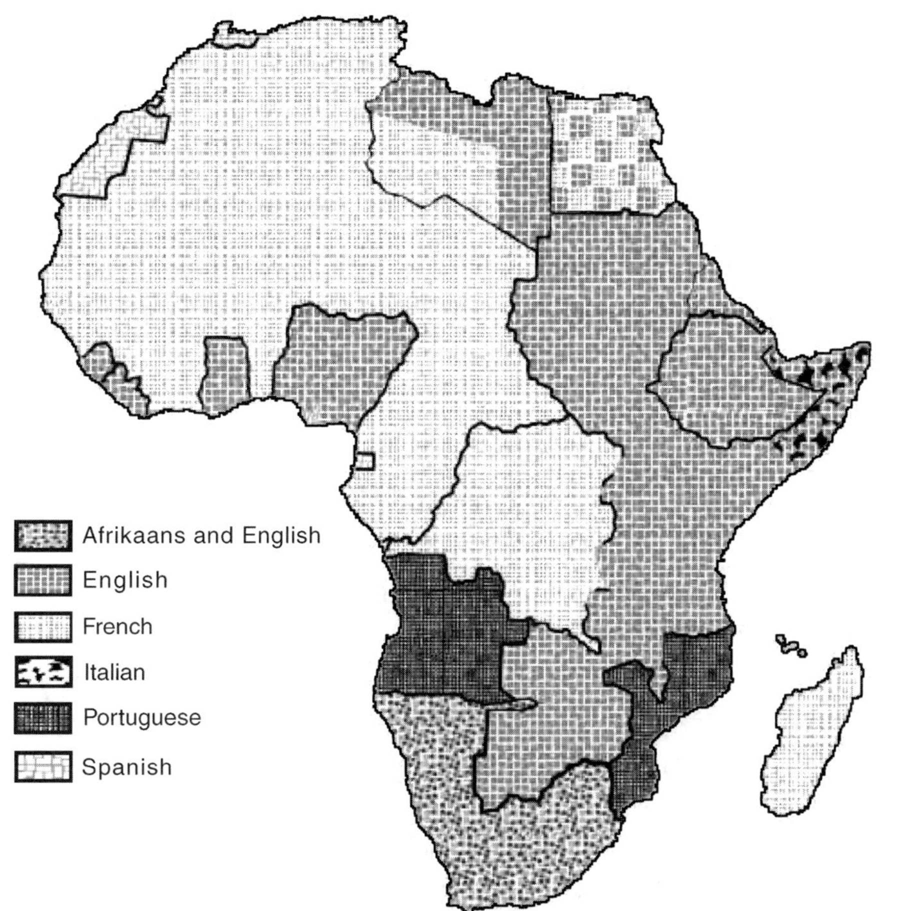

地图 2 20 世纪 50 年代非洲的欧洲殖民语言

卢旺达、布隆迪和刚果民主共和国，这些语言比法语和英语服务于更多人的交际需要。换句话说，这种分区最大程度地反映了殖民统治的影响，在大多数更加本土的非洲人讲的日常语和通用语分类的基础上，对欧洲语言简单地进行了分类。由此导致了非洲语言学地貌更加复杂化，并与语言的地理分布相互重叠。

7.2.4 为大多数人和殖民者服务的本土通用语

欧洲人殖民统治着大多数讲非洲语言的非洲人口，主要依靠
174 的方式是让劳动力流动，而且有的时候距离很远（见地图 3）。从
语言学角度看，这些人口迁移和流动始于 19 世纪晚期。我们开始

地图 3　非洲殖民地的劳工迁移

了解这些语言的发展，尽管其中的差异不够充分，从而可能无法解释为什么基图巴语比林加拉语的重构更加明显（Mufwene 1989d），也不能解释沙巴区的斯瓦希里语为什么明显变得更加复杂而不是更为简化（Kapanga 1991）——如果我们忽略波洛姆（Polomé 1971，1985）集中研究的第二语言变体（波洛姆在此基础上发展了“皮钦语化即简单化”的论题）。同样地，本巴镇语（Town Bemba）和其他主要的语言也经历了发展，但很明显，其重构程度不足以被称为皮钦语或克里奥尔语。

我们不能否认，欧洲殖民者为非洲新语言变体的产生提供了
重要的族裔环境。但是，他们无法被视为是重构过程的媒介。真 175
正的媒介是非洲殖民地劳工及那些从属人员。这些从属人员，在他们没有（完全）被目标语的母语使用者同化时，结结巴巴地讲着更为本土的目标语言。在中非的比利时和法国殖民地，最早的殖民地从属人员及政府军队来自非洲西部的班图以外地区（Samarin 1982，1990）。虽然欧洲人大都将一种已经作为贸易用语的变体当作通用语（基图巴的刚果-基曼扬戈语（Kikongo-Kimanyanga）、林加拉的博邦基语（Bobangi）、桑戈的亚库玛语
（Yakoma）和法纳卡洛的祖鲁语（Zulu）），但他们并不鼓励非本地 176
的从属人员和劳工与当地人口相互融合。相反地，欧洲人专门建立了劳工营地或为他们划分出小镇的一部分，在那里他们使用祖先的语言或新的通用语相互交流。对于后一种情况，交际和语言演化的发展类似于发生在新大陆和印度洋种植园里的克里奥尔日

常语。[1]

渐渐地，产生了与殖民化相关的新语言变体，基图巴语中的几个名称就证明了这一点：*Kikongo ya leta*（刚果语"国家"）和 *Kikongo ya bula-matari*（刚果语"碎石机"）（Mufwene 1997d）。这类演变最著名的例子发生在班图地区（桑戈地区除外）。与非班图人所起的作用相比，班图人在这一发展过程中起到的作用还不明确（如 Samarin 1982，1990；Mufwene 1989b，1997d；Mesthrie 1992b）。但无论如何，虽然欧文斯（Owens 1998）发现这些变体在形态上大量简化，在一些很重要的地方，源自班图词源语言的变体依然保持着班图语的结构（例如动词的"扩展"）。

随着欧洲人为殖民工业化奠定了基础，他们不仅仅从当地还从远离劳动力需求的地方招收劳工。[2] 比如，比利时殖民局就从远至桑给巴尔岛（Zanzibar）的地区雇佣劳工，以修建连接大西洋海岸和金沙萨（Kinshasa）的铁路。他们还从远至南非的地区雇佣劳工在沙巴（Shaba）的矿井中工作。同样地，英国人从纳米比亚、博茨瓦纳和莫桑比克，甚至远至印度雇工，为他们在南非的矿井工作，这极大地增加了法纳卡洛语的丰富性（Mesthrie 1992b）。工业的扩张将新的通用语带到了远离其起源地的地方，这个因素促进对词源语言的更多的重构。

① 也许在这里，更适当的比较对象应该是在欧洲的外国劳工，尽管从地理环境上，以及（一定程度）社会环境上，他们都被多数当地语言使用者所包围，但他们仍然没有充分地融入，因而没有习得尚未广泛重构的目标语言。

② 在本地招募劳工显然难度很大，因为当地人常常很害怕被奴役（Samarin 1989）。

非洲20世纪早期产生了新型的、多族裔的市内社区，其中有一些后来发展为城市。这些城市成为了语言竞技场(linguistic arenas)，新的通用语也比更本土的语言更为盛行，即使在劳工营地和部队及政府从属人员的保留区域之外亦如此。大多数情况下，似乎词源语言的母语使用者也参与了重构与简化的过程，只有沙巴斯瓦希里语(Kapanga 1991)和本巴镇语(Spitulnik 1999)除外。其中的原因尚待探索。但无论是哪一种情况，演化过程都和其他地区一样自然和自发。

很明显，非洲语言学地貌因这些新语言变体的产生而更加复
杂，它们的交际功能迅速地从通用语增加到作为城市日常语。在 177
非洲语言中，目前我们可以列出的是基图巴语、林加拉语、桑戈语、沙巴斯瓦希里语、本巴镇语、法纳卡洛语，以及其他非洲南部的语言。当然，它们在发生学上的分类问题可以直截了当地等同于它们是否应该被认为是自己词源语言的方言这一问题；但它们通常在发生学分类上不属于非洲语言。显然，其缘由与第5章中讨论的相同。

7.2.5　其他本土程度较低的接触语言

我们不能够忽视印度契约奴将印度语带进了南非。特别有趣的是，印度比哈尔语(Bhojpuri)是如何成为南非印度人以及圭亚那和特立尼达岛的东印度人的重要通用语的呢？这是各种印度语言在新的环境下亲密共存的结果。虽然作为一种接触变体，比哈尔语产生于印度，但从生态学角度来讲，较之其他印度语，南非地区更有利于这种语言的流行。

在语言接触上更为重要的是，阿拉伯人在非洲的统治地位导致了在苏丹南部、乍得湖地区、乌干达和肯尼亚地区产生出新的重构了的阿拉伯语变体（在文献中认为是皮钦语/克里奥尔语）。根据欧文斯（Owens 1997），这些阿拉伯语言变体起源于苏丹南部，其原型变体（protovariety）产生于 19 世纪早期。在这之前，只有苏丹北部被阿拉伯化。苏丹北部的贸易者和士兵，也就是讲阿拉伯语的人，不仅同当地妇女结婚，有的还参与了苏丹南部奴隶制过程。这些当地人口在贸易和军队中逐渐融合，并成为大多数。[①]在 1850 年到 1875 年之间，苏丹南部的埃及政府受到驱逐，南北方贸易受到的限制也减少，苏丹阿拉伯语在非阿拉伯人中经历了重构过程，很显然同时伴随着对之前的奴隶的解放。后来，一些曾经的奴隶和士兵到邻近的乍得湖地区、乌干达和肯尼亚为那里（或者只是移民过去）的欧洲殖民者服务，他们将新的语言变体也带到那里。朱巴（Juba）阿拉伯语从此成为苏丹南部的通用语，朱巴镇里有 40%的人口使用该日常语（Miller 1985，为 Owens 1997 所引用）。在肯尼亚和乌干达，它成为了一种族裔语言，在城市里，从苏丹迁移来的人们的后代将这种语言视为母语。

178 7.2.6 短暂的过渡

19 世纪和 20 世纪早期人口迁移及接触的结果是，非洲语言地貌和当地整体语言变得更加复杂。不同语言的交际功能被重新分派，因为族裔间的接触越来越依赖于新的通用语，甚至即使在语

① 这显然与美洲的奴隶制不同，更贴切的说法应是无报酬的家奴和侍妾体制。

言相对保守的乡村，一些非传统的行政事务也大量使用同样的通用语来处理。

根据萨马林(Samarin 1982,1990)的假说，基图巴语、林加拉语和桑戈语产生于19世纪晚期，这些重构的语言变体的使用在非洲是个新现象。通常，旅行者只使用旅行地所使用的语言，这解释了为什么非洲的前殖民地贸易没有留下这种重构的通用语的证据。那里的殖民者恰好选择了在前殖民贸易中其他群体会选择的族裔语言。

在下文中我将指出，既不是阿拉伯在东非的渗透，也不是他们在北非的统治地位促进了这些语言的发展。当然，也不是图西人在卢旺达和布隆迪的定居，更不是因为马塞人在东非的定居造成的。前殖民时期，非洲众多王国在地理上是多语言的，但他们也没能产生出这种基于接触的重构的通用语。从族裔-生态学角度看，欧洲对非洲进行的殖民统治导致非洲的族裔之间接触模式的巨大改变，从而产生了新的通用语。

7.2.7　欧洲殖民化：语言学角度的评估

最终，这些基于本土非洲语言的新式重构的语言变体，伴随着与城市生活、流行音乐、军事法规和基础教育体系的紧密联系，其在大众中的重要性逐步增加。因此，越来越多的年轻人开始怀疑继续使用他们族裔语言的重要性。这种情况导致了一些语言在人口统计上的损耗，其标志是使用某些语言的人口锐减，主要原因是相关语言的功能衰退。在某些情况下，族裔地位较低的更为本土的语言在与声望更高的通用语的语码混合过程中，结构逐渐衰退。在一些年长者看来，虽然语言结构

179 全方位的变化并不明显，但越来越多的孩子对其族裔语言掌握不够。

无论如何，在城市环境中，通用语也起到了日常语的功能，越来越少的孩子能灵活地掌握本族裔的语言。我们需要记住的是，当地族裔语言失去自身的地位不是由于欧洲语言，而是由于基于非洲语言的通用语，以及皮钦语/克里奥尔语，后者的生命力越来越强，讲这些语言的人比讲欧洲式通用语的人还多。

在这种情况下，竞争和选择是自然的过程，对某一些语言有利，而对另一些则不利。虽然殖民化是一个重要的生态因素，对一些本土语言的濒危负有不可推卸的责任，但真正执行这个过程的是非洲民众本身。另外值得注意的是，大部分这些后果是在后殖民时期产生的。我们应该调查一下在殖民期间和后殖民时期有怎样的相互作用或者其他族裔的差异，以理解基于非洲语言的通用语为什么能够对族裔性或传统性的非洲语言产生如此具有破坏性的影响。

有一些理由可以解释，尽管已经被非洲化，欧洲语言仍然无法用来解释非洲几种本土语言濒临灭亡的原因。比如说，南非荷兰语和南非英语（SAE）的使用者并非传统的非洲人。他们并没有与非洲当地人完全融合。虽然语言就像是寄生物种，但语言和语言特征并不像感冒细菌一样传播。与特定群体的定期接触是语言可能相互影响的重要因素。因此，考虑到非洲人口众多，南非荷兰语和南非英语在那些族裔语言濒危的地区并不是竞争的参与者。毫无疑问，它们有着自身的地理和社会地位，但在欧洲后裔群体以外的社区，它们没有成为日常语。**已作必要修正（mutatis mutandis）**

的是讲亚洲语言的亚洲群体可能也有同样的情况。社会融合是共存中某些语言濒临灭绝的重要原因。现在亚洲语言没有机会在更多的非洲当地人之间传播。它们事实上被经济生态所排斥，因为它们与高利润的工业无关。

非洲黑人讲的本土化语言变体也没有真正威胁到非洲语言，因为它们很少作为家庭语言变体使用或为了与大众社交时使用。使用这些语言的人不期望其他黑人效仿。它们只是附加给大多数非洲黑人使用者，用来满足族裔语言无法实现的非传统交际功能。 180
如果有什么的话，那就是它们有可能要同基于非洲语言的通用语竞争，如今后者的交际功能已经逐渐蚕食了前者，比如坦桑尼亚的斯瓦希里语。同样，在金沙萨，在城市生活中法语必须接受林加拉语的挑战。因此不同于其他大城市，在许多办公室里，白领工人“闲聊”(small talk)讨论社会活动的时候用林加拉语而不是法语。已故的总统莫布图觉得用林加拉语做公众演讲是很自然的事，虽然林加拉语不具有官方语言的地位，却能使他接近城市大众。总的来说，从语言濒危的角度来看，非洲通用语，而不是欧洲语言，对传统族裔语言来说是一个很大的威胁。这个现象大多发生在后殖民时期，这促使我们需要更好地了解该时期非洲语言的社会动力。

7.3 非洲前殖民地时期的人口迁移和语言接触

前殖民地时期(precolonial)指的是欧洲人开始与非洲次撒哈拉地区进行贸易，以及后来根据1885年《柏林条约》划分领地，正式将非洲大陆殖民化之前的时期。下文中，我将讨论尼罗河流域人口的向南迁移（7.3.1 节）和非洲大陆的阿拉伯殖民化（7.3.2 节），重点阐述其语言后果，同时解释这些语言后果告诉了我们怎样的生态环境，某一个地区的新语言的繁荣在何种条件下不会威胁到其邻近的语种，或是在哪种条件下会替代它们，或干脆在新的生态条件下无法幸存。我将从最近的例子开始，往回追溯历史。

7.3.1 尼罗河流域人口的向南迁移

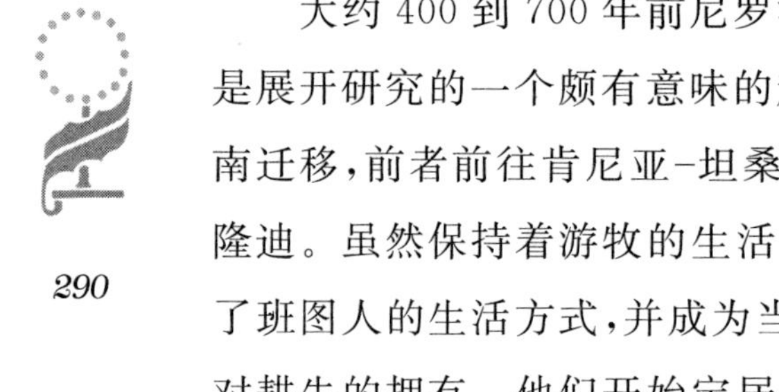

大约 400 到 700 年前尼罗河流域人口的向南迁移（见地图 4）是展开研究的一个颇有意味的起点。马塞人（Maasai）和图西人向南迁移，前者前往肯尼亚-坦桑尼亚地区，而后者到了卢旺达和布隆迪。虽然保持着游牧的生活方式，但图西人在一定程度上吸收了班图人的生活方式，并成为当地经济结构的一部分，即非常看重对耕牛的拥有。他们开始定居下来，并利用他们所拥有的耕牛的价值来统治他们的班图东道主，即胡图人（Hutu）。不知何故，在这个过程中，他们逐渐失去了自己尼罗河流域的语言，如今讲着他们属民的语言：基隆迪语（Kirundi）和基亚卢旺达语（Kinyarwanda）。

另一方面，马塞人大体上仍保持着游牧的生活方式，只是他们
181 中的一些人成为了农耕者，并和自己的班图邻居，如基库予人（Gikuyu）和查加人（Chaga），建立了友好的关系。根据纽曼（Newman 1995）的说法，马塞人讲的语言是玛阿语（Maa），与坦桑尼亚讲的姆布谷语（Mbugu）的关系尚不清楚。托马森（Thomason 1997）认为他们讲的是马塞语（Maasai），是尼罗河流

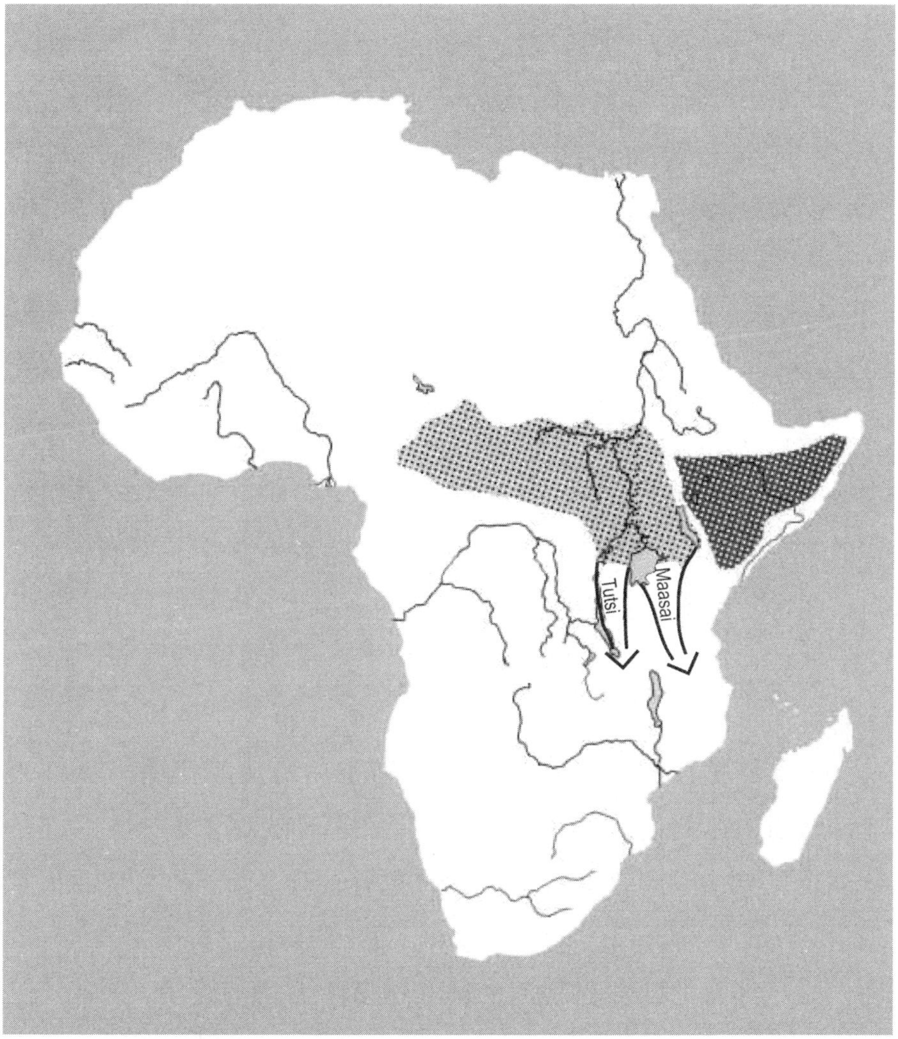

地图 4　1750 年前尼罗河流域的迁移

域的一种语言，她还认为马塞人抵制文化上的同化。马塞人到底是保留了自己的语言，还是把姆布谷人赶到坦桑尼亚后使用了他们的语言，这一点尚不清楚。纽曼(Newman 1995)认为玛阿语和

马塞语一样，都是尼罗河流域语言的分支。[①] 帕斯卡(Pasch 1997)
指出，坦桑尼亚的一些人口，如阿萨克斯(Aasáx)和亚库人
(Yaaku)，新近失去了自己的语言，转而使用与他们语言同化的马
182 塞语，这表明马塞人并没有失去自己的语言，至少不是在所有地方。

简单地说，人口迁移和接触在湖泊地区产生了复杂的影响。图西人和马塞人在该区域的定居方式显然有所不同。一方面，在卢旺达和布隆迪，他们与新邻居之间的一种很明显的和平共处导致了至少一种尼罗河流域语言的丧失。另一方面，由于班图人以及库希特(Cushitic)统治者的统治或分歧，在该地区引入并保留了尼罗河流域的语言。它们甚至可能引起了一些班图语和库希特语言的丢失和重构。图西和马塞两地社会经济生态性质的差别目前尚不明确。今后的研究将着眼于语言接触的这些方面。

7.3.2 非洲的阿拉伯殖民化

追溯到更久远的年代，7 世纪时阿拉伯语从阿拉伯半岛进入非洲值得引起我们的注意。与此相关的两种迁移和定居方式都与欧洲殖民方式不同。这些方式上的差别似乎支持了梅兹瑞和梅兹瑞(Mazrui & Mazrui 1998)的理论：阿拉伯语是一种非洲语言，而即使是非洲化的欧洲通用语也只能勉强算是非洲语言。这不仅仅是因为在非洲，阿拉伯语比欧洲语言使用的时间更长，还因为它引入和传播的策略非常不同。

---

① 这一地区“库希特–班图语”(Cushitic-Bantu)混合成玛马语(Ma'a)的情况，让人极为好奇(Thomason 1997)，尤其是它如何与纽曼所说的玛阿语(Maa)相联系。它们是相同的语言，或者仅仅是恰巧拥有相同名称的不同的语言？

7.3.2.1 一个有趣的模式是13世纪前，非洲东海岸阿拉伯语和斯瓦希里语的接触。阿拉伯贸易者到达非洲海岸并定居，与非洲女性结婚。他们学习使用斯瓦希里语，以便于族际的交流，但仍保持伊斯兰教信仰，并在与当地人的贸易中恪守阿拉伯的经济价值观。因此，阿拉伯语仍是该区域内的族裔和宗教语言，也代表着一种族裔身份。另外，它也被选择为教育的使用语言，而斯瓦希里语则作为贸易语言，保持着该区域阿拉伯人进入之前的交际情况。阿拉伯人与非洲人通婚所生的孩子和其他转为信奉阿拉伯价值观的非洲人都被同化，整体而言，阿拉伯族裔划分的概念更多是靠文化来界定而不是人种(Mazrui & Mazrui 1998)。这一区域中阿拉伯语和斯瓦希里语共存的模式，部分地解释了前者对后者的影响仅限于特定的领域(Nurse & Spear 1985)，尽管有一些尚未证实的说法认为斯瓦希里语是源自阿拉伯语的克里奥尔语(Ohly 1982)。

7.3.2.2 早在公元639年，阿拉伯人征服埃及，并在非洲定 183
居，对非洲产生了更为深远的影响。从那时开始，阿拉伯人占领了北非拜占庭殖民地的其余领土，并于8世纪将马格里布(Maghreb)纳入阿拉伯版图(见地图5)。此后，他们开始沿着贸易路线向南开拓领地。到10世纪，他们已经到达撒哈拉沙漠的南端，在加纳、宋亥(Songhay)、马里、卡乃母(Kanem)、阿比西尼亚等地建立了贸易站点。阿拉伯语随着这些人口迁移而传播，这很少是通过军事(或)行政强制手段，而是通过一个十分有趣的同化
(absorptionist)过程。阿拉伯人和被征服的民众组成联盟，并相 184
互通婚(Newman 1995)。他们允许征服地民众阿拉伯化，并成为穆斯林从而与自己获得同等地位。在这一过程中，阿拉伯语通过

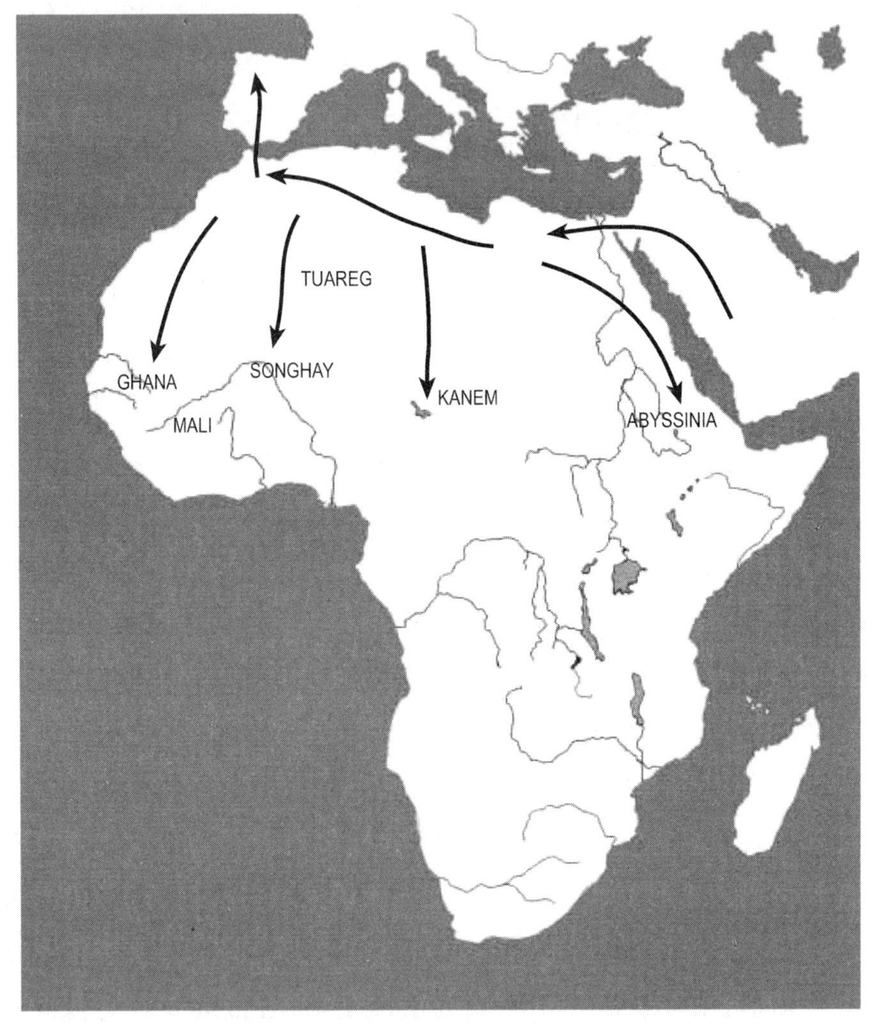

地图 5　7 世纪以来阿拉伯语在非洲的传播

宗教和贸易成为重要的通用语，并逐渐成为了马格里布人的日常语，逐渐侵占或者取代了本土语。今天在北非，先于阿拉伯语而存在的柏柏尔(Berber)的语言变体，成为少数人的日常语。

类似于这种情况下的其他例子，因为受到了底层语的影响，同时经历了重构的过程，这种盛行的语言以很大的代价获得了胜利。同时由于从阿拉伯半岛传入时发生的变异，阿拉伯语发展出了新的非洲变体。今天，一些人认为这些变体是一些独立的语言。任何对于此处语种形成的讨论，如果不考虑来自阿拉伯半岛的语言变体之间的接触，以及其与转变为该语言的人们原来所讲语言之间的接触，那么得出的结论是值得怀疑的。

7.4　前殖民时期黑人人口分布所带来的语言学影响

这一部分的重点是尼日尔-科尔多凡语（Niger-Kordofanian）的传播和语种形成，特别是大约 2000 年前的班图语的传播过程。我提出的多数问题最后自己都无法回答。我只希望能够引起更多人对本书提出的社会生态学方法的兴趣，并将其应用于对这个主题的研究之中。

7.4.1　背景

在非洲发生语言学的传统视野中，班图语的传播就像是一种本来相同的液体被洒在了崎岖的斜面上，奇迹般地变成了彼此不同的水流，而与液体流经表面的性质无关。假设这些水流彼此不会交叉，这种方法不仅无视河床对水流的影响，而且也无视这些水流可能再次汇合，并生成新的水流。研究非洲近 2000 年的人口统计学地图，我们会得到另一番情形。在讲班图语的部分非洲地区，如刚果民主共和国的班顿杜（Bandundu）地区（我的家乡），口头流传的历史也证实了这一点。

在燕斯(Yansi,我的语言族群)和蒙巴拉(Mbala,邻近的族
185 群),口口相传的历史表明,班图语的传播并不是从尼日利亚—喀麦隆的故土沿直线向东部和南部进行的。口述历史表明,有时那些已经到达南部的人们又重新迁回北部,正如地图 6 所示(摘自

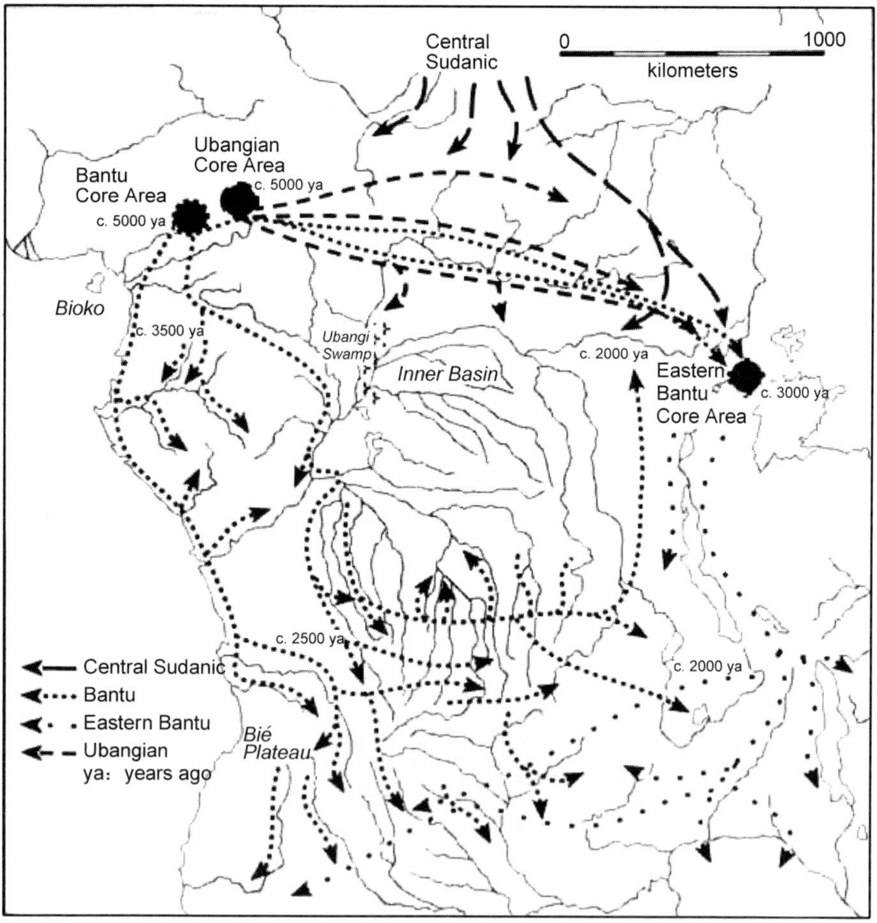

地图 6　班图人的迁徙

Newman 1995)。随着从南方迁往北方，他们经常同先于他们迁到那里的班图语使用者进行接触。还不清楚这种接触在何种程度上影响了班图语言彼此之间的相似或差异度。

这幅地图还表明，讲班图语的人与讲非班图语的人也存在着
接触，如苏丹语(Sudanic)和库希特语族(7.3.1节)。后来，尼罗 186
河流域的语言和班图语言也有接触。讲班图语的人与讲非班图语的人存在何种形式的相互作用？这种相互作用在何种程度上影响了班图语种的形成？这些问题都需要非洲发生语言学更深入的研究。也可参见范西纳(Vansina 1990)的文献。

7.4.2 非洲中部和南部的班图殖民化

追溯更久远的历史，看看非洲语言学地图上班图语传播开始之前，现在讲班图语的地区在当时是什么样的情况，我们会得到更多信息。我们不由得做出结论，随着班图人向南和向东迁移，他们同俾格米人和克瓦桑人产生了接触(见地图7)，当时后两者所占的领地比现在大得多。班图人的入侵造成了两个地方人口锐减和语言衰退，并成为迄今发现的该地区唯一的当地人。[①]

再看看阿拉伯语在非洲北部的传播。由于缺少书面的历史性证明，人们一定会质疑：班图人是否像北非的阿拉伯人和当地人接触那样，与被他们所殖民统治的人相互影响，借鉴他们的语言和文化特点呢？还有，在班图语族发展出今日的诸多次语言社群的过

① 范西纳(Vansina 1990)推测说，雨林中的居住者可能不仅仅是狩猎采集者，如俾格米人(Pygmies)，而且也包括渔民，这些渔民被班图人吸纳或被更快速地替代。

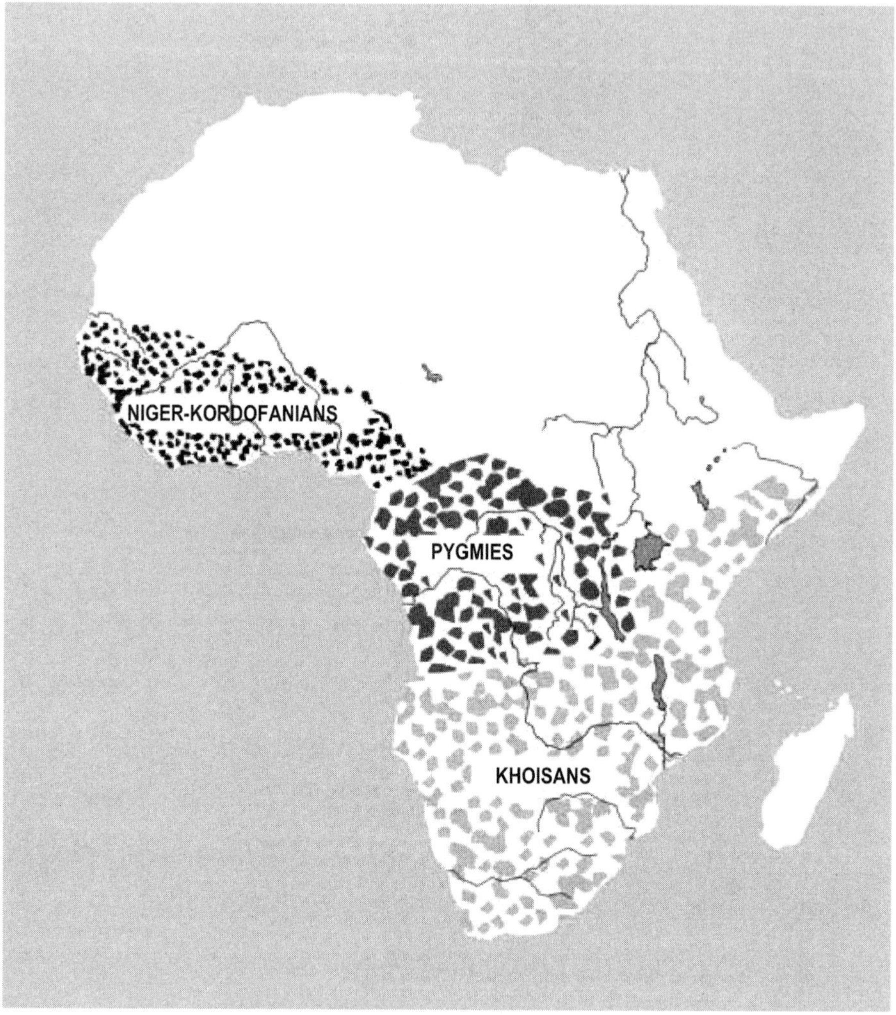

地图 7　班图人迁徙之前次撒哈拉人口分布

程中，底层语的影响是根本没有起作用，还是只起到了一小部分作用？如果没有俾格米语和克瓦桑语的影响，班图语族还会分裂为今日的诸多次语言社群吗？非洲南端的一些班图语言有吸气音，而班图语族北部边界地区的语言中含有圆唇软腭辅音，从这一点我们能得出什么结论？

以上的思考都能归结到一个问题：在发生-比较语言学中，语言接触是否还应继续被忽视（见第 5 章）？由于这些地图上的证据，我有可能陷入了一个恶性循环，因为作为我讨论基础的一些语言传播的路线是由发生语言学的结论提供，而没有考虑地形学和考古学的因素。然而，班图人口迁移所到之处此前都并非荒无人烟。既然从班图人口迁移中我们可以推断俾格米语和克瓦桑语遭到变化中的社会生态的冷遇，我们必须研究同样接触条件下班图人做出了哪些适应性反应。

迄今为止，我们所查看的地图清楚地显示，在过去的 2000 年 187
甚至更早以前，随着人口迁移和相互接触，我们今天关心的语言濒危和语言灭亡过程在过去都曾经发生过很多次。我们更好地了解现代和近代的情况，将会对我们研究远古的情况起到哪些帮助呢？不能忽视的一点是相关的社会历史生态学，特别是特定时间条件下相互作用的模式的重要性。虽然这并不能解释所有的问题，但却能提出相当多有趣的问题引起大家的注意。这样，我们就可以了解一些语言是如何胜过其他语言的，又有哪些保留在了现代的使用者中。

7.4.3 地方自治主义和语言演化的相关性 188

梅兹瑞和梅兹瑞（Mazrui & Mazrui 1998）把语言区分为强调群体身份的“地方自治主义者”（如阿拉伯语）和不具备这种功能的（如本土化的欧洲语言）两类。前者增强了基于文化而非种族的阿拉伯或阿拉伯化的身份认同；而后者有助于进一步的社会阶层分化，使得欧洲殖民者和当地人之间，甚至当地人自身之间进一步阶级分化。因此，**地方自治主义(communalism)**是阿拉伯语作为日常语或者通用语在北非教育程度较低的人群中传播的一个重要因素，也是该地区内使用更为本土的非洲语言人数减少的原因。虽然通过教育，越来越多的当地人接触到了欧洲语言，但很少有人把它们作为通用语使用，更不用说作为日常语了，因为这些语言不是他们日常文化活动的一部分。非洲经济制度并非全球化的事实，以及非洲大陆的下层人民——大部分由手工劳动者构成——没有参与欧洲语言的本土化，这两点使得欧洲语言仍然被认为是外语。很明显，在语言演化的族裔角度存在着**成本效益(cost-and-benefit)**方面的考虑：使用者在选择语言时应(最大程度上)有所获益。这种获益可能是指一些工作途径、更好的地理环境或社会流动性、更强的社会归属感等。使用者当然不会放弃那些不经常使用的语言，但在某些交际领域一些被大量使用的语言得以强化的同时，也就意味着另一些语言使用的减少。

梅兹瑞和梅兹瑞也对语言进行了区分，如从殖民地欧洲语言中分化出斯瓦希里语和林加拉语，这能使其使用者之间**“横向融合”(horizontal integration)**，这不同于殖民地欧洲语言所建立的**“纵向融合”(vertical integration)**，也就是更多社会阶层的分化甚至与大量人口的分离。似乎一种语言的一体化程度越差，即便与统治权力无关，它对该地区原来的或邻近的语言构成的威胁也越小。这就是为什么除了皮钦语和克里奥尔语——它们更明显地与语言传统混合在一起并呈现一体化——欧洲语言通常不会对更加本土的非洲语言造成威胁。而恰恰是非洲通用语，它的生命力越来越强，成为城市中的日常语，对本土的非洲语言构成很大的威胁。它们是群体中非精英分子的学习目标。殖民地和后殖民地时期的社会经济结构主要与他们为这些新语言提供的发展和 189
扩张机会的程度有关。

南非荷兰语的例子颇为有趣。作为非洲本土语言，它没能发生北非阿拉伯语那样的文化同化和整合过程。它没能从其他族裔获得更多的使用者（除了在有色人种中），没能在文化上同化或与这些人融合，这使得它对该地区的其他语言不构成威胁。如果南非英语也可以被认为是对黑人祖辈语言的威胁，那么南非荷兰语对其的威胁要比它小得多。

同样，即使是混合语言变体的附加发展，如伊西卡姆托语（Isicamtho），本来是要将它的使用者区别于恩古尼语（Nguni）的其他使用者（Childs 1997），但却也没有对恩古尼语构成威胁。虽然讲这种语言的是更加本地的非洲人，但这种新的语言变体也并非地区共享。作为一种以恩古尼语和南非荷兰语混合为基础的类似因都比语（Indubil-like）的一种变体，伊西卡姆托语的使用者主要只是城市男性黑人工人。相比于恩古尼语与更大规模的非洲南部黑人人口相联系，伊西卡姆托语没有整体的族裔划分功能。伊西卡姆托语并不作为母语使用，而是一种秘密的交际语。它不能抑制其他语言的活力的原因是它们之间没有共同的交际功能。只有交际功能上彼此有重叠的语言才有可能形成竞争，并产生威胁。

7.5　结语：生态的分化作用

在大胆地对非洲语言演化的讨论给出一些总体的结论之前，有一个现象必须要强调：同一种语言在不同的社会生态因素下，可能会受到不同的影响。比如说，欧洲语言在与非洲语言的接触中受到了多种方式的影响。在某种接触条件下，它们成为了皮钦语或者克里奥尔语。而在另一些条件下，它们只是简单地被本地化，从而进入了社会精英分子的教育变体中。此处，生态学与不同的因素有关：

（1）参与接触的语言变体的种类：各种非标准日常语（如皮钦语和克里奥尔语），相对于学院派变体如本土化的通用语；

（2）接触的性质：同化或融合与非融合的对立；

（3）传播的媒介：口语或口头与书面的对立。

这些因素中的每一个不同的取值都会导致不同的结果，更不用说还要考虑接触中底层语言的作用。

190 虽然仍需要考虑语言演化中生态的不同作用，但从另一个角度来看，刚果-基曼扬戈语、博邦基语和桑戈-亚库玛语分别发展为基图巴语、林加拉语和桑戈语的过程，蕴涵着丰富的信息。这些新变体的产生并不一定延续了它们的词源语言，并不比基于欧洲语言的皮钦语和克里奥尔语的发展对欧洲和其他地方的语言的延续（很少重构的语言变体）来得更多。

上述观点认为语言不仅仅是复杂的适应系统（有生命），而且更像是一个物种而非有机体。这个比喻在语言演化的研究中很有意义，因为有很多过程会通过相互作用的说话者对不同族裔生态因素的反应，对语言造成局部的和完全不同的影响。因此，语言可能会在一个区域繁荣发展，而在另一个区域内濒临灭亡，同样地，它在同一群体内也会经历不同的变化，其行为更像是一个人群而非一种有机体(参见第 6 章)。

虽然语言通过使用者的交际行为逐渐发展(参见第 1 章)，一些变化却可能与生态**平衡(equilibrium)**态势的**间断(punctuation)**有关。语言可能混合它们的结构和语用系统。从族裔的角度来看，它们可能会获得或丧失活力，它们也可能拥有更多的使用者或失去一些，它们也许会繁荣或灭亡等，就像物种一样，完全随生态条件的变化而变化。在这里引入的人口-迁移-接触的方式，作为本书“竞争-选择”理论的伴随物(如果不算必然产物的话)，将帮助我们更好地理解哪些因素影响了非洲语言演化，以及现在的地理语言学图景的形成过程。还有很多问题，我们依然无法回答，但至少我们可以清晰地指出它们，便于今后研究。

最后，基于上文的思考，我们还可以问问自己这样的问题：在班图语和尼日尔-科尔多凡语的演化中具体发生了什么？为什么它们分裂为许多不同的子语言群体(subgroups)？原始尼日尔-科尔多凡语或原始班图语比其他语言更为同质，或者它们内部的变化有助于其分化为多种不同的语言(和子语言群体)？不同方向的迁移是语种形成的充分理由吗？根据本章中勾勒的非洲语言宏观历史，语言接触还可以被非洲发生语言学及其语种模型排除在外吗？俾格米语和克瓦桑语的底层影响对班图语种的形成有多大的作用？我想，所有这些问题，毫无疑问还有其他很多问题，在今后 191

的非洲语言演化的探索中都更加值得注意。

近年来问世的濒危语言的文献很多。这种现象本身就是伴随着正在进行的语言生态演化而出现的。语言在交际功能上进行竞争，其中一些语言的繁荣和盛行，是以失去另一些语言作为代价的。非洲的例子也表明，最有威望的一些语言通常不会比威望较低或没有威望的语言更加繁荣，而在有些情况下，后者应该被看作濒临灭绝。像语言演化的其他方面一样，语言濒临灭绝也是语言生态改变的结果。我们应该努力研究造成这种现象的原因。发生语言学将会因这方面的研究和发现而更有作为。

8　结论：整体蓝图 192

本书关于克里奥尔语和非克里奥尔语演化的主要假设和基本观点已经在第1章中详细阐明。其他章节分别清楚地阐述了各自的结论，在此不再赘述。下面，我将把焦点放在由这些讨论勾勒出的整体语言蓝图。

8.1　根据群体遗传视角从克里奥尔语考察语言演化

在语言演化中，克里奥尔语不是反常的、少见的或是非自然发展的结果。相反，它们为其他语言在演化中的重构提供了更多的证据。本书里，我支持同时采用生态学和群体遗传的观点来研究语言演化。该研究方法假设，尽管在结构上拥有一些只属于语言学的性质，一种语言就像是一种寄生生物，拉马克物种。这些特质与演化模式有关，同时也说明了语言演化与生物演化的一些既定原则有所不同。

尽管如此，我已经说明生物演化的有些原则还是适用于语言演化的。把语言比作物种的类比体现了语言是一个有生命的复杂适应系统；某些语言灭亡了，而另一些语言生存下来，这取决于使用者（宿主）的行为。与自19世纪传承下来的把语言比作有机体的类比相比，这种类比更加有说服力。比如说，我们可以把语言内部变异作为语言演化的一个因素，从而更好地利用导致或者影响演化过程的外部和内部生态环境因素。外部生态环境导致了变化，但是这些变化的性质部分地取决于演化系统的结构特征（即内部生态环境）。我们在考虑个体使用者的交际行为时，还可以更充分地强调（变化的）驱动问题（actuation question）。

193 语言并不完全与寄生物种相似的一个方面，体现在使用者不仅是语言的宿主而且还是语言的创造者。虽然把语言比作寄生生物不是一个完美的类比，但并不妨碍这本书使用这一研究方法。事实上，将关于语言演化的一切克隆到生物演化之上是会起反作用的。从一开始就假设一个语言物种有自身的特质更有利于研究。只有广泛的对照才能揭示语言物种和生物物种在结构和演化方面有多少相似的特性，又在哪些方面有所不同，以及一个物种的演化方式一般在多大程度上受到其结构特性的影响。

我们还要记住，在生物学中有一些不同的物种得到了普遍认同。语言物种不必和它们其中之一相似。从结构和演变原则的观点来看，根据家族相似性模式，不同（种类）的物种相似或不相似的方面都不尽相同。以下由卢恩廷（Lewontin 1970）提出的演化的必备条件也同样适用于语言物种，这一点十分重要：(1)演化涉及人口内部的**变异（variation）**；(2)其口耳相传的传输模式类似于流行病学里的**遗传（heredity）**，尽管部分是来自于外化语言的间接基因，个体使用者身处外化语言中，作为一个活跃的语言习得者，部分地对其进行了再创造(recreation);①(3)由于每个使用者都是以略有不同的个体语版本习得一种语言,所以符合**级差繁殖(differential reproduction)**的条件。后面的这个属性说明了不完全复制不是区分克里奥尔语与非克里奥尔语的标志。与生物学不同,在生物学中不完全复制就是对标准的偏离,而在语言学物种中却是语种的发展规律。每个新的使用者对作为他们目标的公共语言的不完全复制,是从琐碎的语言事实开始的,即他们不可能完全复制作为一个整体的所有个体语,也没有个体语去完全复制其他个体语。那么剩下的就是复制的程度的问题,这取决于每个特定个体使用者的学习技巧、目标语言的多元化程度,以及过去的关于语言习得过程的知识对其影响的程度。为什么并不是所有的不完全复制都能导致语言的演化?我将在下面回答这个问题。

语言已经被过分地具体化,而且被赋予生命,这种生命似乎是独立于他们的使用者的,虽然恰恰是使用者的言语行为传播了它们。语言事实存在于言语之中,言语是有物质属性的。言语行为就在那里,而抽象的系统,也就是理论语言学家所致力解释的内化语言,事实上就是对个体使用者言语行为的一种诠释。在共同语的层面上,内化语言就像是一个物种,是所有个体语的抽象总和。 194
两者关系非常重要,因为共同语反映了个体语所具有的属性,任何对共同语的影响,至少都会影响到个体语的一些方面,从而扩展到

① 在这里我所使用的**遗传(heredity)**是泛泛而谈,指每一个使用者群体中被证实的语言学特征,(部分)来自他们所学习语言的群体中,而不论这些特征是否处于同一种他们依然(宣称)在使用的语言,或者处于不同的语言中。流行病学模型(epidemiology model)与第1章中所说的混合遗传的多倍体模式相一致。

共同语。

我们还应该注意到语言学家所指出的一种语言的原则并不能决定言语的形式。事实恰恰相反。原则只是为说明使用者交际方式的规律性而做的假设。如果使用者能够了解语言学中假设的这些原则,那么语言就很难进行演化了。使用者可能会根据自己已经内化的原则来修正语言上的偏差。与诺姆·乔姆斯基对**语言能力(competence)/语言运用(performance)**的区别相一致的是,每个人都将回归到群体已经建立起来的规约之上。但是,在一门语言的所有模块中,言语模式随着每一个使用者而变化,当然差异的程度各有不同,某些模块显示出的变异少,而且具有比其他模块更强的跨个体语的稳定性。比如说,大体上来看语音就比句法显示出更多的个体语之间的变异。

然而,现有的变异保证了稳定性,因为一个使用者产生的新的偏差很可能与其他使用者的变异趋同,而不是完全分化。当现存的变异消失或是在质量及(或)数量上发生变化时,一门语言的演化就此发生(Fracchia & Lewontin 1999:61)。用他们自己的话说就是:

> 由于(这种变异中的)不同个体从总体中被淘汰,或者是以不同的比率在人口中增长它们的数量,总体的演化就会发生。当一些类型的变异越来越普遍,而其他的变异逐渐消亡,语言属性的统计分布就将改变。个体元素在它们的一生中确实会有所变化,但是这些变化的方向与作为整体的集合的动力无关,而且在时间刻度上也比群体的演化历史短很多。

与生物学一样,我们接下来马上要探讨,在一门语言的生态中究竟是什么对其演化造成了影响,比如,当某种语言开始通过迂回的界定来专门地表示时间指称,而不再通过屈折形式或者是通过屈折形式与这种迂回策略的结合。许多与克里奥尔语相关的演化过程都属于这种类型。

就像上面所提到的,一门语言的部分生态在于,从本质上而言它是其个体语的外推,这些个体语互不相同。其演化实际上是这些个体语互相接触及通过使用者的相互适应而彼此影响的副产品。这些使用者的相互交往决定了一个共同语的整体系统,这种方式与前面提到的弗拉基亚和卢恩廷的观察相似,尽管相关的细节更为复杂。由于语言不管是被视为个体语还是被视为共同语系 195
统都是多模块的复杂适应系统,其中一个子系统正在稳定下来的时候,另一个子系统可能正在演化到另一种状态。一门语言的语音系统保持相对稳定的时候,其形态句法系统可能正在经历重大的重构。一些克里奥尔语与其词源语言的其他后代,在形态句法系统方面的差异比在音段音位方面差异更大。(这种观察结果当然是基于对真正变体的比较!)格勒语与美式英语的其他非标准变体在音段音系方面的差异就比在形态句法方面的差异小。

一个子系统可能引起另一个子系统向某个特定的方向发展。比如说,当相关的语义区别被保留下来的时候,屈折形式的缺失不仅仅会促使更多对名词或动词的迂回界定,还会增加形成复杂句子的不同方法。克里奥尔语倾向于表现出更多的连谓结构,不仅仅是因为底层语的影响。就像在第 2 章和第 5 章中提到的那样,在英语克里奥尔语中没有从属词而直接接动名词,或者罗曼语中直接接不定式，这就使得连动结构更为盛行。类似的，对谓语性的无系词介词的选择，使得英语克里奥尔语中的介词 *for* 和法语克里奥尔语中的介词 *pour* 发展出情态功能。随着不需要动词在句法上引导一个述谓短语这种谓语系统中屈折形式的消失，使得用在语义上相容的不受时体限制的标记项来界定谓语更加容易。

在所有这些发展中，使用者保留了其个体语和语言的常有的外部生态。某种特定语言变体的外部环境是通过其使用者作用于这种语言变体之上的，这些使用者同时也是其他语言和文化系统的宿主。由于各种原则和子系统是内部关联而且相互影响的，一门语言的组成部分也是它自身生态环境的一部分。这是内部生态环境的另一个方面，涉及一门语言中具体单位、具体规则和具体限制之间的共存。这可以与一座复杂建筑物中不同部分的共存进行类比。对这种共存的更好的理解，有助于研究语言演化过程中的结构因素。

另一个用来说明语言演化的重要因素是，一门语言的传递不是批量式的，而是经过解构之后，逐渐地被重新创造，以适应每个使用者不断增长的交际需求。其传输过程可以说十分零碎，没有一个使用者可以完全重新再现某种特定的个体语或是其目标中的个体语整体。并且，至少在语言的自然习得过程中，解构和再创造都是无意识的活动。无论使用者试图产生怎样的结果，变化总是会发生。

196 儿童被公认为在他们的社会环境中极富语言模仿能力。事实上，他们只是接近并有选择地模仿在他们周围使用的语言系统的大部分内容。这种成效取决于如下一些要素，包括(1)不考虑普遍语法的影响,孩子们开始学习语言的时候还是**一张白纸(tabula rasa)**[①],通常不存在与他们目标语言系统相竞争的系统。(2)他们的认知能力是逐渐发展的,因此他们没有必须同时学习整个语言系统的压力。相反,他们从最基本的部分开始,通过区别那些不是很基本的东西以及采用更加复杂的策略逐渐丰富他们自身新兴的语言系统。比如说,先学习简单句,再学习更复杂的句型;先学习基本的主要动词,再学习助动词(虽然后者能更快地被学会,而且在很短的时间完成,而前者是使用者活到老学到老的东西,除非使用者死亡或者失去其口头交际的能力)。总之,孩子的语言系统不会比其认知能力发展得更快,因此,也不会比他们对交际中更详尽的语义、形式上的差异以及更复杂的结构的需要发展得更快。

另一方面,对于认知能力发展完全的成年人来说,他们必须同时学习一门语言中的不同组成部分,而且所用时间要比孩子自然习得这些部分所花费的时间少很多,这使他们面临巨大的压力。成年人语言习得的生态特性混乱一片,同时为他们之前习得的语言和方言的影响留下了很大的空间。很明显,在克里奥尔语的发展中,正是因为成年人所起到的这种作用使得这种语言演化的特定形式被认为是突变的。但是历史告诉我们,克里奥尔语的演化过程和其他语言物种的演化过程一样都是渐进发展。格勒语的发展时段和其他相互区别,同时又区别于其不列颠亲属的美式英语

① 约翰·洛克的哲学中主张的没有形式、没有特征的心灵空白。拉丁语意为“一无所有和开始”。——译注

日常语的形成时间相同。

在殖民地中，新语言变体的发展之所以看起来很突然，主要是因为来这些地方定居的成年人都来自于不同的族裔语言的背景。成年人具有比儿童更多的交际需求，而且他们进行得更快。因此，在到达语言发展的**关键时期(critical period)**之前的孩子，可以被看作是产生克里奥尔语的语言演化过程中的稳定因素。无论这种变异在这个语言群体中的发展程度如何，他们不是日常语的创造者，也不可能在任何其他大多数是外乡人的人群中产生一些重要的变化。

姑且不论从前的种植园殖民地的社会经济历史中没有证据支持克里奥尔语的突变发展的假说，但儿童的非创始者角色的证据
197 却存在于早期欧洲开拓殖民地中，在那里人们使用殖民语言的本土化变体。这些语言的规范是由将其作为第二语言变体的成年人设定的，而非儿童。儿童只是把老师或家长所说的话作为模仿的范本(Mufwene 1997b)。没有证据显示，其他语言，比如罗曼语，与上述发展所处的生态条件大相径庭——除了罗曼语把该地区的凯尔特语驱逐出境而成为当地的日常语，这点与现在本土化的语言变体不同。我将在后面再回到语言演化的这个论点上来。

考虑了所有外部和内部生态因素后，没有特别的理由假定克里奥尔语通过某种重构过程的发展使其与众不同。只有它们发展的生态环境——包括当地柯因内语的组成(其功能与词源语言相仿)——有所不同。这些柯因内语在每个地方都不一样，这部分导致了即便是在由同一种词源语言衍生出来的克里奥尔语之间，语言结构上也有所不同。

没有文献为语言传输的中断提供例证，那些声称在苏里南或者牙买加发生过的中断颇具争议性。除非对词源语言的支配被错误地与国籍或族裔性联系起来。不得不学习当地词源语言以求得在新环境中生存的外来人口，与当地语言的使用者之间的接触总是存在的。值得注意的是，在克里奥尔语得以发展的种植园中，那些作为模仿对象的使用者已经不再需要流利地或者地道地使用自己的语言。因此，在创始人口中，模仿对象的语言系统有接近目标语的，也有仅具少许相似性的。作为目标语的殖民地柯因内语被放大了的异质性这一特殊的例子使情况更加复杂，由于竞争性语言输入的存在，殖民地柯因内语一直处于孕育期，首先是来自不同大都市的方言被带到同一个环境中，其次是那些处于与非欧洲人频繁交往的欧洲人群之中的非本地使用者。

这些考虑没有提及从一个使用者群体到另一个使用者群体的
与语言传输相关的实际重构过程。相反，强调了与这一过程的结
果相关的生态因素。造成这种结果的机制可以归结为一个共同特
征库里的竞争和选择。它们和在相同的殖民地上同样的欧洲语言
产生新的非克里奥尔语言变体的过程类型一样，只不过克里奥尔
语的地区，其特征库里还包括来自非欧洲语言的要素。这些底层
语言在词源语言的重构过程中所扮演的角色还需要进一步考证。
这里涉及一个重要的问题，在这个大的特征库中语言特征之间是 198
否彼此排斥。生物学中的基因库也有类似的问题，这个问题在种
族隔离不严格的岛屿人口中特别引人关注，也就是说，如果它们确
实互相排斥，不同来源的基因在多大程度上互相排斥？在语言演
化中，没有什么可以阻止“咖啡馆原则”，其中“原则”这个词更值得

引起我们的注意。

在某种程度上，克里奥尔语的结构给语言学家提供了宝贵的机会，可以对混合和非整体性系统的性质（Mufwene 1992a；Labov 1998），以及语言的渗透性（Chaudenson 1992）做更多的思考。可以从以下几个问题入手：如果对源自不同的语言特征在什么时候及（或）如何结合成一个新的系统有结构方面的限制条件的话，这些条件是什么？语言混合由当地人来完成是否比由外来人口来完成更加理所应当？或者是语言学家使用了双重标准，而事实上并不需要这种双重标准？其他一些有意思的问题还有：语言规范是如何以及（或）在什么时候出现的？有没有证据表明语言规范的出现依赖于群体中当地使用者的存在？或者这只是个语言长期使用者之间在他们的交际网络中商定如何交流的问题，而不论他们是当地人还是外来人？

混合遗传说明在语言物种和生物物种中存在混合。它的发生并不是因为各种语言或各种物种共存在同一个空间，而是因为生物物种的成员之间或者语言物种的宿主个体之间的相互交往造成的。是通过个体交往——在语言中就是个体语——之间的基因/特征的融合而发生的。通过在同一个特征库里的竞争和选择，一些变异被排除，或者它们的分布在统计上受到了影响，然后就发生了一些涉及整个物种的变化。特征库自身可能会受到接触的影响，这种接触可能产生新的变异，但是这不会改变基本的物竞天择这种决定了特定物种演化轨迹的机制的性质。具有相同功能的变异能在相同个体语中共存的这一事实非常重要。这可能是语言物种和生物物种相互得以区分的一个重要方面。在任何演化理论中，变异始终是核心问题，对于语言来说这些因素更加重要。竞争、选择和级差繁殖是一个互相交往的个体所构成的人群中变异的后果。当我们清楚地把这些作为语言生态的一部分，所有的这些因素都可以帮助我们更好地理解语言是如何演化的以及为什么会演化，无论最后是否形成语种。它们还可以帮助我们更好地在个体语以及共同语层面上理解具有系统重组性质的语言重构过程。

8.2　语言演化中的语言活力和语言濒危 199

这本书中提到的另一个重要观点是，造成结构变化的相同的外部生态环境也能影响语言的活力。语言不会在突然间消失，也不会自行消失。典型的消亡方式是由于使用者选择了其他语言。这种转换的结果就是那些不经常被使用的语言开始衰落，并且(或)再也无法传播给其他可能的使用者，尤其是年轻一代。也就是说，使用人口不能再自我繁衍，正如一个具有高度不孕率的生物群落一样(Sadock 2000 年 1 月私人交流)。随着时间的流逝，当前这一代的使用者越来越少，某些语言最终可能不再有人使用。这说明了一些非洲语言为什么会在新大陆和印度洋的接触社会中消失，在这些社会中，一些欧洲语言被认为更有优势。

需要注意的是，在同样的环境中，那些经济上不具备优势的欧洲语言也经历了同样的衰落或消亡，虽然它们幸存的时间会略长一些。其中一个重要的因素是，在类似于美国这样的地方，还存在着德国人、意大利人和爱尔兰人等明确的欧洲群体，非洲奴隶则没有特权按照自己祖先的族裔语言群落来聚居。然而，社会经济压力最终影响了最初的社会组织模式，并把英语作为最有优势的日常语加以选择，而其他的欧洲语言则越来越不被重视，特别是随着白种人群体中的种族隔离越来越微弱。就像已经融合进经济系统的非洲奴隶一样（如同机械的部件），虽然不是全社会性的，来自欧洲大陆的美国白种人也通过社会经济融合遗失了作为日常语的自己祖先的语言。

这种融合的形式在语言的竞争中是一个重要的因素，它带来了奴隶种植园殖民地中非洲语言的加速消失。少数几种得以长期幸存下来的语言，如特立尼达岛的约鲁巴语，或者毛里求斯和加勒比海的印地语，与废除奴隶制度后契约奴的输入有关。作为语言演化中的生态因素的，社会的和（或）地域的因素融合的重要性，可以由以下方面加以强调：种族隔离通常允许更多的底层语对殖民地的语言变体产生影响，这些语言变体产生于那些被经济统治群
200 体边缘化的地方。当词源语言的非本地使用者被融合进来的时候，第二语言习得的特征通常随着这些非本地使用者的死亡而消失，而他们的孩子习得了对于殖民地来说已经成为母语的语言特征。事实上，社会经济历史也表明，出生在前种植园时期的非洲奴隶的孩子，使用的是那些在他们成长过程中周围的欧洲成年人及孩子所使用的殖民地柯因内语变体。

关于语言濒危的问题，只有在某种语言的使用者不被词源语言的使用者所融合的情况下，该语言才会比词源语言存活更长的时间。在美国，一些欧洲移民继续生活在他们自己独立的社群中时，得以继续说着他们祖先的语言，但是这都只是时间的问题。非

洲人就没有这样的机会，尽管没有被那些使用英语的人口在全社会范围内融合。在殖民地，非洲人所带来的祖辈语言的多样化，以及这些语言在种植园中的混合方式（并非刻意而为），比现在的非洲城市更不利于非洲语言的存活。

社会经济融合还造成了美国原住民语言的濒危。美国原住民与全球经济以及美国当代政治文化主流融合的程度越高，他们所感受到的占统治地位的语言的压力就越大，他们也就更加不愿意说自己祖先的语言，即便在私人领域亦是如此。这不是失去对自己文化遗产的自豪感的问题，而是不想与他人有所不同的问题。融入占统治地位的社会经济系统并同化于其文化的高昂代价是由其他人来背负的——从非洲奴隶到欧洲殖民者以及后来的移民。

8.3　语言演化中的关键生态因素：融合和隔离

融合/隔离假说不仅解释了克里奥尔语、非洲裔美式英语的发展，而且也说明了阿帕拉契语、阿米什语、卡真（Cajun）英语，以及可能濒临灭绝的语言变体（如意第绪英语）的发展过程。总的来说，通过同样的竞争-选择方式，与主流群体孤立开来的群体发展出自己特有的语言变体。在一些有关语言接触的文献中，以上提到的这些语言变体被放到更加显著的位置，这些文献简单地假定有一些特别的、不常见的、反常的（如果不是非自然的话）过程与产生这些语言变体的演化过程相关。正如 8.1 节中所提到的，通常

底层特征加入了殖民地语言的特征库，在这些特征库中进行着和
201 其他地方一样的物竞天择的过程。生态环境影响了自然选择，同
时在某些情况下倾向于选择一些词源语言的结构特征，而这些结
构特征与底层语言的结构相一致。事实上，同样的理由可用来说
明所有相互接触的语言变体的发展。具有趋同性的选项处于占优
势的选择之中。通过生态学角度的考察，我们可以从北美和其他
前期的殖民地的语言演化中，获得更多的信息。

这一研究方法还让我们把更多的注意力放在一些人群的整体社会历史情况上，而不是单单或者首先考虑族裔的问题。即便是在诸如南非这样的地方，相对于影响语言演化的更普遍的社会经济因素来说，族裔问题更多情况下是从属性的。比如说，考虑到南非黑人和非洲裔美国人这两个群体都经受了压迫和种族隔离，那么把这两个群体等同起来颇有意思。但是，南非和美国的社会经济历史告诉我们，南非黑人更像美国原住民，对于南非来说他们更加具有本土特性，虽然他们在占人口大多数这一点上与美国原住民不同。他们与美国原住民的另一个相似之处在于，他们都在很长的一段时间里被全球经济发展边缘化，很晚才融入全球经济系统。因而，为了在新的经济系统中获得成功，南非黑人和美国原住民为随之而至的、要讲流利的英语而感受到的整体压力十分相似。相似之处仅此而已，我们必须以不同的方式来诠释南非英语的演化和非洲裔美国人及美国原住民英语的演化。

如果南非黑人没有占南非人口的大多数，而且如果与他们相关的殖民在南非是以定居点形式进行的，那么他们与美国原住民就更具可比性。然而，南非黑人所经受的殖民是大规模的开拓式

殖民，恰好与来到非洲的非本土人口的定居式殖民方式共同存在。与美国原住民不同，南非黑人所接触到的不是英语日常语。相反，他们接触到的是学校式英语，类似于殖民时期传入尼日利亚和印度的英语。在这些从前的开拓殖民地，这种学校式的语言变体现在已经被南非黑人本土化（这种英语引入南非黑人的时间也要比其他殖民地晚）。

无论是南非黑人接触到的英语变体本身，还是他们接触这种语言变体的方式，都不能使南非黑人中英语的演化与非洲裔美国人中英语的演化具有可比性。非洲裔美式英语变体或者从前奴隶种植园殖民地的克里奥尔英语中，与南非英语最接近的对应语言 202
是南非印度英语，它是输入使用多种语言的契约奴的一个副产品。显然，在考察它们的特权族裔之前，应该先考虑社会经济方面的原因。

考虑到种族隔离是克里奥尔语及类似语言发展的一个重要因素，我们也应该注意到占人口统计多数的相关人群，比如甘蔗种植园和稻田种植园中的人口，并不是导致这些日常语的发展与其他词源语言的殖民地后代在结构上如此不同的主要原因。根据克里奥尔语发展地区的社会经济历史，词源语言的传输显然是持续的，也不依赖于处于非欧洲人当中的欧洲人群的出现。当欧洲语言开始下层方言化为克里奥尔语的时候，已经有足够多的当地出生的非欧洲人（克里奥尔群体，说当地词源语言而不是克里奥尔语）开始传播类似于白人克里奥尔殖民者所说的语言的模式。在众多因素中，以下两个因素影响了语言的演化：(1)社会隔离为底层语的影响创造了更多机会；(2)在输入的劳工的后代中，人口的快速置换抵消了早期非欧洲克里奥尔创始人口对语言演化的影响。

如果只是人口数量问题的话，那么非洲裔美式日常英语、古阿米什英语、卡真语、意第绪语、阿巴拉契亚英语，以及类似的语言就不会发展。相对于被认为是主流社会的说英语变体的人口来说，这些语言的使用者都是少数人口。另一方面，要注意非洲裔美式日常英语之所以与美国南部白人英语在结构上很相近，只是因为在19世纪末颁布《吉姆·克罗法令》实行种族隔离以前，这两种语言的使用者在超过200年的时间里拥有紧密的社会经济历史。它们之间的区别反映了在种族隔离制度化之后，这两种语言所经历的各自独立的演化。这与盖伊·贝利(1997)的论点相一致，他认为白人英语和非洲裔美式英语变体从20世纪初期开始分道扬镳。这种发展过程强调了这样一种重要性，即为了更好地了解语言演化，就应该更充分地了解在不同环境中社会经济相互交往的性质。

同样的生态学研究方法还阐明，为什么美式白人日常英语的地域差异性比非洲裔美式日常英语大。对于美国白人以外的人来说，把新英格兰白人与南方白人或者是中西部白人区分开来是比较容易的，但是对于非洲裔美国人以外的人来说，把说非洲裔美式日常英语的纽约人和说非洲裔美式日常英语的亚特兰大人或芝加哥人区分开来却不容易。人们必须首先注意到，产生非洲裔美式日常英语的摇篮是美国东南部的烟草和棉花种植园(Bailey &
203 Thomas 1998;Rickford 1998)；这种日常语自19世纪末期开始，随着美国黑人大迁徙运动的开展，在美国传播开来，在这之前它已经发展得接近今天的语言形式。另一方面，美式白人英语变体在

使用它们的地区的发展具有当地性。

其次，虽然他们还是少数族裔，但非洲裔美国人散布在美国的各处，只不过他们被隔离在其前往移民城市的贫民区中。因此他们没有与美国白人频繁地进行社会交往，至少交往的方式不足以可能让他们影响到美式白人英语变体的结构，或是在美式白人英语变体的影响下重构自己的语言。当然，跨族裔的词源语言的传递是存在的，但是对说非洲裔美式日常英语的人来说，除了感觉侮辱，很少有外部的动力让他们说不同的语言。

此外，非洲裔美国人与其他美国人的接触仅限于工作场所。不考虑族裔语言的社会认同问题，蓝领工作让使用非洲裔美式日常英语的人与说其他日常语的人相互接触，这些语言已经和非洲裔美国人的英语有一定的共同特征。对于非洲裔美国人来说，他们按照标准英语重构自己语言的压力并不比那些说其他语言的人大。对于白领工作来说，像其他美国人一样，非洲裔美国人的主要压力就是把标准英语当作第二语言来学，从而在自己的日常语和标准英语之间进行转换。在自己的社区中语言不能太白人化的压力，保留了非洲裔美国人的说话方式，这种方式被认为类似（于从）上层方言到下层方言的一个连续体。总之，隔离的生活状况使非洲裔美国人无法参与白人社会中的变迁，这与非洲裔美式日常英语按照不同方向发展的假设相一致（Labov & Harris 1986；Bailey & Maynor 1989）。因此，非洲裔和欧洲裔美国人的日常语沿着不同的演变路径发展，这些演变路径反映了其使用者社会化的形式，而不是使用者的数量比例性质。

加勒比海社会的情况间接支持了以上观点，这个地区的社会

方言是基于社会经济因素而不是族裔划分因素。来自相同社会经济阶层的黑人和白人说话方式类似。虽然在这些地区白人属于少数族裔，但是这种语言融合是奴隶制废除后社会经济融合的一个结果。处于同一社会经济阶层的黑人和白人比邻而居，这种现象十分少见，甚至在美国的最富裕阶层中都很难实现。

如果我们的学术研究，在美国历史方言学中不是把更多的注意力放在族裔划分上，而是放在社会交往方式上，我们就会很容易
204 地发现，白人少数族裔的非标准日常语变体的命运与非洲裔美式日常英语和格勒语的命运很类似。在这里只有一个区别需要强调(将其他问题留待将来的研究)：由于大陆居民迁入卡罗来纳(Carolinas)周边岛屿而导致的奥克拉科克岛(Ocracoke)土音的濒危与遭遇相同情形的格勒语的濒危并不一样。最基本的原因就是是融合还是隔离？虽然富裕的美国白人在迁入的人口中占据了大多数，但是在最初以白人为主要人口的岛屿上和最初以黑人为主要人口的岛屿上，人们的生活方式是不同的。在前一种情况下，迁入者与当地人结交，并且以他们大陆的文化风俗同化了当地人，而在后一种情况下，迁入者与当地人没有什么往来。因此，奥克拉科克岛上的同化使当地的土音濒危，而在南卡罗来纳海岛上的种族隔离对当地格勒语的濒危没有影响，虽然格勒语就是在那里衰落的。在诸如道伏斯基(Daufuskie)这样的岛上，由于其使用者不断地迁徙到城市而导致说格勒语的人口严重减少。因此格勒语并没有经历被下层方言化的过程。在像希尔顿头岛(Hilton Head)这样的地方，族裔身份的维护和对接管岛屿的土地开发商的愤怒，使得岛上的非洲裔美国人决心要维护自己的语言遗产。这个反应与

奥克拉科克岛(Wolfram & Schilling Estes 1995)和玛莎葡萄园(Martha's Vineyard)(Labov 1963)对非标准当地日常语变体的反同化运动十分相似。在奥克拉科克岛土音和格勒语的案例中,种族划分对社会化施加影响。在面临濒危时,两种日常语不同的命运,反映了互相接触的群体是否相互融合。希尔顿头岛上的格勒语与玛莎葡萄园的日常语的相似之处,反映了当地人对占有经济优势的新的外来者的相似态度。在这种情况下我们也可以说,与影响语言演化的社会经济力量相比,族裔划分居于次要地位,尽管,当然不能被彻底忽略。

8.4 殖民方式和语言演化

与语言演化相关的不同的殖民方式已经特别在第 1、第 4 和第 7 章中给予了辨析。这种变异也与共存人口的融合/隔离有关。贸易殖民促进了零星的接触,这些都仅限于具体的社会经济功能,比如说商品的交换。这种接触限制了长期性地获取完整的词源语言的途径,而促进了皮钦语的发展。如果这些通用语中的任何一种促使一些更加本土的日常语濒临灭亡,那是因为这些日常语不
再与它们得以发展的特定的社会历史条件有关。对其他语言的这 205
种影响会在皮钦语发展为可以服务各种社会功能的语言后产生。随即这些语言被称作扩展的皮钦语,并且拥有与克里奥尔语类似的结构。其结构同时反映了它们的词源语言的非标准性质和成年第二语言习得者的作用,也就是随着这些语言的用途的扩展,它们必须满足这些成年学习者的交际需求。

定居殖民地中有各种不同的交往方式。在除了词源语言之外，没有别的语言对其社会经济融合有突出贡献的条件下，重构发展出的语言变体不会被认为是克里奥尔语，比如说魁北克的法语和大多数主流的美式英语变体。在这个发展过程中所发生的很多事情，反映了相互接触的系统之间的结构性亲缘关系。

在社会及(或)地区隔离下，几种非标准的重构的语言变体发展起来，其中一些被认为是克里奥尔语，显然这是因为其使用者(部分)是非欧洲人的后代。在这种情况下观察到的有更大分化的重构，反映了非欧洲语言在决定结构性选择中的作用，这种选择与其他群体中的选择不同，在其他群体中同样的词源语言作为日常语占据主导地位。或多或少属于同一个范畴的克里奥尔语分为几种被打上烙印的语言变体，如阿巴拉契亚英语和奥扎克英语、阿米什语和卡真日常英语以及非洲裔美式日常英语，这些变体明显地呈现出较少的重构。词源语言的结构特性、其他语言的影响以及与主流群体的社会的和(或)地理的隔绝，(在一定程度上)是这些语言的结构产生分化的生态因素。在定居殖民地中发展起来的语言变体的一个共同的发生学特征是，共存的人口将词源语言接受为自己的日常语。它们不同的演化过程是这种族裔行为的结果。

开拓殖民也同种族隔离有关，直接与权利阶层的形成息息相关。获取词源语言的学校式变体的机会是通过正规教育提供的，这种教育的初衷是为了培养界于殖民者和被殖民者之间的当地社会精英，后来成为外部世界和本土文化之间的桥梁。让这种新的通用语为精英服务，导致其最后被本土化。这种殖民方式通过人为的办法，把外国词源语言以更可持续的方式引入殖民地。词源语言的交际功能也被认为是很有限的,因为没有指望它具有如日常语一样的功能。部分本土化的进程与词源语言交际功能的延伸有关,其受到母语使用者的影响则越来越少。

即使是不同于词源语言的其他语言的产生和贡献,人们也很 206
难坚持说以上所有的(前)殖民地语言变体的发展中涉及不同的重构过程。导致殖民方式的差异尤为重要的是变化中的生态(包括词源语言的性质)对语言演化的影响。在不同的殖民方式共存的地方,比如说南非,语言演化结果的状况需要我们更仔细的分析。由于符合南非这种重构的语言特征典型地具有层级性,只要人们认识到任何一种生态参数的变异,都或多或少改变了一个“代数方程”中的某个变量的取值,并产生出一个新的语言变体,那么在最终的分析中,家族相似性模型可能会提供更多的信息。

就像第 6、第 7 章中提到的,用殖民方式的观点来研究人口迁移和语言接触的另一个优势在于,这也为研究语言濒危问题提供了方便。在非洲、欧洲和美洲,带有同化性质的定居殖民导致了大量更加本土的非洲语言、凯尔特语和美国原住民语言的衰落及(或)消失。在开拓殖民中,作为精英通用语的殖民地语言并没有使本土语言濒临灭亡。相反,本土的通用语如斯瓦希里语、林格拉语和豪萨语(Hausa)以某些族裔日常语为代价,拥有了越来越多的使用者。导致这种结果的一个重要原因是这些通用语是族裔**融合(integrative)**的,而欧洲殖民语言一直是被**隔离(segregative)**的。虽然欧洲殖民语言使跨国交际成为可能,比如非洲的说英语的国家或说法语的国家之间的接触,这种接触的桥梁也只是建立在精英阶层之间,而排除了这些地区大部分的人口。这些地方的经济还没有发展成全球化的西方模式，对于这些地方的大部分人口来说，寻找工作的途径、区域流动性和跨种族融合，持续地部分依赖于本土的通用语。如果我们不介意假设这个观点可以适用于在时间上远溯至罗马人对今天罗曼语国家的殖民和日耳曼人对英格兰的入侵的话，那么这也同样是导致欧洲和美洲以前定居殖民地中语言衰落和消失的原因。为什么诺曼人对英格兰的统治没有使这里的语言罗曼语化，这个问题值得深究。尼罗河人口侵入卢旺达和布隆迪地区的班图人口，而在那里更加本土的语言——基亚卢旺达语和基隆迪语——十分普及，这个问题也值得关注。从生态学角度来看，用殖民的观点重新审视欧洲和其他地方的语言的演化会获得很多信息。发生语言学从这种研究方法中获益匪浅。

207

8.5　总结

想要充分地解释明白语言的演化过程，对一门语言提出多方位的假设十分必要。这些假设不仅可以使语言学从了解演化中获益，而且还可以对丰富和深化相关理论做出自己的贡献。时间会见证语言演化的生态学研究方法对演化理论的贡献有多大，比如说，将目标语言的外部元素加入到现存的变异中，但并不取代它们。现在，我想总结一下其对语言学的一些有益之处。

一门语言更像是一种细菌性的拉马克物种，而不是一个有机体。个体使用者交际行为的创新/偏差（innovations/deviations）的子集，累积成为“看不见的生态之手”，由其产生了演化。使用者之间的相互适应也是这一立场的核心观点，这种彼此的适应产生于语言物种之中的变异和语言特征的传输所需要的接触之中。个体语的接触是阐释语言演化的唯一基本点，既能解释发生语言学家一直关注的案例，也能解释发生克里奥尔语研究者和欧洲语言本土化的研究资料所聚焦的那些情况。在植根于使用者意识中的接触平台上，彼此接触中的个体语、方言和语言的结构过程是相同的。历史语言学中阐述语言变化的规则也适用于所有结构发生变化的语言。生态学因素始终能够说明所有此类改变，但是不能把它们与重构过程相混淆。影响语言演化的有内部因素和外部因素，二者同时作用于语言演化的所有情形。在决定处于不同生态条件下（包括语言自身的结构属性、与其相接触的语言的相关的结构属性以及使用该语言的族群环境）的语言的演化轨迹时，内部因素和外部因素的角色相辅相成。

参考文献

Adam, Lucien. 1882. *Les classifications, l'objet, la méthode, les conclusions de la linguistique*. Paris VII.

1883. *Les idiomes négro-aryens et malayo aryens: essai d'hybridologie linguistique*. Paris: Maisonneuve.

Algeo, John. 1991. Language. In Foner and Garraty, 637-640.

Alleyne, Mervyn C. 1971. Acculturation and the cultural matrix of creolization. In Hymes, 169-186.

1980. *Comparative Afro-American*. Ann Arbor: Karoma.

1986. Substratum influences: guilty until proven innocent. In Muysten and Smith, 301-315.

1993. Continuity versus creativity in Afro-American language and culture. In Mufwene 1993a, 167-181.

1996. *Syntaxe historique créole*. Paris: Karthala.

Allsopp, Richard. 1977. Africanisms in the idioms of Caribbean English. In *Language and linguistic problems in Africa*, ed. Paul F. Kotey and Haig Der-Houssitkian, 429-441. Columbia, SC: Hornbeam.

Andersen, Roger W. 1983. Transfer to somewhere. In *Language transfer in language learning*, ed. by Susan M. Gass and Larry Selinker, 177-201. Rowley, MA: Newbury House.

Anderson, Gregory D. S. 1999. Language mixing in a mixed language: on Russian-Copper Island Aleut codemixing. Ms.

Arends, Jacques. 1986. Genesis and development of the equative copula in Sranan. In Muysken and Smith, 57-70.

1989. *Syntactic developments in Sranan*. Doctoral thesis, University of Nijmegen.

1995. *The early stages of creolization*. Amsterdam: John Benjamins.

1999. The origin of the Portuguese element in the Suriname Creoles. In Huber and Parkvall, 195-208.

Arends, Jacques, Pieter Muysken, and Norval Smith, eds. 1995. *Pidgins and creoles: an introduction*. Amsterdam: John Benjamins.

Bailey, Beryl. 1965. Toward a new perspective in Negro English dialectology. *American Speech* 40. 171-177.

Bailey, Guy. 1997. When did Southern American English begin? In *Englishes around the world I: General studies, British Isles, North America: studies in honor of Manfred Görlach*, ed. by Edgar W. Schneider, 255-275. Amsterdam: John Benjamins.

Bailey, Guy and Natalie Maynor. 1987. Decreolization? *Language in Society* 16. 449-473.

1989. The divergence controversy. *American Speech* 64. 12-39.

Bailey, Guy, Natalie Maynor, and Patricia Cukor-Avila, eds. 1991. *The emergence of Black English: text and commentary*. Amsterdam: John Benjamins.

Bailey, Guy and Garry Ross. 1988. The shape of the superstrate: morphosyntactic features of ship English. *English World-Wide* 9. 193-212.

Bailey, Guy and Erik Thomas. 1998. Some aspects of African-American English phonology. In Mufwene et al., 85-109.

Bailyn, Bernard. 1986. *The peopling of British North America: an introduction*. New York: Random House.

Baissac, Charles 1880. Etude sur le patois créole mauricien. Nancy: Imprimerie Berger-Levrault.

Baker, Philip. 1984. Agglutinated French articles in creole French: their evolutionary significance. *Te Reo* 27. 89-129.

1990. Off target? Column, *Journal of Pidgin and Creole Languages* 5. 107-119.

1993. Assessing the African contribution to French-based creoles. In Mufwene, 1993a, 123-155.

1994. Creativity in creole genesis. In *Creolization and language change*, ed. by Dany Adone and Ingo Plag, 65-84. Tubingen: Niemeyer.

1995a. Some developmental inferences from the historical studies of pidgins and creoles. In Arends 1995, 1-24.

1995b. Motivation in creole genesis. In *From contact to creole and beyond*, ed. by Philip Baker, 3-15. London: University of Westminster Press.

1996. Pidginization, creolization and français approximatif. Review article on Chaudenson 1992. *Journal of Pidgin and Creole Languages* 11. 95-120.

1997. Directionality in pidginization and creolization. In Spears and Winford, 91-109.

Baker, Philip and Adrienne Bruyn, eds. 1999. *St. Kitts and the Atlantic creoles: the texts of Samuel Augustus Matthews in perspective*. London: University of Westminster Press.

Baker, Philip and Chris Corne. 1986. Universals, substrata and the Indian Ocean creoles. Muysken and Smith, 163-183.

Baker, Philip and Peter Mühlhäusler. 1990. From business to pidgin. *Journal of Asian Pacific Communication* 1. 87-115.

Baker, Philip and Anand Syea, eds. 1996. *Changing meanings, changing functions: papers relating to grammaticalization in language contact*. London: University of Westminster Press.

Bakker, Peter. 1997. *A language of our own: the genesis of Michif, the mixed Cree—French language of the Canadian Métis*. Oxford: Oxford University Press.

Bambgose, Ayo et al., eds. 1995. *New Englishes: a West African perspective*. Ibadan: Mosuro.

Baugh, John. 1980. A reexamination of the Black English copula. In *Locating language in time and space*, ed. by William Labov, 83-106. New York: Academic Press.

Becker, Karl Ferdinand. 1833. *Das Wort in seine organischen Verwandlung*. Frankfurt am Main: Joh. Christ. Harmannsche Buchhandlung.

Beckles, Hilary. 1990. *A history of Barbados: From Amerindian settlement to nationstate*. Cambridge: Cambridge University Press.

Bennett, John. 1908 & 1909. Gullah: a Negro patois. *South Atlantic Quarterly* 7. 332-347 & 8. 39-52.

Berlin, Ira. 1998. *Many thousands gone: the first two centuries of slavery in North America*. Cambridge, MA: Harvard University Press.

Bickerton, Derek. 1975. *Dynamics of a creole system*. Cambridge: Cambridge University Press.

1981. *Roots of language*. Ann Arbor: Karoma.

1984. The Language Bioprogram Hypothesis. *Behavioral and Brain Sciences* 7. 173-221.

1992. The creole key to the black box of language. In *Thirty years of linguistic evolution: studies in honor of René Dirven on the occasion of his sixtieth birthday*, ed. by Martin Pütz, 97-108. Amsterdam: John Benjamins.

1999. How to acquire language without positive evidence: what acquisitionists can learn from creoles. In DeGraff 1996b, 49-74.

Blackmore, Susan. 1999. *The meme machine*. Oxford: Oxford University Press.

Bopp, Franz. 1833. *Vergleichende Grammatik des Sanskrit, Zend, Griechischen, Lateinischen, Gothischen und Deutchen*. Berlin.

Boretzky, Norbert. 1993. The concept of rule, rule borrowing, and substrate influence in creole languages. In Mufwene 1993a, 74-92.

Brasch, Walter M. 1981. *Black English and the mass media*. New York: University Press of America.

Britain, David. 1997. Dialect contact and phonological reallocation: Canadian raising in the English fens. *Language in Society* 26. 15-46.

Brown, James H. 1995. *Macroecology*. Chicago: University of Chicago Press.

Bruyn, Adrienne. 1996. On identifying instances of grammaticalization in creole languages. In Baker and Syea, 29-46.

Buccini, Anthony F. 1995. The dialectal origins of New Netherland Dutch. In *The Berkeley conference on Dutch linguistics 1993*, ed. by Thomas F. Shannon and John Snapper, 211-263. Lanham, MD: University Press of America.

1999. Dutch, Swedish and English elements in the development of Pidgin Delaware. *American Journal of Germanic Linguistics & Literatures* 11. 63-87.

Byrne, Francis X. 1987. *Grammatical relations in a radical creole: verb complementation in Saramaccan*. Amsterdam: John Benjamins.

Byrne, Francis and Thomas Huebner, eds. 1991. *Development and structures of creole languages: essays in honor of Derek Bickerton*. Amsterdam: John Benjamins.

Byrne, Francis and Donald Winford, eds. 1993. *Focus and grammatical relations in creole languages*. Amsterdam: John Benjamins.

Calvet, Louis-Jean. 1987. *La guerre des langues et politiques linguistiques*. Paris: Payot.

ed. 1992. *Les langues des marchés en Afrique*. Aix-en-Provence: Institut d'Etudes Créoles et Francophones.

1998. *Language wars and linguistic politics*. Oxford: Oxford University Press.

1999. *Pour une écologie des langues du monde*. Paris: Plon.

Carrington, Lawrence D., ed. 1983. *Studies in Caribbean language*. St. Augustine, Trinidad: Society for Caribbean Linguistics.

Cassidy, Frederic G. 1980. The place of Gullah. *American Speech* 55. 3-16.

1986a. Barbadian Creole: possibility and probability. *American Speech* 61.

195-205.

1986b. Some similarities between Gullah and Caribbean creoles. In *Language varieties in the South: perspectives in black and white*, ed. by Michael Montgomery and Guy Bailey, 30-37. University: University of Alabama Press.

Chambers, J. K. 1991. Canada. In Cheshire 1991b, 89-107.

Chaudenson, Robert. 1979. *Les créoles francais*. Paris: Fernand Nathan.

1981. *Textes créoles anciens (La Réunion et Ile Maurice): comparaison et essai d'analyse*. Hamburg: Helmut Buske Verlag.

1989. *Créoles et enseignement du français*. Paris: L'Harmattan.

1992. *Desîles, des hommes, des langues: essais sur la créolisation linguistique et culturelle*. Paris: L'Harmattan.

1993. Francophonie, "français zéro" et français régional. In *Le français dans l'espace francophone*, ed. by Didier de Robillard and Michel Beniamino, 385-405. Paris: Champion.

Cheshire, Jenny. 1991a. Variation in the use of *ain't* in an urban British English Dialect. In Trudgill and Chambers 1991, 54-73.

ed. 1991b. *English around the world: sociolinguistic perspectives*. Cambridge: Cambridge University Press.

Childs, Tucker. 1997. The status of Isicamtho, a Nguni-based urban variety of Soweto. In Spears and Winford, 341-367.

Christian, Donna, Walt Wolfram, and Nanjo Bube. 1988. *Variation and change in geographically isolated communities: Appalachian English and Ozark English*. Publication of the American Dialect Society 74. Tuscaloosa: University of Alabama Press.

Clarke, Sandra. 1997a. On establishing historical relationships between New and Old World varieties: habitual aspect and Newfoundland vernacular English. In *Englishes around the world I: General studies, British Isles, North America: Studies in honor of Manfred Görlach*, ed. by Edgar W. Schneider, 277-293. Amsterdam: John Benjamins.

1997b. English verbal-*S* revisited: the evidence from Newfoundland. *American Speech* 72. 227-259.

Coelho, F. Adolpho. 1880-86. Os dialectos romanicos ou neo-latinos na Africa, Asia, e América. *Lisboa* 2. 129-196(1880-1881); 3. 451-478(1882); 6. 705-755(1886). Reprinted in *Estudos linguisticos crioulos*, ed. by Jorge Morais-Barbosa, 1967. Lisbon: Academica Internacional de Cultura Portuguesa.

Coleman, Kenneth. 1978. *Georgia history in outline*. Revised edition. Athens: University of Georgia Press.

Corcoran, Chris. 1998. The place of Guinea Coast Creole English and Sierra Leone Krio in the Afrogenesis debate. Paper presented at Annual Meeting of the Society for Pidgin and Creole Linguistics, New York.

Corcoran, Chris and Salikoko S. Mufwene. 1999. Sam Matthews' Kittitian: what is it evidence of? In Baker and Bruyn, 75-102.

Corne, Chris. 1999. *From French to Creole: the development of new vernaculars in the French colonial world*. London: University of Westminster Press.

Croft, William. 2000. *Explaining language change: an evolutionary approach*. London: Longman.

Crosby, Afred W. 1986. *Ecological imperialism: the biological expansion of Europe, 900-1900*. Cambridge: Cambridge University Press.

1992. Ills. In *Atlantic American societies: from Columbus through abolition 1492-1888*, ed. by Alan L. Karras and J. R. McNeill, 19-39. London: Routledge.

Crum, Mason. 1940. *Gullah: Negro life in the Carolina Sea Islands*. Durham, NC: Duke University Press.

Crystal, David. 1995. *The Cambridge encyclopedia of the English language*. Cambridge: Cambridge University Press.

Curtin, Philip D. 1969. *The Atlantic slave trade: a census*. Madison: University of Wisconsin Press.

1990. *The rise and fall of the plantation complex: essays in Atlantic history*. Cambridge: Cambridge University Press.

Daelman, Jan, S. I. 1972. Kongo elements in Saramacca Tongo. *Journal of African Languages* 11. 1-44.

Deacon, Terrence W. 1997. *The symbolic species: the co-evolution of language and the brain*. New York: Norton.

DeBose, Charles and Nicholas Faraclas. 1993. An approach to the linguistic study of Black English: getting to the roots of Tense-Aspect-Modality and copula systems in Afro-American. In Mufwene 1993a, 364-387.

DeCamp, David. 1971. Toward a generative analysis of a post-creole speech continuum. In Hymes, 349-370.

DeGraff, Michel. 1993. A riddle on negation in Haitian. *Probus* 5. 63-93.

1999a. Creolization, language change, and language acquisition: a prolegomenon. In DeGraff 1999b, 1-46.

ed. 1999b. *Language creation and language change: creolization, diachrony, and development*. Cambridge, MA: MIT Press.

D'Eloia, Sarah. 1973. Issues in the analysis of Negro Nonstandard English: a review of Dillard(1972). *Journal of English Linguistics* 7. 87-106.

Devonish, Hubert St. Laurent. 1978. *The selection and codification of a widely understood and publicly useable language variety in Guyana, to be used as a vehicle of national development*. Doctoral thesis, University of York.

Dillard, J. L. 1970. Principles in the history of American English: paradox, virginity, and cafeteria. *Florida FL Reporter* 8. 32-33.

1972. *Black English: Its history and usage in the United States*. New York: Random House Vintage.

1985. *Toward a social history of American English*. New York: Mouton.

1992. *A history of American English*. London: Longman.

Dijkhoff, Marta. 1983. The process of pluralization in Papiamentu. In Carrington, 217-229.

1987. Complex nominals and composite nouns in Papiamentu. In Maurer and Stolz, 1-10.

Dixon, R. M. W. 1997. *The rise and fall of languages*. Cambridge: Cambridge University Press.

Domínguez, Virginia R. 1986. *White by definition: social classification in creole Louisiana*. New Brunswick, NJ: Rutgers University Press.

Dyde, Brian. 1993. *St. Kitts: cradle of the Caribbean*. Second edition. London: Macmillan.

Edwards, Walter F. 1975. Sociolinguistic behavior in urban and rural circumstances in Guyana. Doctoral thesis, University of York.

Eliason, Norman E. 1956. *Tarheel talk: an historical study of the English language in North Carolina to 1860*. New York: Octagon.

Escure, Geneviève. 1994. The acquisition of creole by urban rural Black Caribs in Belize. *York Papers in Linguistics* 11. 95-106. (Special issue edited by Mark Sebba and Loreto Todd.)

Faine, Jules. 1937. *Philologie créole: études historiques et étymologiques sur la langue créole d'Haïti*. Port-au-Prince: Imprimerie de l'Etat.

Faraclas, Nicholas. 1987. Creolization and the tense-aspect-modality system of Nigerian Pidgin. *Journal of African Languages and Linguistics* 9. 45-59.

1988a. Nigerian Pidgin and the languages of southern Nigeria. *Journal of Pidgin and Creole Languages* 3. 177-197.

1988b. Rumors of the demise of Descartes are premature. Review of Mühlhäusler 1986. *Journal of Pidgin and Creole Languages* 3. 119-135.

Fasold, Ralph. 1976. One hundred years from syntax to phonology. In *Papers from the parasession on diachronic syntax*, ed. by Sanford B. Steever, Carol A. Walker, and Salikoko Mufwene, 779-787. Chicago Linguistic Society.

1981. The relationship between black and white speech in the South. *American Speech* 56. 163-189.

Féral, Carole de. 1989. *Pidgin-English du Cameroun*. Paris: Peters/SELAF.

Ferraz, Luis Ivens. 1979. *The creole of São Tomé*. Johannesburg: Witwatersrand University Press.

Fields, Linda. 1995. Early Bajan: creole or non-creole? In Arends, 89-112.

Filppula, Markku. 1991. Urban and rural varieties of Hiberno-English. In Cheshire 1991b, 51-60.

Fischer, David Hackett. 1989. *Albion's seed: four British folkways in America*. Oxford: Oxford University Press.

Fisiak, Jacek, ed. 1995. *Language change under contact conditions*. Berlin: Mouton de Gruyter.

Foner, Eric and John A. Garraty, eds. 1991. *The reader's companion to American history*. Boston: Houghton Mifflin.

Fracchia, Joseph and R. C. Lewontin. 1999. Does culture evolve? *History and Theory: Studies in the Philosophy of History* 38(4). 52-78.

Frajzyngier, Zygmunt. 1984. On the origin of *say* and *se* as complementizers in Black English and English-based creoles. *American Speech* 59. 207-210.

Friedman, Victor A. 1996. Observing the observers: language, ethnicity, and power in the 1994 Macedonian census and beyond. In *Toward comprehensive peace in Southeastern Europe: conflict prevention in the South Balkans*, ed. by Barnett R. Rubin, 81-105. New York: Twentieth Century Fund Press.

Giles, Howard and Philip Smith. 1979. Accommodation theory: optimal levels of convergence. In *Language and social psychology*, ed. by Howard Giles and Robert St. Clair, 45-65. Oxford: Basil Blackwell.

Gilman, Charles. 1986. African areal characteristics: Sprachbund, not substrate? *Journal of Pidgin and Creole Languages* 1. 33-50.

1993. Black identity, homeostasis, and survival: African and metropolitan speech varieties in the New World. In Mufwene 1993a, 388-402.

Giner, Maria F. Garcia-Bermejo and Michael Montgomery. 1999. Yorkshire English two hundred years ago. Paper presented at the 10th Conference

on Methods in Dialectology, Memorial University of Newfoundland.

Givón, T. 1986. Prototypes: between Plato and Wittgenstein. In *Noun classes and categorization*, ed. by Collette Craig, 77-102. Amsterdam: John Benjamins.

Goddard, Ives. 1997. Pidgin Delaware. In Thomason 1997b, 43-98.

Golovko, Eugeni V. and Nikolai Vakhtin. 1990. Aleut in contact: the CIA enigma. *Acta Linguistica Hafniensia* 22. 97-125.

Goodman, Morris. 1982. The Portuguese element in New World creoles. In *Papers from the parasession on nondeclaratives*, ed. by Robinson Schneider, Kevin Tuite, and Robert Chametzky, 54-62. Chicago: Chicago Linguistic Society.

1993. African substratum: some cautionary words. In Mufwene 1993a, 64-73.

Gould, Stephen Jay. 1993. *Eight little piggies: reflections in natural history*. New York: Norton.

Green, John N. 1988. Romance creoles. In Harris and Vincent, 420-473.

Gumperz, John J. and Robert Wilson. 1971. Convergence and creolization: a case from the Indo-Aryan/Dravidian border. In Hymes, 151-167.

Gupta, Anthea Fraser. 1991. Almost a creole: Singapore colloquial English. *California Linguistic Notes* 23. 9-21.

1994. *The step-tongue: children's English in Singapore*. Clevedon: Multilingual Matters.

Hagège, Claude. 1993. *The language builder: an essay on the human signature in linguistic morphogenesis*. Amsterdam: John Benjamins.

Hall, Robert, Jr. 1966. *Pidgin and creole languages*. Ithaca: Cornell University Press.

Hancock, Ian F. 1969. The English-derived Atlantic creoles: a provisional comparison. *African Language Review* 8. 7-72.

1980. Gullah and Barbadian: origins and relationships. *American Speech* 55. 17-35.

1986a. The domestic hypothesis, diffusion and componentiality: an account

of Atlantic anglophone creole origins. In Muysken and Smith 1986, 71-102.

1986b. On the classification of Afro-Seminole Creole. In Montgomery and Bailey 1986,85-101.

1993. Creole language provenance and the African component. In Mufwene 1993a,182-191.

Hanski, Ilkka. 1996. Metapopulation ecology. In *Population dynamics in ecological space and time*, ed. by Olin E. Rhodes, Jr. , Ronald K. Chesser, and Michael H. Smith, 13-43. Chicago: University of Chicago Press.

Harris, Alice C. and Lyle Campbell. 1995. *Historical syntax in cross-linguistic perspective*. Cambridge: Cambridge University Press.

Harris, John. 1991. Ireland. In Cheshire 1991b, 37-50.

Harris, Martin. 1988. The Romance languages. In Harris and Vincent, 1-25.

Harris, Martin and Nigel Vincent, eds. 1988. *The Romance languages*, London: Routledge.

Harrison, G. A. , J. M. Tanner, D. R. Pillbeam, and P. T. Baker. 1988. *Human biology: an introduction to human evolution, variation, growth, and adaptability*. Oxford: Oxford University Press.

Haspelmath, Martin. 1998. How young is standard average European? *Language Sciences* 20. 271-287.

Haugen, Einar. 1971. The ecology of language. *The Linguistic Reporter*, Supplement 25. 19-26. Reprinted as Haugen(1972), 324-339.

1972. *The ecology of language*, ed. by Anuar Dil. Stanford: Stanford University Press.

Hazaël-Massieux, Guy. 1993. The African filter in the genesis of Guadeloupean Creole: at the confluence of genesis and typology. In Mufwene 1993a, 109-122.

1996 *Les créoles: problèmes de genèse et de description*. Aix-en-Provence: Publications de l'Université de Provence.

Heath, Brice Shirley. 1992. American English: quest for a model. In Kachru, 220-232.

Hergé. 1975. *The adventures of Tintin: the broken ear*. Translated by Leslie Lonsdale-Cooper and Michael Turner. London: Methuen(Boston: Little, Brown 1978).

Herskovits, Melville. 1941. *The myth of the Negro past*. New York: Herper.

Hickey, Raymond. 1995. An assessment of language contact in the development of Irish English. In Fisiak, 109-130.

Hill, Kenneth C., ed. 1979. *The genesis of language*. Ann Arbor: Karoma.

Hjelmslev, Louis. 1938. Etudes sur la notion de parenté linguistique. *Revue des Etudes Indo-Européennes* 1. 271-286.

Hock, Hans Henrich and Brian D. Joseph. 1996. *Language history, language change, and language relationship*. Berlin: Mouton de Gruyter.

Hoeningswald, Henry M. 1989. Language obsolescence and language history: matters of linearity, leveling, loss, and the like. In *Investigating obsolescence: studies in language contraction and death*, ed. by Nancy C. Dorian, 347-354. Cambridge: Cambridge University Press.

Hogg, Richard M., ed. 1992. *The Cambridge history of the English language I: The beginnings to 1066*. Cambridge: Cambridge University Press.

Holloway, Joseph E. and Winifred K. Vass. 1993. *The African heritage of American English*. Bloomington: Indiana University Press.

Holm, John. 1976. Variability of the copula in Black English and its creole kin. Paper presented at First Biennial Conference of the Society for Caribbean Linguistics, Georgetown, Guyana.

1984. Variability of the copula in Black English and its creole kin. (Updated and expanded version of Holm 1976.) *American Speech* 59. 291-309.

1988. *Pidgins and creoles* I: *Theory and structure*. Cambridge: Cambridge University Press.

1989. *Pidgins and Creoles* II: *Reference survey*. Cambridge: Cambridge

University Press.

1991. The Atlantic creoles and the language of the ex-slave recordings. In *The emergence of Black English: text and commentary*, ed. by Guy Bailey, Natalie Maynor, and Patricia Cukor-Avila, 231-248. Amsterdam: John Benjamins.

1993. Phonological features common to some West-African and Atlantic creole languages. In Mufwene 1993a, 317-327.

Hopper, Paul J. 1991. On some principles of grammaticalization. In Traugott and Heine, 17-35.

Huber, Magnus. 1999. Atlantic creoles and the Lower Guinea Coast: a case against Afrogenesis. In Huber and Parkvall, 81-110.

Huber, Magnus and Mikael Parkvall, eds. 1999. *Spreading the word: the issue of diffusion among the Atlantic creoles*. London: University of Westminster Press.

Hymes, Dell, ed. 1971. *Pidginization and creolization of languages*. Cambridge: Cambridge University Press.

1974. *Foundations in sociolinguistics: an ethnographical approach*. Philadelphia: University of Pennsylvania Press.

Ihalainen, Ossi. 1991. Periphrastic *do* in affirmative sentences in the dialect of East Somerset. In Trudgill and Chambers, 145-147.

Jespersen, Otto. 1931. *A modern English grammar on historical principles*. Part IV: *Syntax* III: *Time and tense*. Heidelberg: Carl Winters Universitätsbuchhandlung.

Johnson, Guy. 1930. *Folk culture on St. Helena Island, South Carolina*. Chapel Hill: University of North Carolina Press.

Jones, Hugh. 1724. *The present state of Virginia, from whence is inferred a short view of Maryland and North Carolina*. 1956 edition by Richard L. Morton. Chapel Hill: North Carolina University Press.

Joseph, Brian D. and Arnold Zwicky, eds. 1990. *When verbs collide: papers from the 1990 Ohio State Mini-Conference on Serial Verbs*, Columbus,

Ohio: Department of Linguistics.

Joyner, Charles. 1984. *Down by the riverside: a South Carolina slave community*. Chicago: University of Illinois Press.

Kachru, Braj. 1983. South Asian English. In *English as a world language*, ed. by Richard W. Bailey and Manfred Görlach, 353-383. Ann Abor: University of Michigan Press.

ed. 1992. *The other tongue: English across cultures*. Second edition. Urbana: University of Illinois Press.

Kahane, Henry. 1992. American English: from a colonial substandard to a prestige language. In Kachru, 211-219.

Kallen, Jeffrey. 1997. Irish English: contexts and contacts. In *Focus on Ireland*. Varieties of English Around the World G21, ed. by Jeff Kallen, 1-33. Amsterdam: John Benjamins.

Kapanga, Mwamba Tshishiku. 1991. Language variation and change: a case study of Shaba Swahili. Ph. D. dissertation, University of Illinois, Urbana.

Katzman, David M. 1991. Black migration. In Foner and Garaty, 114-116.

Keesing, Roger M. 1988. *Melanesian Pidgin and the Oceanic substrate*. Stanford: Stanford University Press.

Keller, Rudi. 1994. *On language change: the invisible hand in language*. London: Routledge.

Kerswill, Paul and Ann Williams. 1994. A new dialect in a new city: children's and adults' speech in Milton Keynes. Final Report on a project funded by the Economic and Social Research Council.

Kibbee, Douglas A. 1999. French language policy timeline. Ms., University of Illinois, Urbana-Champaign.

Klerk, Vivian de, ed. 1996. *Focus on Africa*. Varieties of English Around the World 15. Amsterdam: John Benjamins.

Koerner, Konrad, ed. 1983. *Linguistics and evolutionary theory: three essays by August Schleicher, Ernst Haeckel, and Wilhelm Bleek*. Amsterdam:

John Benjamins.

Kouwenberg, Silvia. 1994. *A grammar of Berbice Dutch Creole*. Berlin: Mouton De Gruyter.

Krapp, George Philip. 1924. The English of the Negro. *The American Mercury* 2. 190-195.

Krapp, George Philip. 1925. *The English language in America*. New York: Century.

Kroch, Anthony, Ann Taylor, and Donald Ringe. 2000. The Middle-English verb-second constraint: a case study in language contact and language change. In *Textual parameters in older language*, ed. by Susan Herring, Lene Schoesler, and Pieter van Reenen, 353-391. Amsterdam: John Benjamins.

Kulikoff, Allan. 1986. *Tobacco and slaves: the development of southern cultures in the Chesapeake, 1680-1800*. Chapel Hill: University of North Carolina Press.

1991a. Colonial Culture. In Foner and Garraty, 197-201.

1991b. Colonial Economy. In Foner and Garraty, 201-203.

Kurath, Hans. 1928. The origin of dialectal differences in spoken American English. *Modern Philology* 25. 385-395.

Labov, William. 1963. The social motivation of sound change. *Word* 19. 273-309. Reprinted in Labov 1972b, 1-42.

1966. *The social stratification of English in New York City*. Washington, DC: Center for Applied Linguistics.

1972a. *Language in the inner city*. Philadelphia: University of Pennsylvania Press.

1972b. *Sociolinguistic patterns*. Philadelphia: University of Pennsylvania Press.

1982. Objectivity and commitment in linguistic science: the case of the Black English trial in Ann Arbor. *Language in Society* 11. 165-201.

1994. *Principles of linguistic change: internal factors*. Oxford:

Blackwell.

1998. Co-existent systems in African-American vernacular English. In Mufwene et al. ,110-153.

Labov, William and Wendell Harris. 1986. De facto segregation of black and white vernaculars. In *Diversity and diachrony*, ed. by David Sankoff, 1-24. Amsterdam: John Benjamins.

Ladhams, John. 1999. The Pernambuco connection? An examination of the nature and origin of the Portuguese elements in the Suriname Creoles. In Huber and Parkvall, 209-240.

Lalla, Barbara and Jean D'Costa. 1990. *Language in exile: three hundred years of Jamaican Creole*. Tuscaloosa: University of Alabama Press.

Lass, Roger. 1997. *Historical linguistics and language change*. Cambridge: Cambridge University Press.

Lefebvre, Claire. 1986. Relexification in creole genesis revisited. In Muysken and Smith, 279-300.

1989. Instrumental *take*-serial constructions in Haitian and Fon. In Lefebvre and Lumsden, 319-337.

1993. The role of relexification and syntactic reanalysis in Haitian Creole: methodological aspects of a research program. In Mufwene 1993a, 254-279.

1998. *Creole genesis and the acquisition of grammar: the case of Haitian Creole*. Cambridge: Cambridge University Press.

Lefebvre, Claire and John Lumsden, eds. 1989. La créolisation. *Revue Canadienne de Linguistique* 34, 3.

Lemann, Nicholas. 1991. *The promised land: the Great Black Migration and how it changed America*. New York: Knopf.

Le Page, R. B. 1960. An historical introduction to Jamaican Creole. In *Jamaican Creole*, by R. B. Le Page and David De Camp, 1-124. Cambridge: Cambridge University Press.

Le Page, R. B. and Andrée Tabouret-Keller. 1985. *Acts of identity: creole-*

based approaches to language and identity. Cambridge: Cambridge University Press.

Lewontin, Richard C. 1970. The units of selection. *Annual Review of Ecology and Systematics* 1. 1-18.

Lichtenberk, Frantisek. 1991. On the gradualness of grammaticalization. In Traugott and Heine, 37-80.

Lightfoot, David. 1999. *The development of language: acquisition, change, and evolution*. Oxford: Blackwell.

Lord, Carol. 1993. *Historical change in serial verb constructions*. Amsterdam: John Benjamins.

Lovejoy, Paul E. 1982. The volume of the Atlantic slave trade: a synthesis. *Journal of African History* 23. 473-501.

1989. The impact of the Atlantic slave trade on Africa: a review of the literature. *Journal of African History* 30. 365-394.

Lüdtke, Helmut. 1995. On the origin of Modern and Middle English. In Fisiak, 51-53.

Lumsden, John. 1999. Language acquisition and creolization. In DeGraff 1999b, 129-257.

McCawley, James D. 1976. Some ideas not to live by. *Die neueren Sprachen* 75. 151-165.

McDavid, Raven, Jr. 1950. Review of Lorenzo Dow Turner 1949. *Language* 26. 323-333.

McDavid, Raven, Jr. and Virginia McDavid. 1951. The relationship of the speech of the American Negroes to the speech of whites. *American Speech* 26. 3-17.

McEvedy, Colin. 1980. *The Penguin atlas of African history*. London: Penguin.

McMahon, April. 1994. *Understanding language change*. Cambridge: Cambridge University Press.

McNeill, David. 1992. *Hand and mind: what gestures reveal about thought*.

Chicago: University of Chicago Press.

McWhorter, John H. 1995. Sisters under the skin: a case of genetic relationship between the Atlantic English-based creoles. *Journal of Pidgin and Creole Languages* 10. 289-333.

1997. It happened at Cormantin: locating the origin of Atlantic English-based creoles. *Journal of Pidgin and Creole Languages* 12. 59-102.

1998. Identifying the creole prototype: vindicating a typological class. *Language* 74. 788-818.

Magens, Jochum. 1770. Grammatica over e det Creolske Sprog. Copenhagen.

Manheim, Bruce. 1991. *The language of the Inka since the European invasion*. Austin: University of Texas Press.

Martin, Danielle and Sali Tagliamonte. 1999. *Oh, it beautiful*! Copula variability in Britain. Paper presented at NWAV 28, Toronto.

Maurer, Philippe. 1987. La comparaison des morphèmes temporels du papiamento et du palenquero: arguments contre la théorie monogénétique de la genèse des langues créoles. In Maurer and Stolz, 27-70.

1988. *Les modifications temporelles et modales du verbe dans le papiamento de Curacao (Antilles Néerlandaises)*. Hamburg: Helmut Buske Verlag.

Maurer, Philippe and Thomas Stolz, eds. 1987. *Varia creolica*. Bochum: Brockmeyer.

Mayr, Ernst. 1997. *This is biology: the science of the living world*. Cambridge, MA: Harvard University Press.

Mazrui, Ali and Alamin Mazrui. 1998. *The power of Babel: language in the African experience*. Oxford: James Currey/Chicago: University of Chicago Press.

Meillet, Antoine. 1929. Le développement des langues. In *Continu et discontinu*, 119ff. Paris: Bloud and Gay. Reprinted in Meillet 1951, 71-83.

1951. *Linguistique historique et linguistique générale* II. Paris:

Klincksieck.

Menard, Russell R. 1991. Indentured Servitude. In Foner and Garraty, 542-543.

Mesthrie, Rajend. 1992a. *English in language shift: the history, structure and sociolinguistics of South African Indian English*. Cambridge: Cambridge University Press.

1992b. Fanakalo in colonial Natal. In *Language and society in South Africa*, ed. by Robert K. Herbert, 305-324. Johannesburg: Witwatersrand University Press.

Migge, Bettina M. 1993. *Substrate influence in creole language formation: the case of serial verb constructions in Sranan*. MA thesis, Ohio State University.

1999. *Substrate influence in the formation of Surinamese plantation Creole: a consideration of sociohistorical data and linguistic data from Ndyuka and Gbe*. Ph. D. dissertation, Ohio State University.

Mille, Katherine. 1990. *A historical analysis of tense-mood-aspect in Gullah Creole: a case of stable variation*. PhD dissertation, University of South Carolina.

Miller, Catherine. 1985. Un exemple d'évolution linguistique: le cas de la particule *ge* en Juba Arabic. *Matériaux Arabes et Sudarabiques-GELLAS* 3, 156-166. Paris: Paul Geuthner.

Milroy, James. 1992. *Linguistic variation and change: on the historical sociolinguistics of English*. Oxford: Blackwell.

1997. Internal vs. external motivations for linguistic change. *Multilingua* 16. 311-323.

Milroy, James and Lesley Milroy. 1985. Linguistic change, social network and speaker innovation. *Journal of Linguistics* 21. 339-384.

Mithun, Marianne. 1992. The substratum in grammar and discourse. In *Language contact: theoretical and empirical studies*, ed. by Ernst Håkon Jahr, 103-115. Berlin: Mouton de Gruyter.

Montgomery, Michael. 1989. Exploring the roots of AppalachianEnglish.

English World-Wide 10. 227-278.

1995. The koinéization of colonial American English. In *Sociolinguistic studies and language planning: proceedings of the XVIth Annual Meeting of the Atlantic Provinces Linguistic Association*, ed. by Catherine Phliponneau, 309-331. Moncton, NB: Center de Recherche en Linguistique Appliquée.

1996. Was colonial American English a koiné? In *Speech past and present: studies in English dialectology in memory of Ossi Ihalainen*, ed. by Juhani Klemola, Merja Kyto, and Matti Rissanen, 213-235. University of Bamberg Studies in English Linguistics 38. Frankfurt am Main: Peter Lang.

Montgomery, Michael and Guy Bailey, eds. 1986. *Language variety in the South: perspectives in black and white*. University: University of Alabama Press.

Montgomery, Michael, Janet M. Fuller, and Sharon Paparone. 1994. "The black men has wives and Sweet harts [and third person plural-*s*] Jest like the white men": evidence from verbal-*s* from written documents on 19th-century African American speech. *Language Variation and Change* 5. 335-357.

Morgan, Marcyliena. 1993. The Africanness of counterlanguage among Afro-Americans. In Mufwene 1993a, 423-435.

Mufwene, Salikoko S. 1981. Non-individuation and the count/mass distinction. In *Papers from the Seventeenth Regional Meeting of the Chicago Linguistic Society*, ed. by Roberta A. Hendrick, Carries S. Masek, and Mary Frances Miller, 221-238. CLS, University of Chicago.

1983. *Some observations on the verb in Black English Vernacular*. African and Afro-American Studies and Research Center, University of Texas, Austin.

1984. The language bioprogram hypothesis, creole studies, and linguistic theory. Commentary on Derek Bickerton's The language bioprogram hypothesis. *Behavioral and Brain Sciences* 7. 202-203.

1986a. Les langues créoles peuvent-elles être définies sans allusion à leur histoire? *Etudes Créoles* 9. 135-150.

1986b. The universalist and substrate hypotheses complement one another. In Muysken and Smith, 129-162.

1986c. Number delimitation in Gullah. *American Speech* 61. 33-60.

1988a. Formal evidence of pidginization/creolization in Kituba. *Journal of African Languages and Linguistics* 10. 33-51.

1988b. Why study pidgins and creoles. Column. *Journal of Pidgin and Creole Languages* 3. 265-276.

1989a. Equivocal structures in some Gullah complex sentences. *American Speech* 64. 304-326.

1989c. Some explanations that strike me as incomplete. Column. *Journal of Pidgin and Creole Languages* 4. 117-128.

1989b. La créolisation en bantou: les cas du kituba, du lingala urbain, et du swahili du Shaba. *Etudes Créoles* 12. 74-106.

1990a. Creoles and universal grammar. In *Issues in creole linguistics*, ed. by Pieter Seuren and Salikoko Mufwene, 783-807. *Linguistics* 28.

1990b. Time reference in Kituba. In *Tense-modality-aspect systems in pidgins and creoles*, ed. by John V. Singler, 97-117. Amsterdam: John Benjamins.

1991a. Pidgins, creoles, typology, and markedness. In Byrne and Huebner 1991, 123-143.

1991b. Review of Holm(1988, 1989). *Language 67*. 380-387.

1991c. Review of Chaudenson (1989). *Journal of Pidgin and Creole Languages* 6. 148-155.

1991d. Is Gullah decreolizing? A comparison of a speech sample of the 1930's with a speech sample of the 1980's. In Bailey, Maynor, and Cukor-Avila 1991, 213-230.

1992a. Why grammars are not monolithic. In *The joy of grammar: a*

festschrift in honor of James D. McCawley, ed. by Diane Brentari, Gary N. Larson, and Lynn A. Macleod, 225-250. Amsterdam: John Benjamins.

1992b. Africanisms in Gullah: a re-examination of the issues. In *Old English and new: studies in language and linguistics in honor of Frederic G. Cassidy*, ed. by Joan H. Hall, Dick Doane, and Dick Ringler, 156-182. New York: Garland.

1992c. Ideology and facts on African-American English. *Pragmatics* 2. 141-166.

1992d. Some reasons why Gullah is not dying yet. *English World-Wide* 12. 215-243.

ed. 1993a. *Africanisms in Afro-American language varieties*. Athens: University of Georgia Press.

1993b. African substratum: possibility and evidence. Discussion of Alleyne's and Hancock's papers. In Mufwene 1993a, 192-208.

1994a. On decreolization: the case of Gullah. In *Language and the social construction of identity in creole situations*, ed. by Marcyliena Morgan, 63-99. Los Angeles: Center for Afro-American Studies.

1994b. Restructuring, feature selection, and markedness: from Kimanyanga to Kituba. In *Historical issues in African linguistics*, ed. by Kevin Moore, David Peterson, and Comfort Wentum, 67-90. Berkeley Linguistics Society.

1994c. New Englishes and criteria for naming them. *World Englishes* 13. 21-31.

1994d. Review of Holloway and Vass. *American Anthropologist* 96. 477-478.

1994e. Review of Mesthrie 1992. *World Englishes* 13. 425-430.

1996a. Creolization and grammaticization: what creolistics could contribute to research on grammaticization. In Baker and Syea 1996, 5-28.

1996b. Creole genesis: a population genetics perspective. In *Caribbean language issues: old and new*, ed. by Pauline Christie, 168-209. Kingston, Jamaica: University of the West Indies Press.

1997a. Jargons, pidgins, creoles, and koinés: what are they? In Spears and Winford, 35-70.

1997b. Native speaker, proficient speaker, and norm. In *Native speaker: Multilingual perspectives*, ed. by Rajendra Singh, 111-123. New Dehli: Sage.

1997c. Gullah's development: myths and sociohistorical evidence. In *Language variety in the South revisited*, ed. by Cynthia Bernstein, Robin Sabino, and Tom Nunally, 113-122. Tuscaloosa: University of Alabama Press.

1997d. Kituba. In Thomason 1997b, 173-208.

1997e. Métissages des peuples et métissages des langues. In *Contacts de langues, contacts de cultures, créolisation*, ed. by Marie-Christine Hazaël-Massieux and Didier de Robillard, 51-70. Paris: L'Harmattan.

1999a. The language bioprogram hypothesis: hints from Tazie. In DeGraff 1999b, 95-127.

1999b. Some sociohistorical inferences about the development of African-American English. In *The English history of African-American English*, ed. by Shana Poplack, 233-263. Oxford: Blackwell.

1999c. Accountability in descriptions of creoles. In *Creole genesis, attitudes, and discourse: studies celebrating Charlene J. Sato*, ed. by John Rickford and Suzanne Romaine, 157-185. Amsterdam: John Benjamins.

1999d. North American varieties of English as byproducts of population contacts. In *The workings of language: from prescriptions to perspectives*, ed. by Rebecca Wheeler, 15-37. Westport, MA: Greenwood.

2000a. Creolization is a social, not a structural, process. In *Degress of restructuring in creole languages*, ed. by Edgar Schneider and Ingrid Neumann-Holzschuh, 65-84. Amsterdam: John Benjamins.

2000b. African-American English. In *The Cambridge history of the*

English language VI: History of American English, ed. by John Algeo. Cambridge: Cambridge University Press.

forthcoming. Contact and speciation in English: some dialects of English are creole. In *English globalized I: Perspectives and prospects*, ed. by Anne Pakir, Vincent Ooi, and Ismail Talib. Amsterdam: John Benjamins.

Mufwene, Salikoko S., John R. Rickford, Guy Bailey, and John Baugh, eds. 1998. *African-American English: structure, history, and use*. London: Routledge.

Mühlhäusler, Peter. 1985. The number of pidgin Englishes in the Pacific. *Papers in Pidgin and Creole Linguistics* 1. *Pacific Linguistics* A-72. 25-51.

1986. *Pidgin and creole linguistics*. Oxford: Blackwell. Revised edition 1997. London: University of Westminster Press.

1996. *Linguistic ecology: language change and linguistic imperialism in the Pacific region*. London: Routledge.

Muysken, Pieter, ed. 1981. *Generative studies on creole languages*. Dordrecht: Foris.

1983. Review of Bickerton 1981. *Language* 59. 884-901.

Muysken, Pieter and Norval Smith, eds. 1986. *Universals versus substrata in creole genesis*. Amsterdam: John Benjamins.

Nagle, Stephen. 1995. The English double modals: internal or external change? In Fisiak, 207-215.

Nettle, Daniel. 1999. *Linguistic diversity*. Oxford: Oxford University Press.

Newman, James L. 1995. *The peopling of Africa: a geographic interpretation*. New Haven, CN/London: Yale University Press.

Nichols, Johanna. 1994. *Linguistic diversity in space and time*: Chicago: University of Chicago Press.

Nichols, Patricia C. 1993. Language contact and shift in early South Carolina. Paper present ed at the annual meeting of the Linguistic Society of America, Los Angeles, California.

Nurse, Derek. 1997. Prior pidginization and creolization in Swahili? In Thomason 1997b, 271-363.

Nurse, Derek and Thomas J. Hinnebusch. 1993. *Swahili and Sabaki: a linguistic history*. Berkeley/Los Angeles/London: University of California Press.

Nurse, Derek and Thomas Spear. 1985. *The Swahili: reconstructing the history of an African society 800-1500*. Philadelphia: University of Pennsylvania Press.

Odlin, Terence. 1989. *Language transfer: cross-linguistic influence in language learning*. Cambridge: Cambridge University Press.

1992. Transferability and linguistic substrates. *Second Language Research* 8. 171-202.

1997. Hiberno-English: pidgin, creole, or neither? Occasional Paper 49, Center for Language and Communication Studies, Trinity College, Dublin.

forthcoming. Language ecology and the Columbian exchange. In *Language conflict/Language competition*, ed. by Brian Joseph, Neil Jacobs, Ilse Lehiste, and Johanna De Stefano. Columbus: Ohio State University Press.

O'Hara, Robert J. 1994. Evolutionary history and the species problem. *American Zoology* 34:12-22.

Ohly, Rajmund. 1982. *Swahili: the diagram of crises*. Vienna: Afro-Pub.

Owens, Jonathan. 1997. Arabic-based pidgins and creoles. In Thomason 1997b, 125-172.

1998. Representativeness in the data base: polemical update for the twenty-first century. *Language Sciences* 20. 113-35.

Papen, Robert A. 1987. Le métif: le nec plus ultra des grammaires en contact. *Revue Québecoise de Linguistique Théorique et Appliquée* 6. 57-70.

Pasch, Helma. 1997. Language contact. In *Encyclopedia of Africa south of the Sahara*, ed. by John Middleton et al., 515-517. New York: Charles

Scribner's Sons.

Perkins, Edwin J. 1988. *The economy of colonial America*. Second edition. New York: Columbia University Press.

Plag, Ingo. 1993. *Sentential complementation in Sranan: on the formation of an English-based creole language*. Tübingen: Niemeyer.

1999. Review of Baker and Syea 1996. *Journal of Pidgin and Creole Languages* 14. 202-208.

Polomé, Edgar. 1971. The Katanga (Lubumbashi) Swahili Creole. In Hymes, 57-61. Cambridge: Cambridge University Press.

1983. Creolization and language change. In *The social context of creolization*, ed. by Ellen Woolford and William Washabaugh, 126-36. Ann Arbor: Karoma.

1985. Swahili in the Shaba region of Zaire. In *Swahili language and society*, ed. by Joan Maw and David Parkin, 47-65. Vienna: Afro-Pub.

Poplack, Shana, ed. 1999. *The English history of African-American English*. Oxford: Blackwell.

Poplack, Shana and Sali Tagliamonte. 1989. There's no tense like the present: verbal-s inflection in early Black English. *Language Variation and Change* 1. 47-84.

1991. African American English in the diaspora: evidence from old line Nova Scotians. *Language Variation and Change* 3. 301-339.

1994. -S or nothing: marking the plural in the African American diaspora. *American Speech* 69. 227-259.

1996. Nothing in context: variation, grammaticization and past time marking in Nigerian Pidgin English. In *Changing meanings, changing functions: papers relating to grammaticalization in contact languages*, ed. by Philip Baker and Anand Syea, 71-94. London: University of Westminster Press.

Posner, Rebecca. 1985. Creolization as typological change: some examples from Romance syntax. *Diachronica* 2. 167-188.

1996. *The Romance languages*. Cambridge: Cambridge University Press.

Price, Richard. 1976. *The Guiana maroons: a historical and bibliographical introduction*. Baltimore, MD: Johns Hopkins University Press.

Pullum, Geoffrey K. 1990. Constraints on intransitive quasi-serial verb constructions in Modern Colloquial English. In Joseph and Zwicky, 218-239.

Rawley, James A. 1981. *The transatlantic slave trade*. New York: Norton.

1991. Slave trade. In Foner and Garraty, 994-995.

Rickford, John R. 1977. The question of prior creolization of Black English. In *Pidgin and creole linguistics*, ed. by Albert Valdman, 190-221. Bloomington: Indiana University Press.

1985. Ethnicity as a sociolinguistic boundary. *American Speech* 60. 99-125.

1986. Social contact and linguistic diffusion. *Language* 62. 245-290.

1987. *Dimensions of a creole continuum: history, text, and linguistic analysis of Guyanese Creole*. Stanford: Stanford University Press.

1992. Grammatical variation and divergence in Vernacular Black English. In *Internal and external factors in syntactic change*, ed. by Marinel Gerritsen and Dieter Stein, 175-200. Berlin: Mouton de Gruyter.

1998. The creole origins of African-American vernacular English: evidence from copula absence. In Mufwene et al. , 154-200.

Rickford, John R. and Jerome S. Handler. 1994. Textual Evidence of the Nature of Early Barbadian Speech. *Journal of Pidgin and Creole Languages* 9. 221-255.

Roberge, Paul. 1994. *The formation of Afrikaans*. Stellenbosch Papers in Linguistics Plus 24. Department of Linguistics, University of Stellenbosch, South Africa.

Robertson, Ian. 1993. The Ijo element in Berbice Dutch and the pidginization/creolization process. In Mufwene 1993a, 296-316.

Romaine, Suzanne. 1982. *Socio-historical linguistics: its status and methodology*. Cambridge: Cambridge University Press.

1988. *Pidgin and creole languages*. London: Longman.

Samarin, William. 1982. Colonization and pidginization on the Ubangi River. *Journal of African Languages and Linguistics* 4. 1-42.

1989. *The black man's burden: African colonial labor on the Congo and Ubangi Rivers, 1880-1900*. Boulder, CO: Westview.

1990. The origins of Kituba and Lingala. *Journal of African Languages and Linguistics* 12. 47-77.

Sankoff, Gillian. 1979. The genesis of a language. In Hill, 23-47.

1980. Variation, pidgins and creoles. In Valdman and Highfield, 139-164.

1984. Substrate and universals in the Tok Pisin verb phrase. In *Meaning, form, and use in context: linguistic applications*, ed. by Deborah Schiffrin, 104-119. Washington, DC: Georgetown University Press.

1993. Focus in Tok Pisin. In Byrne and Winford, 117-140.

Sankoff, Gillian and Penelope Brown. 1976. The origins of syntax in discourse: a case study of Tok Pisin relatives. *Language* 52. 631-666.

Schmied, Josef. 1991. *English in Africa: an introduction*. London: Longman.

Schneider, Edgar W. 1982. On the history of Black English in the USA: some new evidence. *English World-Wide* 3. 18-46.

1983. The diachronic development of the Black English in the USA: some new evidence. *Journal of English Linguistics* 16. 55-64.

1989. *American earlier Black English: morphological and syntactic variables*. Tuscaloosa: University of Alabama Press.

1990. The cline of creoleness in English-oriented creoles and semi-creoles of the Caribbean. *English World-Wide* 11. 79-113.

1993. Africanisms in the grammar of Afro-American English: the significance of African substratum. In Mufwene 1993a, 209-221.

Schuchardt, Hugo. 1884. *Slavo-deutsches und Slavo-italienisches*. Graz: Leuschner and Lubensky.

1909. Die Lingua Franca. *Zeitschrift fur Romanische Philologie* 33. 441-461.

Seuren, Pieter. 1990. Serial verb constructions. In Joseph and Zwicky, 14-33.

Siegel, Jeff. 1998. Substrate reinforcement and dialectal differences in Melanesian Pidgin. *Journal of Sociolinguistics* 2. 347-373.

Simms, William Gilmore. 1839. The lazy crow. Reprinted in *The wigwam and the cabin*, 333-60. Chicago: Donohue.

Singler, John V. 1988. The homogeneity of the substrate as a factor in pidgin creole genesis. *Language* 64. 27-51.

1991a. Liberian Settler English and the ex-slave recordings: a comparative study. In *The emergence of Black English: text and commentary*, ed. by Guy Bailey, Natalie Maynor, and Patricia Cukor-Avila, 249-274. Amsterdam: John Benjamins.

1991b. Social and linguistic constraints on plural marking in Liberian English. In Cheshire 1991b, 544-562.

1992. Nativization and pidgin/creole genesis: a reply to Bickerton. *Journal of Pidgin and Creole Languages* 7. 319-333.

1993. The African influence upon Afro-American varieties. In Mufwene 1993a, 235-253.

1995. The demographics of creole genesis in the Caribbean: a comparison of Martinique and Haiti. In Arends, 203-232.

1997. The configuration of Liberia's Englishes. *World Englishes* 16. 205-231.

Smith, Larry E. 1992. The spread of English and issues of intelligibility. In Kachru, 75-90.

Smith, Neil. 1999. *Chomsky: ideas and ideals*. Cambridge: Cambridge University Press.

Spears, Arthur K. 1993. Where did Haitian Creole come from? A discussion of Hazaël-Massieux's and Baker's papers. In Mufwene 1993a, 156-166.

Spears, Arthur K. and Donald Winford, eds. 1997. *The structure and status of pidgins and creoles*. Amsterdam: John Benjamins.

Spitulnik, Debra. 1999. The language of the city: Town Bemba as urban hybridity. *Journal of Linguistic Anthropology* 8. 30-59.

Stewart, William A. 1967. Sociolinguistic factors in the history of American Negro dialects. *Florida Foreign Language Reporter* 5. 11, 22, 24, 26, 30.

1968. Continuity and change in American Negro dialects. *Florida Foreign Language Reporter* 6. 3. 4, 14. 16, 18.

1969. Historical and structural bases for the recognition of Negro dialect. In *Report of the Twentieth Annual Round Table Meeting on Linguistics and Language Studies*, ed. by James E. Alatis, 239-247. Washington, DC: Georgetown University Press.

1974. Acculturative processes in the language of the American Negro. In *Language in its social setting*, ed. by William W. Gage, 1-46. Washington, DC: Anthropological Society of Washington.

Sutcliffe, David, with John Figueroa. 1992. *System in Black language*. Clevedon, OH: Multilingual Matters.

Sylvain, Suzanne. 1936. *Le créole haitien: morphologie et syntaxe*. Wettern, Belgium: Imprimerie De Meester.

Tagliamonte, Sali. 1996. Has it ever been "perfect": Uncovering the grammar of Early Black English. *York Papers in Linguistics* 17. 351-396.

1999. Back to the roots: what British dialects reveal about North American English. Paper presented at the Methods in Dialectology meeting, University of Newfoundland.

Tagliamonte, Sali and Shana Poplack. 1988. Tense and aspect in Samaná English. *Language in Society* 17. 513-533.

1993. The zero-marked verb: testing the creole hypothesis. *Journal of Pidgin and Creole Languages* 8. 171-206.

Tate, Thad W. 1965. *The Negro in eighteenth-century Williamsburg*. Williamsburg, VA: Colonial Williamsburg Foundation.

Tay, Mary. 1981. The uses, users, and features of English in Singapore. In

New Englishes, ed. by John B. Pride, 51-70. Rowley, MA: Newbury House.

Thomas, Hugh. 1998. *The slave trade*. New York: Simon and Schuster.

Thomason, Sarah G. 1980. On Interpreting "The Indian Interpreter." *Language and Society* 9. 167-193.

1997a. Ma'a(Mbugu). In Thomason 1997b, 467-487.

1997b. *Contact languages: a wider perspective*. Amsterdam: John Benjamins.

1983. Chinook jargon in areal and historical context. *Language* 59. 820-870.

Thomason, Sarah G. and Terrence Kaufman. 1988. *Language contact, creolization, and genetic linguistics*. Berkeley: University of California Press.

Thompson, John N. 1994. *The coevolutionary process*. Chicago: University of Chicago Press.

Todd, Loreto. 1984. *Modern Englishes: pidgins and creoles*. London: Blackwell.

Traugott, Elizabeth Closs. 1972. *The history of English syntax*. New York: Holt, Rinehart, and Winston.

Traugott, Elizabeth Closs and Bernd Heine, eds. 1991. *Approaches to grammaticalization. I: Focus on theoretical and methodological issues; II: Focus on types of grammatical markers*. Amsterdam/Philadelphia: John Benjamins.

Tristram, Hildegard L. C., ed. 1997. *The Celtic Englishes* I. Heidelberg: Winter. ed. 2000. *The Celtic Englishes* II. Heidelberg: Winter.

Troike, Rudolph C. 1973. On social, regional, and age variation in Black English. *The Florida Foreign Language Reporter*, 8-9.

Trubetzkoy, Nikolai S. 1939. Gedanken über das Indogermanenproblem. *Acta Linguistica* 1. 81-89.

Trudgill, Peter. 1974. *The social differentiation of English in Norwich*. Cambridge: Cambridge University Press.

1986. *Dialects in contact*. Oxford: Blackwell.

Trudgill, Peter and J. K. Chambers, eds. 1997. *Dialects of English: studies in grammatical variation*. London: Longman.

Turner, Lorenzo Dow. 1949. *Africanisms in the Gullah dialect*. Chicago: University of Chicago Press.

Valdman, Albert and Arnold Highfield, eds. 1980. *Theoretical orientations in creole studies*. New York: Academic Press.

Valkhoff, Marius. 1966. *Studies in Portuguese and Creole-with special reference to South Africa*. Johannesburg: Witwatersrand University Press.

Valli, André. 1994. A propos de l'emploi productif de la détermination zéro en moyen français et en créole réunionnais. In *Créolisation et acquisition des langues*, ed. by Daniel Véronique, 89-103. Aix-en-Provence: Publications de l'Université de Provence.

Vansina, Jan. 1990. *Paths in the rainforest: toward a history of political tradition in Equatorial Africa*. Madison: University of Wisconsin Press.

Vennemann, Theo. 2000. Semitic→ Celtic →English: transitivity in language contact. Lecture at the Max Planck Institute, Leipzig.

Vinson, Julien. 1882. Créole. In *Dictionnaire des sciences anthropologiques et ethnologiques*. Paris.

1888. La linguistique. *La grande encyclopédie* 22. 286-296. Paris.

Voegelin, C. F. and F. M. Voegelin, and Noel W. Schutz, Jr. 1967. The language situation in Arizona as part of the Southwest culture area. *Studies in Southwestern ethnolinguistics: meaning and history in the languages of the American Southwest*, ed. by Dell Hymes and William E. Bittle, 403-51. The Hague: Mouton.

Voorhoeve, Jan. 1964. "Creole Languages and Communication" *Symposium on Multilingualism (Brazzaville, 1962)*, 233-242. (CSA/CCTA Publication 87). London: Commission de Coopération Technique en Afrique.

Wade-Lewis, Margaret. 1988. The African substratum in American English. Ph. D. dissertation, New York University.

Warner-Lewis, Maureen. 1996. *Trinidad Yoruba: from mother tongue to memory*. Tuscaloosa: University of Alabama Press.

Weinreich, Uriel. 1953. *Languages in contact: findings and problems*. New York: Linguistic Circle of New York.

Whinnom, Keith. 1971. Linguistic hybridization and the "special case" of pidgins and creoles. In Hymes, 91-115.

Williams, Jeffrey P. 1983. Dutch and English Creole on the Windward Netherlands Antilles: an historical perspective. *Amsterdam Creole Studies* 5. 93-112.

1985. Preliminaries to the study of the dialects of White West Indian English. *Nieuwe West-Indische Gids* 59. 27-44.

Williams, Selase. 1993. Substantive Africanisms at the end of the African linguistic diaspora. In Mufwene 1993a, 406-422.

Wimsatt, William C. 2000. Generativity, entrenchment, evolution, and innateness. In *Biology meets psychology: constraints, connections, conjectures*, ed. by V. Hardcastle, 139-179. Cambridge, MA: MIT Press.

1999. Genes, memes and cultural heredity. *Biology and Philosophy* 14. 279-310.

Winford, Donald. 1992. Another look at the copula in Black English and Caribbean creoles. *American Speech* 67. 21-60.

1993. Back to the past: the BEV/creole connection revisited. *Language Variation and Change* 4. 311-357.

1997a. Re-examining Caribbean English creole continua. *World Englishes* 16. 233-279.

1997b. Re-examining the Caribbean English creole continua. *World Englishes* 16. 233-279.

1998. On the origins of African-American vernacular English: a creolist perspective. Part II: Linguistic features. *Diachronica* 15. 99-154.

Wolfram, Walt. 1974. The relationship of white Southern speech to vernacular Black English. *Language* 50. 498-527. Reprinted in *Verb phrase patterns in Black English and creole*, ed. by Walter Edwards and Donald Winford, 60-100. Detroit: Wayne State University Press, 1991.

1980. *a*-Prefixing in Appalachian English. In *Locating language in time and space*, ed. by William Labov, 107-142. New York: Academic Press.

Wolfram, Walt and Natalie Schilling Estes. 1995. Moribund dialects and the endangerment canon: the case of the Ocracoke Brogue. *Language* 71. 696-721.

Wood, Peter H. 1974. *Black majority: negroes in colonial South Carolina from 1670 through the Stono rebellion*. New York: Knopf.

1989. The changing population of the colonial South: an overview by race and region, 1685-1790. In *Powhatan's Mantle: Indians in the colonial Southeast*, ed. by Peter H. Wood, Gregory A. Waselkov, and M. Thomas Hatley, 35-103. Lincoln, NB/London: University of Nebraska Press.

Wright, Laura. 1995. Middle English {-ende} and {-ing}: a possible route of grammaticalization. In Fisiak, 365-382.

Yngve, Victor H. 1996. *From grammar to science*. Amsterdam: John Benjamins.

Zelinksy, Wilbur. 1992(original 1973). *The cultural geography of the United States, a revised edition*. Englewood Cliffs, NJ: Prentice Hall.

人名对照与索引

（页码为原著页码，即本书边码。）

C

D

F

G

H

I

J

K

L

M

N

O

P

R

S

T

V

W

Y

Z

主题索引(兼术语中英文对照表)

(页码为原著页码,即本书边码。)

B

D

E

F

G

H

I

J

K

L

M

N

O

P

R

S

U

V

W

Y

Z

译后记

尽管在历史语言学研究中，人们容易将“同源”与“接触”视同水火，然而把语言发生学与语言接触联系起来，一直是我们的兴趣所在。萨利科科·S.穆夫温先生的《语言演化生态学》也正是这样一本著作：熔语言发生与语言接触于一炉，以克里奥尔语的衍生与发展为线索，在复杂的人口与生态背景上探析语言演化的奥妙。有机会翻译这本著作还得从2005年夏天说起。

是年初夏，非常幸运地，我有机会惠得王士元先生安排，到香港中文大学电子工程系“语言工程实验室”短期学习交流。王先生亲自驾车带我们参观中文大学，看“合一亭”水天一色的美妙景致，在新亚书院与大家亲切聚餐叙谈，并安排好我的两次发言及与实验室研究人员的进一步讨论。

余下的时间，则是七天没日没夜的讨论。在我与James W. Minett、龚涛等实验室同仁之间，反复进行关于语言濒危、语言混合的实际现象与计算机仿真建模技术之间的交流。陌生的领域固然令我头疼，而要与不谙计算机工程的我相沟通，实验室的朋友们也着实不易。可是大家热情高涨、乐此不疲，相互间反复地辨析解释即使在用餐的时候也得不到丝毫歇息。而在James的英文与我的中文之间，既参与讨论又附带翻译的龚涛博士更是累得口干舌燥。整整一周时间，仅在最后离港返津的前一晚，大家才匆匆带我到维多利亚港象征性溜达了一圈。

正是这次难忘的学习交流机会，加深了我关于语言演化问题的认识，并第一次在他们的仿真实验中惊奇地感受到，如此复杂神秘的人类语言，模拟其元初发生所需要设定的起始条件可以出奇的简单。比如模拟词汇的发生，只需假定有若干个体：它们能够发出若干信号（比如声音）；试图用这些信号表达不同的意义；并且能够简单互相模仿而已。若需模拟基本词序的发生，顶多再加上这些个体能够将一些（如两个）信号单位组合起来表达新意义的条件而已。不需要超高智慧的“无形之手”操持，不需要崇高的先验目标，也不需要神秘莫测的“语言能力”与“普遍语法”预设。要知道，利用一些信号表达一些意义，以及简单的模仿，在动物界也司空见惯。程序运行之际，冷漠的机械过程之中，这些随机交流的、叫作“个体”的东西，总是能够达成音义结合的“词汇”或基本“词序”的一致。“语言”雏形毕现，屡试不爽。

这真是“无中生有”，因缘和合、一加一大于二！自然变化发展的这种逻辑，固非归纳逻辑所能解释，更非演绎逻辑所能包容，也无需先验目标的导引。这就是演化！从最简陋的单细胞到最复杂的哺乳动物，谅来也是如此。耐人寻味的是，不断重复实验还可以看到，最终用什么信号代表什么意义，或达成什么样的词序，在每次实验中是任意的，然而终将达成一致则是必然的。

而这种必然性的实现，除了上述简单的“起始条件”，当然还有不可或缺的“第一推动”：这就是不断的交际。没有一定频次的交际量，即使有更复杂的起始条件与能力，仿真实验中的词汇或词序的一致也就永远不会达成。深感欣慰的是,此前我将"交际压力"与"交际压力度"分析在相关研究中置于核心地位的做法也似与此相暗合。正是交际的需要、交际的欲望与交际行为本身,是语言发生与演化最根本的原动力。而仿真实验与现实语言生活的区别在于:实验中的这种交际需要是被动设定的;而对于人类来说,这种沟通交际的需要,则是植根于人类生命本质的内在动力。

个体在交际与适应中结为群体,而群体则获得大于个体总和的新生命。"一门语言更像是一种细菌性的拉马克物种,而不是一个有机体,"萨利科科先生说。初读之时颇不易明白刻意区分"有机体"与"物种"的寓意。细读之下可以发现,其实质便在于个体与群体的差别。语言从产生到发展演化,绝非一个独善其身"自我实现"的有机个体;每一种语言本身就是一个种群、一个物种,是由无数的个体(个人方言)互动整合而成的动态体系。"生态"系统,不仅在于一个语言与社会环境或与别的语言之间的互动,而且也在于语言物种内部各个体之间的交互关系之中。

那次访问香港的另一个重要收获,便是王士元先生向我推荐了萨利科科先生的这本著作,并建议组织同好译为中文。我愉快地领受了任务,返津之后便联络到南开大学外国语学院的郭嘉老师和西南大学外国语学院的胡蓉老师,作为双语兼擅且精于语言学研究的学者,她们当然是最好的人选。

与前述理想化条件下的仿真实验不同,《语言演化生态学》涉及的则是复杂多彩的真实语言世界、是实际语言的发展演变、重组新生乃至消亡。而全书以克里奥尔等语言混合现象为线索,不单直指要害,也势所必然。正是语言深度接触现象,更加尖锐地凸显出了语言演化发展中各种内部和外部因素的复杂运动过程。可以说，对于语言演化现象做系统的研究，无法想象还有别的一种更好的途径，比观察现实中正在发生的语言重组与新生，以及观察最近完成的语言重组与新生的标本——亦即观察各种皮钦语、克里奥尔语等语言接触现象更好的机会了。

而将宏观生态学的、复杂性理论乃至人口理论与语言学的结合，发生语言学与语言接触等语言学诸学科相结合，如此多学科、系统地研究语言演化，在当今也已势所必然。最终，当人们相当程度地解析语言演化的各种内外因素与其间的复杂关系时，计算机也开始仿真模拟出类似人类语言的复杂系统的话，并不令人惊奇。相信这样的仿真模拟中，同样不需要任何先验的预设。

关于本书的实际翻译工作，实则全赖郭嘉和胡蓉两位老师戮力完成。而我的工作，主要是前期负责确定英文术语的汉译标准，后期通读校对译文，加上一些从旁协助、多方联络与协调的工作。所以僭充译者之列，并代大家写下这个后记，更多的实在是共同承担责任的意思。本书的翻译，也属于全国百篇优秀博士论文专项基金项目（200513）和教育部新世纪优秀人才支持计划项目（NCET-10-0514）的工作。感谢两位主译，在共同志趣中通力协作，使我也有机会得享精神盛宴。同时也感谢很多一路以来默默帮助过我们的人，尤其是在本译书初版之后给予诸多鼓励、建议和批评的朋友。借这次再版之机，我们全面推敲译文，几经斟酌。但是正如《语言演化生态学》这本书中所提到的语言的“不完全复制”一样，翻译本身也是“追求完全”的不完全过程。译书中仍有的不足之处，期待同好诸君的进一步指教。

感谢王士元先生对本书翻译的推荐、安排与指导，并且早在初译完成之后就写下了极为重要的序言。感谢原著作者萨利科科先生，在王士元先生协调下同意这本书的中译工作；在2009年穆夫温先生莅临南开之际，译者也就有机会聆听他关于演化语言学的学术讲演，本次译文再版进一步得到他的鼓励与多方指点。感谢香港中文大学语言工程实验室的诸位同仁，同大家的交流为正确理解这本著作打下了基础。

感谢台湾明道大学应用英语系的林秉宥先生和中国文学学系的李佳莲女士帮助审校译书并给出修改建议；感谢中国青年出版社编辑付江先生的热情帮助；感谢南开大学本科生刘翔、邱思炜和杜文悦同学，在翻译过程中，我们特地邀请他们对个别章节进行了尝试性的阅读和试译，就普通读者的角度而言和他们进行沟通，并及时调整了我们翻译的表述方式，使得译著尽量浅显、易懂，可读性和科学性并重，从而努力做到尽显原著的真实面貌和精髓。

感谢石锋先生、曾晓渝先生和潘悟云先生对该书翻译和出版工作的多方努力和支持。正是石锋先生的推荐，才有了我们与香港中文大学的交流，也就有了翻译这部著作的机缘；也是石锋先生推荐，本书获得了在商务印书馆出版的机会。最后，感谢商务印书馆文学春编辑和陈丹丹编辑的耐心细致，以及为这个中译本的初版和再版付出的大量心血。

自从接受这个翻译任务以来，字斟句酌与懈怠散漫之间，几年已经过去，原著者的新一部著作又早已问世。语言演化研究本身也在向前发展演化。每一位踏上学术征程的“个体”，可以奋进、懈怠抑或途中小憩；然而学术这个“物种”本身，则在既有的学术“生态条件”与人类探索未知世界永恒力量的推动之下，以其固有的逻辑不可遏止地演进与发展，欲罢不能。

阿错　谨志

2011 年 11 月于南开园

2015 年 7 月，再版修订于南开

图书在版编目(CIP)数据

语言演化生态学:修订译本/(美)萨利科科·S.穆夫温著;郭嘉,胡蓉,阿错译.—北京:商务印书馆,2017
(汉译世界学术名著丛书:120年纪念版:珍藏本)
ISBN 978-7-100-14919-8

Ⅰ.①语… Ⅱ.①萨… ②郭… ③胡… ④阿…
Ⅲ.①语言演变—生态学—研究 Ⅳ.①H0-09

中国版本图书馆CIP数据核字(2017)第159022号

汉译世界学术名著丛书
(120年纪念版·珍藏本)
语言演化生态学
(修订译本)
〔美〕萨利科科·S.穆夫温 著
郭嘉 胡蓉 阿错 译

商 务 印 书 馆 出 版
(北京王府井大街36号 邮政编码100710)
商 务 印 书 馆 发 行
北 京 冠 中 印 刷 厂 印 刷
ISBN 978-7-100-14919-8

2017年12月第1版 开本710×1000 1/16
2017年12月北京第1次印刷 印张25¾
定价:125.00元

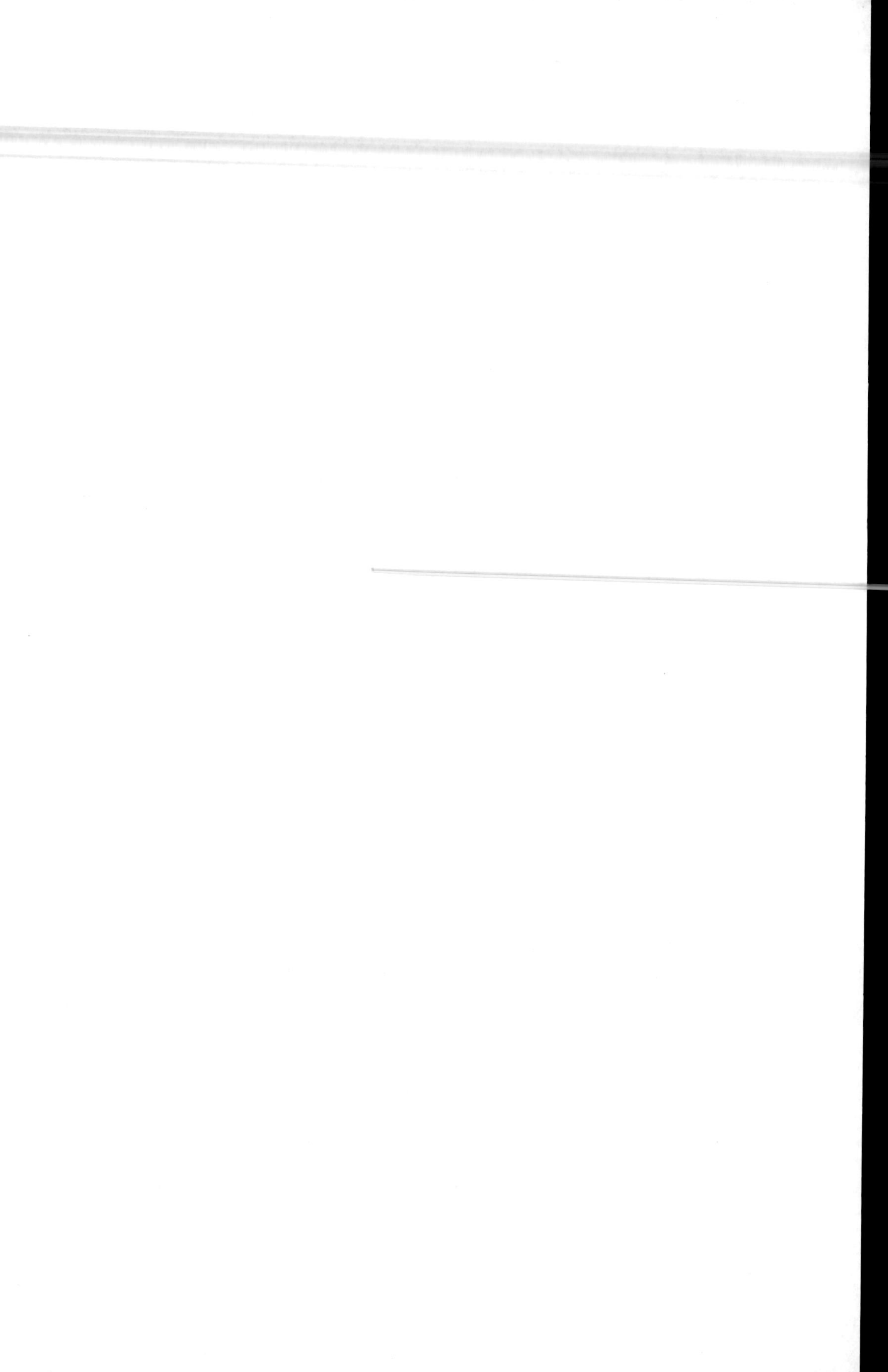